日本学者古代中国研究丛刊
复旦大学历史学系 编
徐冲 主编

南朝贵族制研究

川合安——著
柴栋——译

复旦大学出版社

目　录

第一篇　宋齐政治史研究

第二篇 南朝贵族制社会研究

中文版序

本书由关于南朝贵族制的12篇论文所构成，日文版于2015年获得日本学术振兴会补助金，由汲古书院刊行。这12篇论文的初次发表时间是从1983年到2008年，从我在东北大学攻读博士学位开始，一直到我在弘前大学、北海道大学、东北大学等各校任教，这个时期有关南朝贵族制的研究已经积累了丰硕的成果。刚开始进行研究的我就踏入这样的领域，现在想来也是有失考量，不过，我所就读的东北大学东洋史研究室，从初任教授岡崎文夫氏[1]到我的恩师安田二郎氏均有研究南朝贵族制的传统，而且我也被中国中世贵族制学说的独创性所深深地吸引，以南朝贵族制为主题开始研究，直至今日。该学说认为自秦的始皇帝以来，在似乎皆为皇帝专制的中国史上，存在着贵族制时代。

然而，在这些业已取得的丰硕研究成果之中，提出我自己对于贵族制的见解需要花费较长时间，从在学术杂志上发表最初的论文，到将研究成果整理成本书的内容，我花费了32年。我在本书中所提出的南朝贵族制论，简言之大致如下。

在南朝，既不存在强大的皇帝权力，也不存在独占高位而掌握政治权力的门阀贵族。一方面，虽然皇帝掌握着军事权，但缺乏社会广泛认可的权威，因而在这种权威的方面，便不得不依靠辈出累世高官的名门贵族来协力填补。另一方面，即使名门贵族能凭借登用官吏时的任子制和由传统家门所培养的学问与德性之力，在政界的晋升中处于压倒性的有利地位，其优越性也并不是受到完全保障的，新兴的寒门、寒人阶层仍有在政界晋升的余地。实际上，也有寒门、寒人出身

1. 本书为便于中文读者查阅原书，在引用日文人名或著作时均保留日文写法，详见编者后记说明，以下不再赘述。

者抓住由南朝政治的不稳定性所引起的皇位继承之争等机会，晋升为高官的事例。这些寒门、寒人出身的高官家族也可以说是新加入贵族行列的贵族。这样，南朝的贵族并不像以往所认为的那样，是固定化的封闭性身份，而是具有一定流动性的身份。

若像以上那样来把握南朝贵族制的话，可能会产生是否有必要特意将其称作“贵族制”的疑问。然而，尽管高官身份并不完全是世袭性独占的，但在南朝存在着辈出累世高官的名门贵族这一点也是事实，而且名门贵族维持着由其家门代代相传的学问和教育之力所形成的独特家风，受到社会的尊崇，是补充缺乏权威的皇帝权力的存在。如果重视这一点的话，我认为将南朝的政治社会体制称作贵族制也是较为妥当的。

上述南朝贵族制论，并不是我研究之初在心里所描绘的构想，而是我在长期的研究生活中反复不断摸索，在本书日文版刊行的时候好不容易才得出的见解。而且在那之后，我也继续验证着这一看法是否妥当。总之，由于我在本书中所阐述的有关南朝贵族制的观点并非硕学大家从大处着眼分析的高深学说，所以我对将本书中文版呈请中国读者过目一事很是犹豫，但与此同时，我更觉得让大家广泛地了解我那步履蹒跚的研究进程也是可喜之事，故而决定出版本书的中文版。对于拙见，恳请中国的读者直言不讳地批评指正。

最后，向帮助出版本书中文版的复旦大学徐冲先生，以及翻译本书的东北大学博士研究生柴栋君表示衷心感谢。

川合　安

2021年8月31日

序　论

中国的江南自5世纪至6世纪所展开的政治社会体制，即南朝贵族制。本书选取南朝贵族制，通过对其具体情况的研究，试图阐明自大正时代的内藤湖南[1]以来，日本六朝隋唐史研究中最重要课题之一的"贵族制"究竟是怎样的制度，及其在中国史上具有怎样的意义。

大致说来，有从以下两方面来论述这种"贵族制"的倾向，即"贵族制"之下的皇帝权力受到贵族阶层很大牵制的"贵族政治"这一方面，以及由于贵族阶层辈出累世的达官显贵，且同等贵族阶层之间通婚，从而形成固化且封闭性增强的"贵族制社会"这一方面。这种论点直到现在，基本上仍被继承着。第二次世界大战后，在20世纪50年代重视贵族官僚性侧面的倾向增强的情况下，所谓的"寄生官僚"论得以提出，在60年代到70年代的日本六朝贵族制研究中，这种论争得以朝气蓬勃地展开：是将贵族视为"寄生官僚"呢？还是视作共同体的指导者呢？关于这种论争，在有关六朝贵族制论的研究史考察中，以往也多有讨论，所以详细情况请参考先行研究。[2]一方面，在我看来，认为六朝贵族是基本上依赖于俸禄而生活的寄生官僚的矢野主税学说[3]，虽然受到越智重明[4]、川勝義雄[5]等诸人的批判，已经难以原封不动地成

1. 内藤湖南：《概括的唐宋時代観》，原刊于1922年，收入《内藤湖南全集》八，筑摩书房，1969年。
2. 参见中村圭爾：《六朝貴族制論》，原刊于1993年，收入《六朝政治社会史研究》，汲古书院，2013年，等等。
3. 矢野主税：《門閥社会成立史》，国书刊行会，1976年。
4. 越智重明：《魏西晋貴族制論》，《東洋学報》45-1，1962年。
5. 川勝義雄：《貴族制社会の成立》，原刊于1970年，收入《六朝貴族制社会の研究》，岩波书店，1982年（译者按：中译本见《贵族制社会的成立》，收入《六朝贵族制社会研究》，徐谷芃、李济沧译，上海古籍出版社，2007年。本书各章在引用前人译文时，个别必要处会有细微改动，为避免烦琐，以下各章将不再赘述）。

立，但他将贵族与豪族相区别、应该重视贵族的官僚性侧面的提议，仍是值得倾听的论点。不过，只出任官僚的贵族，若没有庄园等牢固的经济基础，那么他的生活就会依赖俸禄等收入，仅仅从这一点来直接导出贵族就是寄生于皇帝权力的官僚这种结论，未免太过于武断了。关于这一点，中村圭爾的《六朝貴族制と官僚制》中指出，虽然六朝贵族以官僚形态而存在，但他们“否定自己是为确立皇帝支配而发挥作用的官僚”[1]，这种观点非常具有启发性。我认为，作为官僚来侍奉皇帝，并不是单方面地将身心都托付于皇帝而服从他。另一方面，虽然我认为川勝義雄、谷川道雄重视贵族作为共同体指导者，即地域社会中有名望的豪族，与中央朝廷的官僚贵族之间存在连续性的观点是妥当的，但在东晋南朝的北来侨姓贵族中，也存在难以发现其与地域社会之间关联性的情况。在两氏的研究中，尽管批判了“贵族=寄生官僚”论，但只要涉及南朝，倒不如说是陷入了追认寄生官僚论的结果。[2]安田二郎继承两氏的观点，着眼“根源于（南朝）地域社会的‘望族’式豪族的德治主义与尚贤主义，以及以此为基础的政治机会均等要求在政治领域的兴起”。他同时评价了北来贵族阶层的危机意识被唤起，

1. 中村圭爾：《六朝貴族制と官僚制》，收入前揭《六朝政治社会史研究》，第84页。
2. 前揭川勝義雄《貴族制社会の成立》中认为，九品中正制度的基本精神是将乡论（乡村社会的舆论）所体现的共同体原理贯彻到整个国家社会中，这本来应是创建贤者、有德者之等级的制度。同时，西晋所谓户调式的占田规定也反映着豪族的自我约束精神，展现出乡村有名望的豪族与朝廷贵族之间的连续性。而且，在谷川道雄《中国中世社会と共同体》（国书刊行会，1976年；中译本见《中国中世社会与共同体》，马彪译，中华书局，2004年）所收《均田制の理念と大土地所有》（原刊于1967年，中文题为《均田制的理念与大土地所有》）与《西魏「六条詔書」における士大夫倫理》（原刊于1967年，中文题为《西魏“六条诏书”中的士大夫伦理》）中，也可以从北魏的均田制与西魏的六条诏书中发现有名望的豪族与贵族之间的连续性。不过，川勝義雄《魏晋南北朝》（原刊于1974年，讲谈社学术文库，2003年）认为，九品中正法并未按原本的精神发挥作用，而是偏向既成掌权者一方，被用于促使贵族阶层固化，可以从中预见到在东晋到南朝的时期内形成了典型的贵族制社会（第154页）。与南朝贵族制社会相关的川勝专论（《六朝貴族制社会の研究》所收《劉宋政権の成立と寒門武人—貴族制との関連において—》，原刊于1964年，中文题为《刘宋政权的成立与寒门武人——从与贵族制的关联来看》；《貨幣経済の進展と侯景の乱》，原刊于1962年，中文题为《货币经济的进展与侯景之乱》；《南朝貴族制の崩壊》，原刊于1962年，中文题为《南朝贵族制的崩溃》）专门论及了贵族首先丧失军事权，随后丧失经济基础，最终就连政治权力也丧失了的过程，但并未言及魏晋与北朝时期那种贵族的积极方面。

并“认识到从门第一边倒到以才学为中心的自我革新的必要性”这一点的历史意义。他还提出了克服寄生官僚论理解的方向性观点[1]，这种方向性也是本书所必须继承的。

从上述观点出发，本书将主要选取在南朝作为官僚的贵族，对其在政治史上的作用与政治、社会特权身份的存在状态加以考察，希望可以阐明“贵族制”的实际情况。

本书由序篇《“六朝贵族制”论与南朝政治社会史研究》、第一篇《宋齐政治史研究》、第二篇《南朝贵族制社会研究》三篇构成。

序篇由考察六朝贵族制研究史的两章构成，第一章《六朝隋唐的“贵族政治”》对包括隋唐时期在内的有关“贵族政治”的研究史进行了考察，第二章《日本的六朝贵族制研究》则对六朝贵族制社会，尤其是有关贵族门第的研究史进行了考察。

第一篇由关于南朝前期的宋、齐时代政治史的第三至第七这五章构成。在政治史考察中特意选取南朝前期，是因为这个时期以宋文帝的元嘉时代（424—453）为顶峰，是最能体现出南朝贵族制特征的时代。[2]而且由于《宋书》《南齐书》详细地记述了这一时期的历史，史料保存状况与南朝后半期的梁、陈时代大不相同。[3]第三章《刘裕革命

---

1. 参见安田二郎：《晋安王子勛の反乱と豪族・土豪層》，原刊于1967年，收入《六朝政治史の研究》，京都大学学术出版会，2003年，序第xi页。

2. 岡崎文夫《南朝貴族制の一面》（收入《南北朝に於ける社会経済制度》，弘文堂，1935年）认为，“宋、齐两代的皇帝均为武将出身。面对这种情形，贵族基于共同的利害关系而努力维持其阶级地位，南朝贵族制便由此形成。……因此梁代是贵族制在国家主导下形成的时代，在这个意义上，其做法和北朝孝文帝改革如出一辙。如果一定要指出贵族制的完成时期，那恐怕无疑是南朝的梁代。而完成也同时意味着消亡”（第271—272页）。另外，关于梁代的贵族制，他还叙述说：“如果是君主主动维持贵族制的话，那么整个贵族阶层的利害也当然要符合君主的利害。这是否果真与南朝贵族制的本质相吻合呢?”（第249—250页）梁代以后的贵族制与宋、齐时代的性质不同，宋、齐时代的贵族制才可以看作南朝贵族制的典型。此外，关于元嘉时代是南朝贵族制的顶峰这一点，该论文称“文帝开启以姓族为中心的政治，出现了所谓的元嘉美政”（第258页），岡崎文夫《支那史概説　上》（弘文堂，1935年）谓“至宋文帝时出现了南朝的黄金时代。文帝具有善诱时代潮流的明识。他从贵族社会中选拔出最具人望才能的人，将其置于朝廷要地，一切政治均与这些人才协同裁定，不再像曾经那样仰仗自己的威权”（第148页）。

3. 安田二郎《西晋武帝好色攷》（原刊于1998年，收入前揭《六朝政治史の研究》）指出《宋书》《南齐书》的记载相较于《梁书》《陈书》和《南史》更为详细（第137—138页）。

与南朝贵族制》讨论了刘裕革命，在明确南朝贵族制产生过程的同时，阐明与东晋不同的南朝政治体制的特质。第四章《南朝宋初的“同伍犯法”议论》选取了南朝宋初所施行的同伍（五人组）制的相关议论，试图阐明其在刘宋政治史上的地位。而且，该议论也是与第二篇所考察的、界定南朝贵族社会的士庶区别有着密切关联的议论，旨在阐明南朝贵族制社会的实际情况。第五章《元嘉时代后半期的文帝亲政》论述了被视作尊重贵族合议的南朝贵族制顶峰的元嘉时代政治史，明确了在其后半期，皇帝的专制意向得到强化，探索了其背景中寒门、寒人的兴起，尤其着眼于吴兴郡地区。第六章《〈宋书〉与刘宋政治史》在讨论刘宋前废帝时期（464—465）政治史的同时，试图阐明沈约《宋书》中所描绘之政治史的特征。第七章《唐寓之之乱与士大夫》则分析了从南齐永明三年（485）至翌年的唐寓之之乱，在弄清永明年间（483—493）政治结构的同时，尝试说明有关南齐政治史的萧子显《南齐书》、李延寿《南史》的各自特征。

第二篇由关于南朝贵族制社会的第八至第十二章这五章构成。第八章《南朝贵族的门第》分析了具体阐明南朝贵族门第的越智重明的“族门制”说，对作为其论据的史料解释进行了验证，并弄清其问题。第九章《南朝官员的起家年龄》也涉及对“族门制”说的批判，选取了正史列传所记载的起家事例，对“族门制”说进行验证。该学说认为甲族、次门、后门的起家（初次任职）年龄分别是20—24岁、25—29岁、30岁以上。关于宫崎市定《九品官人法の研究—科挙前史—》所提出的门地二品，即南朝贵族门第的固化说，第十章《关于门地二品》选取了作为其论据的史料进行验证，并弄清其问题。第十一章《关于东晋琅邪王氏墓志》通过南京北郊象山所发掘的东晋琅邪王氏墓志，来考察婚姻、仕宦的状况与门第之间的关联。第十二章《柳芳“氏族论”与“六朝贵族制”学说》讨论了作为六朝贵族制学说主要论据之一的唐代柳芳“氏族论”，对其中所见有关南朝谱学、门第和任职说法的可靠性加以验证。

序篇 『六朝贵族制』论与南朝政治社会史研究

第一章

六朝隋唐的“贵族政治”[1]

1. 本章中译稿原由徐冲先生翻译，原文题为《关于六朝隋唐的“贵族政治”》，发表于《北大史学》第14辑（北京大学出版社，2009年），非常感谢徐先生的授权。该文在收入本书时，除在个别必要处有所改动外，基本沿用徐先生译稿。

前　言

近年，有关中国历史的“专制国家说”受到了重视。这一学说主张应当从皇帝制度长期得到延续这一点来认识中国历史乃至中国社会的特质。但与此同时，认为即使在皇帝制度的持续之中，也存在“贵族制”时代（六朝隋唐）的学说影响依旧很大。目前，专制国家说与“贵族制”说对立的状况可以说没有什么改变。[1]相关问题似乎可以归结到“贵族制”说是否成立这一点上。关于“贵族制”这一用语，本书遵从安田二郎的定义，即：

> 特定的门阀贵族垄断中央政界，而地方社会则以豪族、土豪阶层为中心，自律性地形成、确立了牢固的豪族体制。他们是政治、社会、经济、文化等各个方面的指导阶层和统治阶层。而且，这些贵族、豪族、土豪——尽管也有所区别，比如贵族的官僚性较强，而豪族、土豪的本地土著性较强——都被认为本质上拥有同一的内在结构与性质。一般来说，贵族制指的是自律性地形成于社会内部，且拥有贵族-豪族-土豪-一般民众这样一种社会结构的、特殊时代的、统一和有秩序的国家（=社会）体制。[2]

既然“贵族制”是这样一种“国家（=社会）体制”，那么，应提出的与之相关的问题就涉及很多方面。

众所周知，内藤湖南将六朝隋唐时代视为中国“贵族政治”之

1. 采用专制国家说立场的研究著作有足立啓二《専制国家史論—中国史から世界史へ—》（柏书房，1998年）等，而对“文明生态史观”等专制国家说直接进行批判的论文则有谷川道雄《中国理解と中国社会史》（《情況》1997年8·9月号）等。
2. 安田二郎：《六朝政治史の研究》第八章《梁武帝の革命と南朝門閥貴族体制》，京都大学学术出版会，2003年，第336页。

“最盛的时代”[1]，从而建立了独特的时代划分学说。尤其是在六朝“贵族制”的研究上，采用内藤湖南学说的论文非常之多。不过，虽说“‘贵族政治’是显示‘中世’特征的基本要素”[2]，但关于这一“贵族政治”学说自身的研究史考察却很难说是充分的。首先，内藤湖南的“贵族政治”学说并未被所谓的“京都学派”原样继承，而是在继承的同时做了很大的更改。这一点使我们理解“贵族制”论争变得困难，在过去的研究史中全然没有涉及。其次，以往的研究史是从以下问题上的对立视角来叙述贵族政治的：内藤湖南所揭示的贵族既有作为官僚的侧面，又有作为地方名望家的侧面，究竟应该重视两者中的哪一个？其结果是“贵族政治”说自身反而有变成次要问题的趋势。[3]而“专制国家”论在否定“贵族制”时，并不仅仅重视贵族作为官僚的立场，它对“贵族政治”说的批判也是其观点中非常重要的部分。基于上述

1. 内藤湖南：《概括的唐宋時代観》，原刊于1922年，后收入《内藤湖南全集》八，筑摩书房，1969年，第111页。

2. 川勝義雄：《六朝貴族制社会の研究・はしがき》，岩波书店，1982年（中译本见《六朝贵族制社会研究・序》，徐谷芃、李济沧译，上海古籍出版社，2007年）。

3. 葭森健介《中国史における貴族制研究に関する覚書》（收入《名古屋大学東洋史研究報告》七，1981年）从以下观点出发整理了研究史：内藤湖南所设想的贵族具有作为地方名望家和作为官僚的两个侧面，“分别探讨湖南所指出的贵族的两个侧面，构成了战后贵族制研究的基调”（第63页）。都築晶子《六朝貴族研究の現状—豪族・貴族・国家—》（同上）和小尾孟夫《貴族制の成立と性格—その研究史的考察—》（收入今堀誠二编：《中国へのアプローチ—その歴史的展開—》，劲草书房，1983年）也采取了同样的整理方法。中村圭爾《六朝貴族制研究に関する若干の問題》（收入《六朝貴族制研究》，风间书房，1987年）把上述两个侧面理解为这样两点：“如同‘贵族政治’这一用语所象征”的“皇帝和贵族之间的关系，换言之，即政治体制的问题”和“在地方名望家与郡望，即地方社会之中探求贵族的基础”。中村氏根据以上理解，从政治体制与地方社会交叉点的角度出发整理了研究史。中村圭爾进而在《六朝貴族制論》（收入《六朝政治社会史研究》，汲古书院，2013年）中对于第二次世界大战后的论争做了更为详细的介绍，但是对“贵族政治”说并没有进行充分的探讨。在这种情况下，谷川道雄《中国史上の古代と中世—内藤湖南への回帰—》（《古代文化》45-8，1993年）对内藤湖南的“贵族政治”说做了稍为详尽的归纳，主要关心的还是贵族作为名望家的一面。这一点在谷川道雄《総説》（收入谷川道雄等编：《魏晋南北朝隋唐時代史の基本問題》，汲古书院，1997年；中译本见《魏晋南北朝隋唐史的基本问题总论》，收入《魏晋南北朝隋唐史学的基本问题》，李凭等译，中华书局，2010年）中也有同样表述。如果从重视贵族之名望家侧面的立场出发，那么“贵族政治”自身可以被认为是不言自明的，而对于仅从皇帝和贵族关系出发的视角的有效性抱有疑问也是重要的原因。因此，虽然我不认为以往研究史关心的方向自身有问题，但现阶段有必要再次关注“贵族政治”说。

理由，本章试图对内藤湖南以来日本对“贵族政治”说的继承与批判展开考察。

第一节　内藤湖南的“贵族政治”说及其继承

一、内藤湖南的“贵族政治”说

关于内藤湖南的时代划分学说，因为已为人所熟知，这里就不再重复了。本节根据《概括的唐宋時代觀》（前揭）一文来试着概括“贵族政治”说的内容。内藤认为，从六朝到唐代中期是“贵族政治”之“最盛的时代”，其内容具体为：

> 贵族政治时代的君主位置，虽然有时可以由实力者超越等级去占领，但一旦做了君主，便不免成为贵族阶级中的机构之一。换言之，君主乃是贵族阶级的共有物，只有在承认贵族的特权后，才可以推行其政治，个人不可能拥有绝对权力。……君主是一族的专有物，这一族是连外戚、仆从也包括在内的。这一家若觉得君主不称意，便行废立，或施以弑逆。六朝至唐弑逆废立多见，正缘于此。这一家的事情与大多数庶民几乎毫无关系。（第112—113页）

进而，内藤提出“君主居于代表贵族的位置”，君主表现为“贵族团体的私有物”，等等。在这里，内藤认为君主在根本上是“贵族阶级中的机构之一”，并未设定君主与贵族阶级之间的对抗关系。不过，这主要说的是六朝时代的情况，至于隋唐时代，他有如下的表述：

> 在贵族政治时代，因为习惯上是由贵族掌握权力，所以即使有隋文帝、唐太宗这样的英主出现，在制度上并不承认贵族的权力，但在实际的政治中仍保留有其形式，政治成了天子与贵族的协议体。当然，这种协议体绝非代议政治。唐代在政治上有三个重要机构：尚书省、中书省和门下省。其

中中书省是天子的秘书官，负责起草诏敕命令，并对臣下之上奏给出批答。而在诏敕确定之前，必须经过门下省的同意。门下省有封驳之权，若认为中书省的案文不当，可以加以驳斥或封还。然后政事由中书和门下在政事堂协议决定。尚书省的职务是接受该决定，并加以执行。在形式上，中书省代表天子，门下省代表官吏舆论，即贵族之舆论。因为中书、门下、尚书三省的长官都出身贵族，贵族并不绝对服从天子的命令。（第113—114页）

到了隋唐时代，六朝时只不过是贵族阶级共有物的君主，表现出了独立的动向，当时的政治是以贵族和君主之间进行协议的方式推行的。也就是说，“君主VS贵族”这一对抗模式得以成立，三省制即为这一模式的典型表现。这时构成问题的是如何理解门下省之封驳权。虽然内藤说“在形式上，中书省代表天子，门下省代表官吏舆论，即贵族之舆论”，但是也应该注意到“因为中书、门下、尚书三省的长官都出身贵族，贵族并不绝对服从天子的命令”这样的叙述。内藤并非单单把门下省视为贵族之根据地，而是认为三省都是贵族的代表机构，只是门下省之封驳权具有特别的象征意义。

以上内藤关于六朝“贵族政治”和唐代三省制度的学说，在岡崎文夫和内藤乾吉那里分别得到了深化。

二、岡崎文夫的“贵族制”说

岡崎文夫《魏晋南北朝通史》（弘文堂，1932年）认为南朝是贵族制的最盛期。他认为：

南朝贵族中，被认为拥有最高门第的人，可以概括称之为甲门旧族。与此相对，以武功得官位者的家系则属于所谓勋门。若将此两者对立起来考虑的话，王室无疑属于后者，因此其家门的兴亡也要比前者更为遽急。但是如果将其一并视为贵族之高门，那么王室也绝非贵族以外的什么阶层。充分了解到

> 这种贵族制之本质的帝王，其统治会显现出最为平和的气象。宋文帝元嘉年间的政治史是如何以名族合议制来运行的，详见内编。（外编第二章《南朝の文明》，第598—599页）

这里岡崎很好地继承了内藤的“贵族政治”说。不过也应注意到的是，他认为隋唐时代“君主VS贵族”的对抗模式也同样适用于六朝时代。这一模式的导入意味着岡崎要比内藤更为重视君主方的独立动向，其结果是：

> 可以认为刘宋一代的确因为贵族制的确立而繁荣，但也因为贵族制遭到破坏而灭亡。宋亡之后，南齐继起，虽然表面上仍然维持贵族制，保证了秩序的恢复，但是实权却逐渐脱离名门势族之手。而且姓族子弟自身也渐渐不能维持其家风并保有各种社会特权，毋宁说到了欲仅凭借文辞在朝廷显贵那里博得令誉之境地了。南齐的暴君明帝以及东昏侯对权力毫无忌惮的行使，更成为对南朝贵族制的破坏性力量。最后梁武帝出现，并在北朝的影响下树立了国家法制，欲以此达到对贵族的管制。由是可以认为南朝所特有的贵族制事实上已经消亡了。（同上，第598页）

如上所述，岡崎认为，即使是在南朝这一所谓“贵族制”的最盛期，显示“贵族政治”特质的“名族合议制”真正发挥作用，也不过是刘宋前半期而已，而最后“名族合议制”仍难逃为君主权力消灭的命运。从“贵族政治”的视角来看，岡崎文夫内容丰富的学说要比内藤湖南更为重视君主权力，显示出了有条件地采用“贵族政治”的倾向。[1]这

---

1. 越智重明《魏晋南朝の貴族制》（研文出版，1982年）之序言也注意到，岡崎文夫“对南朝贵族制的考察是以其与天子统治权力，即国家权力之间的关联、对比的形式来进行的”（第6页）。另外，诚如中村圭爾《六朝貴族制研究に関する若干の問題》（前揭）所指出的那样，岡崎学说“最大的特色在于，不只是将贵族制作为政治体制（即不只是围绕皇帝和贵族之间政治权力所在的问题）来把握，也试图将其作为从社会上六朝式结构中所产生的体制来把握”（第3页）。不过，如果只抽取岡崎关于政治体制的论述的话，那么反而凸显了其强调“君主VS贵族”，尤其是强调君主独立动向的特征。

一点导致了对“贵族政治”说的批判。

三、内藤乾吉的三省制研究

内藤乾吉继承其父湖南的构想，发表了《唐の三省》（原刊于1930年，后收入《中国法制史考証》，有斐阁，1963年）。内藤乾吉深化了关于中书和门下性质的研究，他说：

> 中书省和门下省的职掌性质相异。就其机构的本质而言，可以说中书省代表天子，门下省代表贵族，确切地说，是代表贵族官僚。然而当其长官作为宰相而商议国政时，不能认为他们是各自代表天子和贵族在议政辩难。既然身为宰相，就不一定有中书与门下之别，况且宰相也不仅仅限于两省长官。总之因为他们都是贵族，所以作为宰司的中书门下可以被视为贵族官僚的最高机构，重要国事须经该机构与天子合议后才得以决定。因此所谓中书省代表天子、门下省代表贵族官僚的说法，应当说是有些形式化的。也就是说，唐代中书、门下两省制度是中国中世贵族政治最好的表现形式。（第8页）

内藤乾吉进而指出，除中书、门下两省长官之外，“次官中书侍郎、黄门侍郎加同中书门下平章事等后亦多为宰相，因此两省的事务不得不归于各自的判官中书舍人和给事中”（第8页），“尤其是封驳权几成给事中的特权”，所以“要而言之，可以认为天子秘书之职事实上已归于中书舍人，而贵族意志则通过给事中之封驳来体现”（第9页）。如果仅看这一点，会把给事中理解为贵族意志的表达机构，但结合前面已经引用过的话，即“作为宰司的中书门下可以被视为贵族官僚的最高机构”，就不一定能这样简单地理解了。这在下面这段总结性的叙述中也可以看出来。

> 天子与贵族共同统治这一政治的本质，已被形式化在官

> 制上。与统治意志相关的机构是中书、门下两省，而尚书省则为其执行机构。（第9页）

中书和门下都是参与决定统治意志的机构，不能认为只有门下省才是代表贵族意向的机构。只是由于给事中的封驳权是反映贵族意向的最好形式，所以他才予以了强调。然而，在此后继承“贵族政治”说的著作中，只有“门下省代表贵族的意向”这一点得到了强调[1]，而内藤湖南和内藤乾吉事实上都是有条件地使用这一论点的。例如宫崎市定《東洋的近世》（原刊于1950年，引文来自《宫崎市定全集2　東洋史》，岩波书店，1992年）即断言，“相对于中书处于天子的权力之下，门下则代表了贵族势力”（第181页），而未加以任何限定。不仅这种“门下=贵族根据地”之说被普及而成为通说，给事中之封驳权也作为重要论点被采用。礪波護《律令制とその崩壊》（原刊于1970年，收入《唐の行政機構と官僚》，中公文库，1998年）针对下节要言及的濱口重國对“贵族政治”说的批判反驳道：

> 为了弄清封驳权和旧贵族阶层的关系，就需要考察唐初为给事中者出身何种家世。而在给事中的上司黄门侍郎的就任者中，可以看到陈叔达、崔民幹、萧瑀、韦津这些过去南朝王室的后裔或者大名鼎鼎的贵族之名，由此推测，直至唐初，门下省中旧贵族的意志也仍然占有很强的统治性地位，这大概并非强词夺理。（第28页）

礪波護坚持门下省给事中的封驳权与贵族意向相关联之见解的正确性。可以看到，宫崎市定、礪波護对“贵族政治”说的继承方式是强调其中门下省尤其是给事中的作用。

---

1. 尾形勇、岸本美緒编《中国史》（山川出版社，1998年）第三章《帝国の分裂と統合》（金子修一执笔）特别指出，“不能因为门下省的存在和封驳制度而强调政策决定中贵族的发言权”（第147页），这本身就表明所谓门下省即为贵族根据地的说法几乎已成通说。

第二节　濱口重國对“贵族政治”说的批判

濱口重國在载于《支那[1]官制発達史》(1942年)的魏晋南北朝隋唐时代的官制概说中这样描述唐代的门下省:“(门下省)在天子意志发布和百僚有司奏请上闻时都是一大关门，可以说不通过门下省，事务就无法实际运作。”他随后展开了如下论述：

> 关于门下省所拥有的特殊权限，存在着谓其为贵族意志代表机构的学说，即认为唐代的政治形态并非君主专制，而是同于南北朝时代的、由天子和门阀贵族合议的贵族政治。其反映在官制上，就是门下省拥有对天子意志表示赞同与否的权力。而门下省被赋予如此权限的原因，正可以从前代贵族垄断政权并明显压迫了君权的事实中求得。然而即使是在前代，门下省实际运用这样的权力去阻碍君主权自由发动之事，也主要见于东晋南朝，在采用类似制度的北朝，则其程度并未如此之甚。进入隋唐时代后，即使在形式上还残留着那样的痕迹，实际上也毋宁看作只是在诏敕发布和诸有司奏请上闻之际慎之又慎、以防万一的措施而已，什么门下省是与天子相对立的代表贵族意志的机构、天子与贵族通过门下省进行合议政治之类的事根本就不存在。[2]

对于内藤湖南从门下省的作用中看到“贵族政治”特征的见解，濱口重國持反对态度，认为其所发挥的不过是“慎之又慎、以防万一”的机能。此时，濱口重國并未否认东晋南朝“贵族政治”的存在，不过必须注意的是，他对于这种“贵族政治”能够“阻碍君主权自由发动”的见解采取了否定性的态度。其后，在《中国史上の古代社会問題に関す

1. 译者注：此处“支那”为历史性称法，为尊重原书不予更动。以下不再赘述。
2. 引自濱口重國:《魏晋南北朝隋唐史概説》，收入《秦漢隋唐史の研究》下卷，东京大学出版会，1966年，第889页。

る覚書》(原刊于1953年，收入《唐王朝の賤人制度》，东洋史研究会，1966年)一文中，他论述道：

> 若观察自春秋战国至不久前的中国之政治形态，可以说乃是君主专制，而且大体上专制程度一朝比一朝增强。当然其间也有像东晋南朝那样的时代，君权的自由伸张受到了贵族势力的妨碍，乍看起来会以为是贵族政治的时代。但即使在这种情况下，政治机构也始终都是君主专制。(第559页)

濱口重國认为，东晋南朝时代“乍看起来会以为是贵族政治的时代”，不过他做出了“政治机构也始终都是君主专制”这样的大幅修正。在这篇论文的补记(收入前揭《唐王朝の賤人制度》)中，他进一步论述道：

> 案，所谓专制归根到底还是权力关系，虽然汉代的天子致力于使士族成为自己的忠实官僚，这一目标有赖于天子长期治世的权威而逐渐达成，但自东汉末年开始，争乱相继，国家三分，西晋的统一不过昙花一现，在晋室南渡后政局陷入了最糟糕的状态。这时，就出现了士族，尤其是其中作为大士族的贵族乘君权衰微之际，左右政治之事态，以至于有人要用“贵族政治”一词来形容它。但正如我在《覚書》中所谈到的，君权衰退虽然是事实，但政治形态仍然继续维持着汉代以来的天子专制体制。这从当时臣下有关国事的上奏、上言中也可以看出来。贵族即使专横，也是以四海一统和恢复君权为心愿的，他们绝没有想自己去取代天子，而且也没有出现这样的情况，所以用“贵族政治”这样的表达方式来加以明说会招致误解。妥当的说法是，这只是天子威势坠地的时代。(第579—580页)

濱口重國明确地否定了“贵族政治”的说法。岡崎文夫从皇帝与贵族对抗的视角来分析六朝政治体制的方法被濱口继承后，发展成了对

“贵族政治”的否定。[1]而同样从皇帝与贵族对抗的视角来进行研究的还有越智重明。

第三节　越智重明的“贵族制”说

越智重明的研究结集为《魏晋南朝の貴族制》（前揭）一书。首先，他认为“魏晋南朝贵族制的基本性质”，“要从它和天子统治权力之间复杂的相互关系中求得，而后者带有如下的两面性”：一方面是“作为单方面的统治者的权力”，另一方面则“与作为乡村社会舆论的乡论具有同质性”（第8页）。从这样的视角进行分析的结果是，“天子统治的大部分以与乡论相合之形式运行”的性质，“最突出地体现于”西晋时代（第171页）；南朝以降，“天子的统治权与乡论之间的同质性则随着天子统治权的强化而被削弱了”（第275页）。虽然存在着贵族制的最盛期是在南朝还是在西晋这样的不同，但是越智重明得出了和岡崎文夫同样的结论：贵族制以健全形式发挥机能的时期非常短暂。

对于濱口重國重点讨论过的三省制度，越智重明也得出了和濱口相近的结论。对于唐代门下省给事中的封还等权限，越智认为“管见所及，看不出它们是对当时贵族阶层权益的维护”，所以“或许应该认为，这与其说是为了维持贵族制，毋宁说是在宏观上通过官僚机构的整备、强化来维持国政运行的正常机能”（第376—377页）。进而，关于六朝时代的门下省，越智也得出了如下论断：“虽然贵族阶层希望就任门下省的清要官，但是很难说其具有作为贵族阶层意向——利益的代表而与天子的权力相对峙的性质。”（第372—373页）尽管越智是从天子的统治权（君主）与乡论（贵族势力）之间的对抗、妥协的视角来把握贵族制的，但是在其对政治机构的分析中，却看不到“君主VS

---

1. 如《中国史上の古代社会問題に関する覚書》（前揭）所述，“从昭和五年（1930）开始前后有八年”是濱口重國“接触”岡崎文夫“独特学风”的时期（第550页）。他最初把东晋南朝视为“贵族政治”大概也是缘于这种影响。尽管后来濱口走向对“贵族政治”的否定，不过这与其说是摆脱了岡崎的影响，倒不如说是根据“君主VS贵族”这一模式进行分析探究的必然结局。

贵族”这样的模式。[1]也就是说，在政治机构方面，他所看到的只是君主权的单方面贯彻。在这一点上，甚至可以说越智说比前述濱口说更为彻底，因为后者虽然将其视为例外，但仍然承认东晋南朝贵族势力对于君主权的阻碍。关于三省制度，中村裕一从行政文书发行程序的角度出发进行了详细考察，具有重要意义。因此我们下节来看一下中村的研究。

第四节　中村裕一的文书行政研究

中村裕一在《唐代制勅研究》（汲古书院，1991年）中，“探讨了唐代门下省对制敕、上奏的审议权”，确认“唐代的门下省负责审议中书省所起草的制敕和尚书省各部所起草的上奏，在认定其为不当的场合，拥有废止的权限”。在此基础上，他说：

> 我对将封还（封驳）与贵族制联系起来进行论述一事有所疑问的是，门下省和贵族制的关系。那么，门下省和贵族制之间究竟具有怎样的关系呢？如果想在与贵族制的关系中论述门下省职权之一的封还的话，那么门下省就应该是贵族的根据地，而且这一点也必须得到证明。但是，纵观唐代高级官员的迁转，大致能得出这样的结论：唐代官员往往迁转于三省六部，只在门下省一省之内自下往上升迁的官员为数很少。如前所述，制敕的封还与门下省无关，与给事中有关的见解是不成

1. 和越智学说相关的研究有野田俊昭《东晋南朝における天子の支配権力と尚書省》（《九州大学東洋史論集》5，1977年）。关于东晋南朝门下省的长官侍中，野田俊昭论述道："其绝非站在贵族一边来限制天子的独断专行，毋宁说是站在天子一边而与天子成为一体，从而抑制尚书省所拥有的、有效体现贵族政治权力的机能。"（第95页）尽管这对于越智对门下省的理解也有影响，不过更加值得注意的是，野田承认尚书省拥有"有效体现贵族政治权力"的机能这一点。这种因"尚书的案奏权"而导致的"天子与贵族之间的对峙"，也"在宋文帝号称元嘉之治的治世打上了休止符，之后尚书的案奏权就逐渐被吸收到天子这边了"（第95页）。尽管仅限于魏晋到南朝初期这一特定时期内，但是野田认为"君主VS贵族"的对抗关系在较长时期内反映到了政治机构上，这是他与越智学说的不同之处。

立的。也就是说，唐代的封还不只由给事中执行，侍中和黄门侍郎原则上也可以执行。唐代的给事中之官，乃是隋于大业令（607年制定）中创设的给事郎，在其中寻求与贵族制的接点大概是难以办到的。如果硬要寻求其与贵族制之关系的话，或许可以举出隋大业令之前的门下省侍中和给事黄门侍郎。给事中之职是分离给黄门侍郎的职掌后，分设给事中和黄门侍郎的产物。南北朝门下省侍中与给事黄门侍郎的职掌之一同于唐代的封还，这也许是对贵族权益的维护。但是这里论述的是唐代封还的性质，因此类似于南北朝门下省封还的职掌和贵族制是否相关不是问题。我认为起源于南北朝的唐代封还，在唐代已经丧失了维护贵族权益的性质（？），而变成了从制度上抑制皇帝恣意妄为的方法之一。（第250—251页）

中村裕一认为，唐代门下省之封还不具有“维护贵族权益的性质”，因此不能从“与贵族制的关系”来把握它，而应视其为“抑制皇帝恣意妄为的方法之一”。这是对“贵族政治”说的批判。不过如前所述，内藤湖南也并非仅仅把门下省看作贵族的代表机构。内藤乾吉在这一点上和湖南是一样的，但是他强调了给事中在封驳中的作用。中村在对内藤乾吉这一观点加以修正的同时，批判了宫崎、礪波的“门下=贵族根据地”之说。[1]正如中村裕一所指出的，不应只是对门下省的作用给予过高评价，而应该认识到，在三省制这一结构中，君主和官僚之间的意见得到了统一，君主的恣意行为得到了抑制。对于被认为“也许是对贵族权益的维护”的南北朝之门下省，他同越智重明一样指出，不能单纯视之为贵族的代表机构，倒不如把它们看成与唐代的三省制同样的东西。

近年来，对这种君主和官僚之间统一意见形成程序的研究非常盛

1. 中村裕一还比较日唐，提出了如下论点：“唐代的门下省审议中书省起草的制敕和尚书省各部起草的上奏，在认定其为不当的场合，拥有废止提案的权限。而日本古代律令国家的太政官则没有这种权限。这提供了比较日唐的天皇、皇帝大权的一种视角。”因后文会提及日本史研究者的见解，故先注释于此。

行。除中村裕一之外，中村圭爾、窪添慶文也积累了精深的研究。[1]更有渡边信一郎从专制国家中会议之重要性这样的视角出发，总结了相关研究。我们下节来看一下渡边信一郎的研究。

第五节　渡边信一郎的专制国家说

渡边信一郎《天空の玉座—中国古代帝国の朝政と儀礼—》（柏书房，1996年）对唐代三省的封驳制度进行了考察，论述如下：

> 封驳是与皇帝的诏敕发布相关的制度，即中书省起草的案文须由门下省审议覆奏，若有异议，则可将其封还中书省。这一制度通常被理解为对于皇帝的决定，贵族拥有同意与否的权力。但是……汉代以来，在与皇帝决策相关的会议上都能看到驳议。唐代也不例外，有很多事例。门下省的封驳不过是其中的一环。单单把它挑出来承担重大任务是不合适的。不只是三省，在诸官司的上层都有贵族就任，本来贵族就并非只是把门下省当作根据地，而独占其中的职位。另外，随着朝堂的外朝化，那种见于六朝时期的、可达数百人的朝堂公卿会议消失了，整个贵族阶层集团性意志的形成在唐代也退居幕后。即使将门下省的封驳视为对皇帝意见的核查，那也不过只是各个时期门下省在任官僚的个人意见。对于以皇帝为国家意志的唯一最终决定者的中国古代国家来说，为了下达适合不同情况的决定，需要容纳很多的不同意见，以扩大选择范围。因是之故，汉代以来，驳议制度就一直存在着。封驳制度来源于汉代以来的驳议，是中国古代的朝议中被结构化的机能。（第49—50页）

1. 中村圭爾：《南朝における議》，收入前揭《六朝政治社会史研究》；窪添慶文：《国家と政治》，收入《魏晋南北朝官僚制研究》，汲古书院，2003年（中译本见《国家与政治》，收入《魏晋南北朝官僚制研究》，赵立新等译，复旦大学出版社，2017年）；等等。

渡边信一郎否定了将门下省视为贵族根据地的见解，认为在帮助君主决策的咨询会议上，作为不同意见反映的驳议自汉代以来就已经施行了。上面引用的部分虽然言及六朝时期“整个贵族阶层集团性意志的形成”，但他并未将六朝时代认定为“贵族政治”。

> 在魏晋南北朝，多达数百名的贵族集结于朝堂进行决策，但是这种集团性意志可以说绝不是排除了皇帝的最终决定权而去贯彻自己的意志。朝议之性质，本质上是皇帝的咨询会议，其运行方式就是皇帝的独裁与专制。（第101页）

他认为，六朝贵族的集团性意志并没有排除皇帝的裁决，本质上只是皇帝的咨询会议，因此六朝时期的政治形态仍然是皇帝的独裁与专制。

这里存在疑问的是，对于贵族集团性意志与皇帝之裁决，渡边似乎仍然是从权力关系的角度来把握的。如果认为多达数百名贵族之议也不能当场做出什么决定，而只不过是将会议意见供给皇帝参考的话，那就不能以“贵族VS皇帝”这一对抗模式来对其进行把握。若本来不过只是咨询会议，那么在会议上即使有某种意见占据了多数，但只要没有形成决议，当时的贵族也不会将其看作“整个贵族阶层的意志”，而只是出席会议的个别贵族之意见罢了。因此，即使皇帝下达了和会议上提出的意见相异的裁决，无论是当时的贵族还是下达裁决的皇帝，也都不会将其视为皇帝向贵族的挑战。相对的，由皇帝所下达的裁决本身也不仅仅是皇帝个人的意见，通常情况下是充分参考了会议的意见后得出的结论。所以，和“整个贵族阶层的意志”相对立的皇帝意志一般也不存在。贵族和皇帝仍为一体，是一个形成统一意见的系统。与此相关，从日本史的立场出发对唐代三省制度的观察也有很大的参考价值，所以下节我们来看日本史方面的研究。

第六节　日本史研究者眼中的三省制度

日本史乃至日本法制史的研究者，对于接受了唐代律令的日本古代政治体制与唐代之间的比较，很早以来就非常关心。下面首先从石尾芳久和继承了石尾学说的石母田正的研究说起。

一、石尾芳久、石母田正的日唐政治体制比较论

石尾芳久《日本古代法の研究》（法律文化社，1959年）指出，日本古代的太政官作为“最高指导性合议体”，拥有其自身的权限和责任；与此相对，在唐代官制中，中书、门下、尚书三省被分割开来，总括三省的“最高指导性合议体”并不存在。

> 养老令所规定的太政官，在法律意义上，是“最高指导性合议体”。这一点根据狱令义解之文“大纳言以上，是通摄之官。故于是三局，皆为次官长官”是非常明白的。也就是说，根据义解，太政大臣、左大臣、右大臣与大纳言是通摄之官，因此，少纳言局、左弁官局、右弁官局这三局就都为长官次官。那么，大臣和大纳言也就得以拥有“统理众务”的权限和责任。太政官可以说是以天皇与天皇之卡里斯玛继承者太政大臣为中心的卡里斯玛型团体。这点是法律意义上“最高指导性合议体”得以存在的根据。太政大臣以天皇之卡里斯玛继承者（保持者）的资格担当大政责任，从而和本来对国务没有责任的单纯的宠臣截然对立。相对于此，唐代官制中并不存在法律意义上的“最高指导性合议体”。唐代官制中中书省、门下省、尚书省这三省的长官，虽然各自作为宰相，事实上形成了最高指导部门，然而在法律意义上却并没有总括三省的权限和责任，不过只是天子的咨询团体。（第323—324页）

石尾认为在日本古代，存在作为“最高指导性合议体”的太政官；而在唐代，三省被分割开来，“最高指导性合议体”并不存在。这一见解为石母田正所继承。石母田正《日本の古代国家》（岩波书店“日本历史丛书”，1971年）对日唐的政治体制进行了如下比较：

> 这种太政官是决定“国家大事”即国家政策并加以执行的机构，其成员并非分掌职责，因而并未进入严格意义上的官僚制秩序，毋宁说是立于其上统理国家诸官司的机构。其基本特征表现为它是一个由首席太政官主宰的合议体。太政官这样的机构是日本独有的制度，它将唐代的三省（即中书省、门下省、尚书省）统一了起来。而在唐代，三省是并立的，在法律意义上，作为能够统辖三省的最高机关的独立合议体是不存在的。这种不同反映了两国君主和官僚之间的历史性相互关系是不同的。与日本相比，唐代的制度更加制度性地表现了独立、强大的君主权。（第230页）

石母田正明确指出，唐代的三省制度“与日本相比，更加制度性地表现了独立、强大的君主权”。关于唐代的三省制度，他又补充了如下解说：

> 若比较前述两种体制，即不同的权限为三省所分割、分立的体制，与像日本的太政官那样将审议、决定、执行政策的权限集中统合于一个机构的体制，必须看到在后者那里，相对于君主权，官僚贵族阶层的相对地位较高。因为从道理上来推测，统一审议、决定权和执行权，能比分离它们掌握更大的国家权力。（第231页）

这样，从日本史角度观察唐代三省制度，就引发了与濱口重國相近的见解，中国专制君主权的强大，也在与日本的比较中再次被凸显出来。在这样的倾向中，下面佐藤宗諄的研究应该说是很有特色的。其后，古瀬奈津子、吉川真司等也相继提出了富有启发性的论点。

二、佐藤宗諄、古瀬奈津子、吉川真司的研究

佐藤宗諄《貴族政治の展開》（收入《講座日本歴史》二，东京大学出版会，1984年）着眼于内藤湖南以来对贵族的地方名望家这一侧面的研究，将缺乏这种社会基础的“日本贵族的社会非自立性”设定

为问题，由此发现了“日本式贵族制的特殊性”（第171—173页）。石尾、石母田的学说只强调唐制中专制君主权的独大，因此与黑格尔以来认为唐代并不存在可称为贵族的势力，而只有官僚的普遍看法相通。但佐藤的研究却提出了如下和石尾、石母田学说直接对立的见解，即在中国，毋宁说贵族才拥有牢固的社会基础。不过，佐藤并未论及三省制度，从而留下了政治体制应当如何考虑的课题。对该课题做出回答的是古濑奈津子。

古濑奈津子《天皇と貴族》（收入《日本古代王権と儀式》，吉川弘文馆，1998年）写道：

> 在日本古代，权力结构的基本对立关系，是“畿内政权（以天皇为中心）VS地方”。天皇与贵族之间虽然并非完全没有对立关系，但基本上还是彼此不可或缺的存在，相互扶持而构成了统治阶层。……日本古代律令国家权力结构的特质，就在于这种以天皇为中心的畿内诸豪族之联合政权，即所谓畿内政权；若与中国古代，特别是隋唐时期皇帝和贵族之间的关系进行比较，其特征就更加鲜明了。

古濑奈津子把日本古代律令国家权力结构的特质归结于由天皇和贵族相互扶持构成统治阶层的畿内政权，认为天皇和贵族之间基本上不存在对立关系，在这一理解的基础上将之与隋唐的情况进行比较。关于隋唐的贵族，古濑首先引用了内藤乾吉《唐の三省》中论述贵族作为地方名望家的性质及其社会声望比天子更高的部分（这原本是内藤湖南之说），并分析道：

> 也就是说，皇帝必须与这些贵族对抗以构筑独立的权力、权威。相对于隋唐王朝皇帝和贵族之间这种强烈的紧张关系，日本的天皇和贵族则可以说是相互补充的关系。同样是律令制国家，权力结构上却存在如此明显的不同，其原因之一正如石母田正氏所言，是在中国，由叛乱而导致的王朝篡夺危

> 机和对外战争、异民族侵略等常年存在，统治阶层不得不实行高度的权力集中，因此，为对抗强大的贵族阶层而实行强有力的皇帝专制也就是必要的了。与此相对，日本的天皇因为没有处在中国那样严酷的政治环境中，再加上前述畿内政权权力结构的特征，可以说其与贵族阶层之间并没有强烈的紧张关系。（第309—310页）

从拥有作为地方名望家的侧面这一点导出“强大的贵族阶层”的论点，大概是受到了佐藤宗諄学说的影响，这稍微有点勉强。古濑进而认为，强有力的皇帝专制体制之所以被构筑出来，是为了对抗“强大的贵族阶层”及处理对外战争等危机的需要。古濑试图做出巧妙整合佐藤学说和石尾、石母田学说的说明，不过在“统治阶层不得不实行高度的权力集中”的情况下，统治阶层和贵族阶层的关系就成了问题。如果统治阶层就是贵族阶层，那么即使是在隋唐的时候，皇帝和贵族之间也基本没有对立关系。然而，由于她将隋唐的时候存在皇帝和贵族之间的对抗关系作为不言自明的前提立论，因此认为皇帝权力变得强大是为了抑制“强大的贵族阶层”，这样的论证方法多少还是有些勉强的。

关于中国皇帝与臣下之间的关系，吉川真司《律令太政官制と合議制》（收入《律令官僚制の研究》，塙书房，1998年）提出了极富启发性的论点。吉川着眼于唐代君主制下的合议制，而有如下论述：

> 在唐代，大致存在两种合议。一种是“京官七品以上”在尚书省都堂（都座）所行之议，举行对“八议”者的定罪，或用于“律令式不便”等场合。还有一种则是宰相在政事堂所行之议。政事堂原本在门下省，后移至中书省，名称也改为中书门下。宰相之议并未明记于律令条文，其内容为各类与国政相关之事。以上两种合议，如果从举行场所和出席官员来考虑，则可分别定义为外廷之议和内廷之议。可以看到，议之结果均以“奏状”上奏皇帝，皇帝对此则以“敕旨”或

> “敕牒”表明自己的意见。另外，议并不以全体一致为原则，反对意见也存在以“议”之文书上奏的渠道。要而言之，臣下的合议是为“兼具绝对权威与权力的皇帝”的决策做准备的。在这种情况下，可以说合议制成了君主制的一部分。另外，需要附带说明的是，分为外廷和内廷的合议制在汉代就已经存在了。（第55—56页）

吉川真司认为“合议制成了君主制的一部分”，这与渡辺信一郎的学说不谋而合。在这一认识的基础上，以“唐代的合议制如何为律令国家所继承”为问题，吉川又有如下论述：

> 首先，尚书省之议在日本与律令条文一起被继承下来，但方向有所改变，大致被限定于太政官之议。相对的，宰相之议作为大纳言的“参议庶事”职掌被明记于职员令中。如此看来，可以认为太政官的合议是在大夫合议制的传统之上，将唐的两种合议制大致限定于太政官之议而加以继承的结果。特别是以大纳言以上——参议，相当于唐的正宰相——兼官宰相为范本而构想出来的，在考察日本议政官的时候，应该重视其对于唐代宰相制的继承这一侧面。（第56页）

在石尾、石母田的学说中，可以看到皇帝专制强大的中国与贵族势力较强的日本这样的对比模式。古濑的学说虽然对中国贵族的力量也给予了一定的重视，但在采取皇帝专制强大的中国与天皇、贵族相互扶持的日本的对比模式方面，则与石尾、石母田的学说是基本相同的。吉川的学说则从对唐制的继承这一侧面来把握日本太政官制中的合议。他不是从太政官制与唐制的对比，而是从两者的同质性去把握，这与以往的研究是完全不同的。从唐代三省制度和日本太政官制的比较中推导出日唐间政治体制的差异是困难的，应该像吉川学说那样将其视为同质。也就是说，无论是在唐代的三省制度还是日本的太政官制中，都能看到合议制。但是，这种合议制并不能产生与君主的对抗关系，它始终应当被作为君主制的一部分来把握，在君主和贵族之间基本上是没有对抗关系的。

如上所示，即使在日本史研究者这边，也有像吉川学说那样着眼于君主制之下合议制的研究，其结果并不能证明与日本的天皇相比，中国的皇帝特别专制独裁。即便因为决定权始终在君主之手而把包含此种合议制的君主制称为专制君主制的做法无误，从“君主VS贵族”这种对抗关系出发，君主一方力量强就说成专制君主制，贵族一方力量强就说成贵族制的论证方法，也确实可以说已经行不通了。

结　　语

以上对“贵族制”学说中应该说是最基本要素的“贵族政治”相关诸说做了分析。我想再次强调的是，中世“贵族政治”说的创始人内藤湖南的学说并没有被完整地继承。不可否认的是，在继承之中发生了变形，这种变形偏离了“贵族政治”的本质，反而为专制政治说提供了根据。六朝“贵族制”研究在一段时期内，比起政治体制的问题来，更为关心贵族的名望家侧面，这一点与此也并非毫无关联。但是最近，对于国家决策程序的关心再次加强，我想从这一方面也许可以得到一个重新认识“贵族政治”说的契机。根据最近的研究（也包括日本史研究者的意见），以往从“君主VS贵族”这种对抗关系来进行把握的视角之有效性，可以说已经被完全否定了。最终的决定权属于君主，而决策之际则以君主和官僚之间形成统一意见为前提——这样的体制乃是君臣一体的。这种体制之下，并没有相当于西欧中世纪身份制议会[1]的决议中所显现出来的贵族阶级意志的东西，而只有各个官僚的个人意见。相对的，在君主这一边，既然要参考官僚多样性的意见后再下决定，那么这种决定就并不纯粹是君主个人的见解。因决定权属于君主而把这种体制定义为专制君主制，这本身并没有错误。

1. 参见A. R.マイヤーズ：《中世ヨーロッパの身分制議会》，宮島直機译，刀水书房，1996年。译者按：即A. R. Myers, *Parliaments and Estates in Europe to 1789*, Thames and Hudson, 1975。

然而反过来，即使认定并不存在“君主VS贵族”这种对抗关系，从“贵族政治”的视角出发来进行把握也仍然是可能的。本来内藤湖南在论及“贵族政治”的时候，只是认为君主是贵族阶级的机构，并没有设定对抗关系。只是考虑到隋唐时代君主权有强化的动向，所以在对唐代三省制的理解上就采取了“君主VS贵族”这样的对抗模式。内藤湖南以后的研究继承了“君主VS贵族”这一对抗模式来思考“贵族政治”，进而走向否定“贵族政治”的道路。但是，如果我们回到内藤湖南的另一个观点（君主是贵族阶级的机构）来进行分析的话，那么也存在以下可能：唐代的三省制度中并非只有门下省才代表贵族阶级，包括皇帝和三省制度在内的全体都是统治阶层形成统一意见的机构，这才是所谓的“贵族政治”。要而言之，即便认为六朝隋唐的政治体制无疑是专制君主制之一种，但在欲把握六朝隋唐时期政治体制特质[1]的情况下，“贵族政治”这样的视角也仍然可能是有效的。

1. 若要论及六朝隋唐时期政治体制的特质，那就一定要把汉代以前和唐末五代以后都纳入视野。不过，限于笔者学力，只好另找机会。关于经过唐末五代过渡期形成宋以后的所谓“君主独裁”政治，宫崎市定等学者深化了这方面的研究。特别是关于宋代的君主独裁制，可参考熊本崇编著《中国史概説》（白帝社，1998年）第四章第二节《君主独裁制と科挙》。关于宋与六朝隋唐时代之不同，“官僚机构所有方面权限的分割”（第163页）这一点可能是关键所在。另外，正如谷川道雄（前揭《中国史上の古代と中世—内藤湖南への回帰—》）所指出的，内藤湖南把汉代以前也看作“贵族政治”，那么在何处可以找到其与六朝隋唐“贵族政治”之间的本质差异呢？可以预想，这是更为困难的课题。关于汉代与六朝之间政治体制的不同，下倉涉《『三公』の政治的地位について》（《集刊東洋学》78，1997年）提供了富有冲击性的论点。

第二章

日本的六朝贵族制研究[1]

1. 本章译稿原由杨洪俊先生翻译，题为《日本的六朝贵族制研究》，发表于《南京晓庄学院学报》2009年第1期。译者在翻译本章时，多有参考杨先生译稿，谨此致谢。

前　　言

日本的六朝贵族制研究，保持着内藤湖南的六朝隋唐中世说以来的传统。现在，如下这种作为九品官人法（九品中正法）的运用结果的理解，可以认为已经基本成为通说：

> 伴随成为官僚之家族的特定化和“门地”层序性固化的推进，依据门地而在任职范围上存在差别的门阀贵族制得以形成。[1]

然而，关于门地的具体内容，诸说之间相去甚远。整理日本六朝贵族制学说史的尝试，迄今为止都在进行[2]，但考虑到以门地的内情问题为焦点所做的整理还未充分进行，因此，本章想在六朝贵族制学说史中，特意聚焦门地的问题进行考察。

---

1. 安田二郎：《貴族（中国）》，《大百科事典》四，平凡社，1984年。亦可参见池田温：《貴族とは何か—東アジアの場合—》，收入笠谷和比古编：《国際シンポジウム　公家と武家の比較文明史》，思文阁出版，2005年，第264页。
2. 有越智重明《魏西晋貴族制論》（《東洋学報》45-1，1962年）、谷川道雄《六朝貴族制社会の史的性格と律令体制への展開》（原刊于1966年，收入《中国中世社会と共同体》，国书刊行会，1976年；中译本见《六朝贵族制社会的历史性质及其律令体制的形成》，收入《中国中世社会与共同体》，马彪译，中华书局，2004年）、葭森健介《中国史における貴族制研究に関する覚書》（《名古屋大学東洋史研究報告》7，1981年）、都築晶子《六朝貴族研究の現況—豪族・貴族・国家—》（同上）、小尾孟夫《貴族制の成立と性格—その研究史的考察—》（收入今堀誠二编：《中国へのアプローチ—その歴史的展開—》，劲草书房，1983年）、中村圭爾《六朝貴族研究》（风间书房，1987年）序章《六朝貴族研究に関する若干の問題》、中村圭爾《六朝貴族制論》《日本における魏晋南北朝史研究》（均收入《六朝政治社会史研究》，汲古书院，2013年）、窪添慶文《魏晋南北朝官僚制研究》（汲古书院，2003年）序章《日本における魏晋南北朝時代の官僚制度研究》（中译本见《魏晋南北朝官僚制研究》序章《日本的魏晋南北朝官僚制度研究》，赵立新等译，复旦大学出版社，2017年）、渡邉義浩《三国政権の構造と「名士」》（汲古书院，2004年）序论第一节《所有と文化》，等等。

第一节　内藤湖南、岡崎文夫的中世贵族制研究

内藤湖南在清朝考据学大家赵翼的影响下，提倡将六朝隋唐时代视为中国的中世——贵族政治时代的时代区分论。提出这种时代区分论的论文是著名的《概括的唐宋時代観》，根据其中的观点，所谓的中国中世贵族，"并不是在制度上从天子那里获得领土和人民，其门地是作为地方的名门望族在自然延续中形成的"，本来，它就不是国家制度所规定的，而是由地方的名门望族发展而成的。像这种即便原来是地方的名门望族，一旦成为贵族，也就有了与国家、政治间的关联的情况，就是所谓的"贵族政治"。尤其是只要看一下有关南朝部分的叙述，就可以看到内藤湖南所指出的身份性内婚制与贵族独占高级官职的现象，他认为"在南朝，与天子的家世相比，王氏、谢氏等的家世更受重视。他们都在同一阶级的贵族之间通婚，其集团成为社会的核心，最好的官职都被他们占据"[1]。而且，关于这种贵族独占高级官职的现象，内藤湖南在《支那中古の文化》中阐述了九品中正法向门阀选举转变的情况：

> 当选举对象只从世代相传的名门中产生，名门以外的穷人便没有出头之日。可以成为中正的人，皆为当地的名门之人，故自然会提拔名门之人。从这时起便有了士庶之分。出过官吏的家族，其后也作为士族而延续。正因中正出自士族，故其提拔之人亦皆出自士族。作为成为士族的证据，自然会考虑到宗谱。由此，谱籍便成为重要之物。[2]

这里已经指出了贵族独占高级官职是通过九品中正法来实现的，而作

1. 内藤湖南：《概括的唐宋時代観》，原刊于1922年，收入《内藤湖南全集》八，筑摩书房，1969年，第111—112页。
2. 内藤湖南：《支那中古の文化》，原刊于1947年，收入《内藤湖南全集》十，筑摩书房，1969年，第320页。本书为昭和二年（1927）京都帝国大学的讲义。

为士族证据的“谱籍”也受到重视等情况。因此，可以毫不夸张地说，日本关于六朝贵族的主流观点，基本上是由内藤湖南所确定的。

内藤湖南的中世贵族政治说为其弟子岡崎文夫所继承，他特意对南朝贵族制进行了详细的研究。关于九品中正法，岡崎氏认为：

> 始建于三国时期而完备于西晋的中正制度，对维护名门势力所发挥的作用是不言而喻的。但与此同时，正因为它是由帝王所建立的制度，所以会阻碍像南朝那样的贵族制的形成。中正制度一方面得到了发展，在高祖（北魏孝文帝——川合注）的统治下起到了分定氏族的作用；但另一方面，只要高祖坚持将它与门第一起用于品评人物，那么名门望族的权力就不可避免地要处于皇帝权力的监视之下。[1]

这里不仅认为九品中正法发挥了维持名门势力的作用，而且重视其具有阻碍形成像南朝那样的贵族制的一面。根据岡崎的这种见解，在魏晋和北朝，名门的势力虽得以维持，但并未形成像南朝那样的贵族制。这种见解在日本的贵族制学说史上，处于较为与众不同的地位。

既然已经确认岡崎认为贵族制是南朝特有的制度，那么他是如何看待贵族制的形成的呢？我们接着往下看。岡崎认为，首先，自东晋以来，已被免除劳役的士族与承担劳役的庶民的户籍，被区分为士族的黄籍和庶民的白籍，两者能够得以明确辨别。[2]虽然士族“在政治、军事乃至经济等有关社会运营的事情上积极地扮演着主要角色”，但岡崎氏在赵翼《廿二史札记》卷一二“江左世族无功臣”中“注意到作为门类的区别，有旧门、次门、后门、勋门、役门等称呼”[3]，由此设想“在这些士族的户籍之中，本身也存在着某种程度的类别”，并引用

1. 岡崎文夫：《北魏に於ける中正制度》，收入《南北朝に於ける社会経済制度》，弘文堂，1935年，第221页。
2. 岡崎文夫：《南朝に於ける士庶区別に就ての小研究》，收入前揭《南北朝に於ける社会経済制度》。
3. 岡崎文夫：《南朝貴族制の一面》，收入前揭《南北朝に於ける社会経済制度》，第239页。

《宋书》卷八三《宗越传》的记载，确认曾明确地实施过役门（庶民）与次门（士族）的区分。不过，岡崎称“是否就像赵翼在札记中所写的那样，另外还有旧门、后门、勋门等区别呢？就算使用了那样的名称,这又是否直接反映了门第的高低呢？这些都是不太明确的”[1]。所以，在关于这些名称是否为门第的表述上，他暂且保留了自己的判断。在此基础上，岡崎又做了进一步的考察，其结果是士族可以分成凭借战功而占据显要地位的勋官（勋门）和担任文官的望族，而望族又进一步分为甲族和乙族，并且士族内部也有分类，据其分类，在任职和婚姻方面还存在差别。[2]不过，关于这种分类是否会根据户籍上记录的具体制度来进行，岡崎氏终归还是没有明确说明。

如上所述，士族和庶民的区别体现在其身份被分别登录在黄籍、白籍这两种户籍上，并由此做了严格明确的区分，这一点是岡崎说中最大的特征。不过，他并没有明确说明士族内部的分类是如何进行的。黄籍是士族的户籍，白籍是庶民的户籍这种说法，可以被称为岡崎说的基础，但因这种说法已被增村宏的《黄白籍の新研究》所否定[3]，所以后来岡崎说并没有被原样继承下来[4]。

1. 前揭《南朝貴族制の一面》，第242—243页。《宋书》卷八三《宗越传》谓："宗越……本为南阳次门，安北将军赵伦之镇襄阳，襄阳多杂姓，伦之使长史范觊之条次氏族，辨其高卑，觊之点越为役门。出身补郡吏。……元嘉二十四年，启太祖求复次门，移户属冠军县，许之。"

2. 前揭《南朝貴族制の一面》，第262页起。虽然岡崎留意到在史料中散见的甲族、次门、后门等用语，但他认为“次门、后门的区别在其他场合并不明确，所以一般才会分为甲族、乙族这两种来进行叙述”。

3. 增村宏：《黄白籍の新研究》，《東洋史研究》2-4，1937年。根据增村宏的研究，所谓黄籍为一般户籍，所谓白籍则是土断后所产生的侨寓户之户籍。关于白籍现在仍无定说，而关于黄籍，增村说已成为定说。

4. 不过，士族的户籍与庶民的户籍是否为完全不同的户籍，后来也依然作为重要问题而继续存在。例如，在越智重明《南朝の国家と社会》(《岩波講座世界歴史5》，1970年）中就写道："一方面，虽然在晋代的户籍制度中，似乎分为‘士人’（包含后门）的户籍和庶民（=三五门）的户籍，但恐怕可以认为‘士人’的户籍中不仅记录着同籍者所担任的官衔，而且还一并记录着并非同籍、但为户主一定范围内亲戚的人中做官者的姓名及其所担任的官衔，记录那样的官衔保证了其免役权。另一方面，就三五门而言，正因为没有必要，所以很难设想有过那样的情况。"（第181页）越智说认为，在晋代，士人的户籍和庶民的户籍是完全不同的户籍，但到了南朝刘宋中期，“在454年（孝建元年），全国三五门的户籍中就记录着同籍者所担任的官衔，同时，在并非同籍、但为户主一定范围内亲戚的人担（转下页）

第二节　宫崎市定的九品官人法研究

基于六朝隋唐中世说的六朝贵族制研究，为宫崎市定所继承，其成果是名著《九品官人法の研究—科挙前史—》。关于九品官人法，宫崎指出：

> 最初立法的旨趣，并不拘泥于根据个人的才德给予乡品，然后再根据乡品任用为官这种官僚精神，在其实施的层面，从一开始就具有贵族性的色彩，亦即高官的子弟无论其才德如何，都能获得高的乡品，并因高品而身居高官之列。[1]

对于这种“贵族性的色彩”，宫崎又进而做了如下论述：

> 如果父亲获得的地位以某种形式传给其子是任子制的精神，那么九品官人法恐怕从成立之初起，就是以这种任子精神进行运作的。换言之，九品官人法内部保存着汉代的任子制度。但是，汉制是以秩二千石以上为界的，而九品官人法则如前所述，二千石以上者细分为五品，主要关注三品以上官员之子，至于第四、第五品官员之子，在任子上则不大被当成问题。任子之制反复实行，与贵族制度就完全没有差别了。就此

（接上页）任九品官的情况下，该人的姓名和所担任的官衔也开始被记录在户籍上。454年以后，三五门依据这种新户籍而使其免役权获得认可。这种新户籍的出现也使得以往的‘士’籍、庶籍的区别徒具形式”（第182页）。就像越智说所认为的那样，在南朝宋代，实际上的士、庶户籍已经融为一体了。不过，后来在越智重明《魏晋南朝の貴族制》（研文出版，1982年）中，虽然有叙述454年的户籍制度改革（第295页），但士籍与庶籍区别的这种论点却没有了。关于这种士籍、庶籍的问题，在中村圭爾《南朝戸籍に関する二問題》（原刊于1992年，收入《六朝江南地域史研究》，汲古书院，2006年）中，就明确地否定了越智说。

1. 宫崎市定：《九品官人法の研究—科挙前史—》，原刊于1956年，收入《宫崎市定全集6　九品官人法》，岩波书店，1992年，第24页（中译本见《九品官人法研究——科举前史》，韩昇、刘建英译，中华书局，2008年，第8页）。

而言，可以说九品官人法最初就包含着贵族化的危险。[1]

宫崎认为，使这种从最初便带有贵族性色彩的九品官人法进一步贵族化的契机，是州中正制度。对此，他做了如下说明：

> 魏王朝以强有力的军队为背景构建中央集权政府，使得地方势力成反比地衰弱。而且，中央还有意识地抑制地方，并为便于中央统治而将郡细加分割。那些权势之家一旦占据了中央政府显贵的地位，便力图维持不变，将其地位传给子孙的倾向愈发强化。这就意味着对于中央而言，可以利用地方的金字塔（东汉以来形成的各郡的豪族排行榜——川合注）作为铺垫，在此基础上构建全国性的贵族金字塔。对此，九品官人法从最初就按贵族式运作也是一个重要原因。在魏朝末期，中正制度有所改变，亦即在郡中正之上增设了州中正，终于使得这种倾向更具决定性。[2]

如此一来：

> 九品官人法终于为贵族所用。乡品本于门阀而定，而门阀原由积累产生，故身居高位的贵族之门阀越发崇高，门阀中又分出好几个等级。这种门第被称作“门地”，门地的高低则被称作“流品”。贵族主义原本非常具有斗争性。从贵族社会形成当初开始，各支贵族就为了获得优于别人的地位，相互之间展开激烈的斗争，有时甚至不惜采取非常手段。由这种激烈斗争的结果分出胜败，各支贵族的门地决定了下来，上下区分，贵族社会终于获得了安定乃至固定，固定之后出乎意料地延续了相当长的时间。贵族社会形成之初，在决定性地区分各支贵族

1. 前揭《九品官人法の研究》，第109—110页（中译本第72页）。
2. 前揭《九品官人法の研究》，第131页（中译本第89页）。

> 门第高低的西晋时代，由于天子昏庸，贵族社会暂时排除了来自国家的压力，因而屡屡经历贵族间势力之争所引起的内讧。[1]

也就是说，在西晋时代，贵族的门第已经开始固定，但由于惠帝时代的混乱而被迫中断，因而贵族社会的固化成了要拖到东晋时代来继续完成的问题。

> 在（东晋时代的）北方流寓贵族中，尤为杰出的是琅邪的王氏，接着谢氏崛起，并称王谢。第一、二位的贵族确定之后，其他家族就有了大致的标准，可以自然而然地划定，如此，南方贵族社会便出现了强烈的安定乃至固定的趋势。就九品官人法而言，姑且不论那些出类拔萃的人才，乡品首先是根据门第来决定的，个人才能只能起到若干修正作用。在当时广为使用的语言中，有“人地”“才地”等说法，也就是人才与门地，这两者的结合构成登用官吏的条件。不过，实际上门地比人才更受重视。既然如此，中正的职责就变成了不问个人的才德，而只要知道其家族的履历足矣。然而，比中正更能准确得知各家族履历的乃是中央政府的尚书。因为贵族的谱牒是由尚书保管的。[2]

关于这种用于决定门地的资料——谱牒，宫崎做了如下详述：

> 根据《南史》卷五九《王僧孺传》的记载，当时曾经编纂过官僚履历以制作《姓谱》。晋太元中，散骑侍郎贾弼编纂了七百一十二卷的长编系谱，收藏于秘阁，其副本保存在尚书左民曹。此外，尚书存有各个官员的履历书。但是，这些资料在晋咸和初年的苏峻叛乱中被焚毁，而咸和二年以后的资料，直

1. 前揭《九品官人法の研究》，第29—30页（中译本第12页）。
2. 前揭《九品官人法の研究》，第31—32页（中译本第13页）。

> 到宋代为止收藏于尚书左民曹前厢的东西两库中。据说王僧孺就是以这些资料为基础撰写《州谱》和《百家谱集钞》的。百官履历存放在尚书左民曹，恐怕与免除徭役有关，能不能被登录于上述士籍之中，决定了要不要服徭役。如上所述，履历保存于尚书，并根据确实的证据来判定门阀的上下，则中正的工作丧失了大半。中正在贵族制形成的过程中起过重要作用，但贵族制度一旦确立之后，中正也就失去了存在的意义。[1]

这样，我们可以判明，宫崎说认为贵族的门第是以保存在尚书省的百官履历书（这与岡崎说不同，宫崎说将此称为“士籍”）和东晋末期太元年间（376—396）由贾弼所撰的系谱为资料而决定的。在这种情况下，所谓贵族的门第又具体划分为怎样的等级序列呢？在宫崎说中，贵族（士族）大致分为两类：被授予乡品二品而以六、七品官起家的门地二品阶层，和被授予乡品三品乃至五品而以七至九品官起家的寒门、寒士阶层。而乡品六品以下的阶层则是寒人、庶民。[2]

如果按照宫崎说的话，那么在东晋时代固化的贵族社会到南朝陈时便迎来了转机。

> 在陈朝的政府里，侯瑱、侯安都、章昭达和吴明彻等武将轮番担任三公，内外所重，需要保证他们的地位，取得他们的欢心，所以不能只是实行从前的贵族制度。于是，位于贵族制度和官僚制度中间的任子制度得以法制化。任子制度是以门地低下却在一代之内晋升至高官者为对象，授予其子弟官位的制度，从尊重官僚地位的观点来看，可以说它是附

1. 前揭《九品官人法の研究》，第171页（中译本第120—121页）。另外，虽然宫崎氏依据赵翼《陔余丛考》卷一七“谱学”的解释，将《南史》卷五九《王僧孺传》中所见的“晋籍”视作官僚的履历书（士籍），但“晋籍”其实是户籍。关于这一点，参见本书第十章《关于门地二品》第215页注2。附带说一下，早在前揭岡崎文夫《南朝貴族制の一面》第241页中，就指出上述赵翼的解释“根本是无从考证之言”。不过，因为岡崎说认为“晋籍”不是一般的户籍，而是士族的户籍——黄籍，所以岡崎说也不能说是稳妥的。
2. 前揭《九品官人法の研究》，第214页（中译本第153页）起。

属于官僚制的制度。

宫崎如是论及了陈代任子制的法制化，以及任子制是与贵族制性质不同的制度。关于后者的论点，又进而做了如下论述：

> 任子制度法制化确实是一个新的倾向。毕竟贵族是通过漫长的历史积累所形成的，经过几代才开始获得自秘书郎起家的权利。所以，一门之中，许多在官场竞争中落败的家庭，绝不可能享受此等恩典。可是，那些因一时风云际会而成为高官者，也能够凭借高官地位令其子自秘书郎起家。这显然是与贵族主义精神不能相容的异质性制度。[1]

从以上各部分可以判明，宫崎说认为，自东晋至南朝梁代为止是典型的贵族制时代，在这样的时代，依据保存于尚书省的百官履历和诸氏族系谱，决定门地二品，寒士、寒门等的门第，从而大致根据这种门第来任用官吏。

第三节　矢野主税的门阀社会研究

在宫崎市定《九品官人法の研究—科挙前史—》刊行之前，与六朝隋唐中世说不同，从唐以前古代说的立场出发的六朝贵族制研究便已经在进行了。有这种研究倾向的代表性人物为矢野主税和越智重明，至少在其出发点上，两者有着共同的立场，即他们都反对当时过高评价贵族的政治力量的做法，而重视贵族作为寄生于皇帝权力的官僚的方面。首

---

1. 前揭《九品官人法の研究》，第305、308页（中译本第227、229页）。宫崎氏所谓的陈代任子制，是《隋书》卷二六《百官志上》“陈官制”的规定。一方面，虽然宫崎氏也认可任子制自身保存于九品官人法之中这一点，但是从“《唐六典》卷十‘秘书郎’条之中，明确表示在陈的法令中，写着秘书郎是令仆之子的起家官”来看，他也提出到目前为止仅作为习惯法的任子制度，是在陈代明确成为法令规定的。另一方面，由于《隋书·百官志》“陈官制”中，确实明确表示陈制继承了梁制，所以在重视这一点的越智重明《梁陳時代の甲族層起家の官をめぐって》（《史淵》97，1966年）中，就将其视为梁制（第39—41页）。

先，我们来看一下矢野主税的学说。说到矢野，他虽是以坚定主张上述寄生官僚论而著名的，但他是如何把握六朝时代门阀的门第等问题的，却鲜少被提及。以下将以矢野对门第的见解为中心来展开。

矢野开始致力于门阀的研究，恐怕是受到守屋美都雄《六朝門閥の一研究—太原王氏系譜考—》的影响。该书通过查明六朝的代表性门阀之一——太原王氏的兴衰，使六朝门阀的特征得以浮现出来，也明确了应将所谓豪族与门阀区别开来考察的观点。也就是说，关于辈出累世官员之家——门阀的宗族结合，守屋美都雄认为“在通常被称为门阀的家族，与家长本位家族的强势结合相比较，以宗家为中心的大范围的宗族结合基本是不可能的”，在这种推测的基础上，他进而指出“与官僚化的门阀相反，地方豪族反而在宗族聚居方面非常积极，有时还会采取收族的方法”[1]，明确表达了门阀与豪族的不同。

矢野投身门阀研究的第一篇论文是《張氏研究稿》。该论文引用《南史》卷二三《王奂传》的记载，说到王奂的诸位兄长皆由王国常侍起家，而王奂却被任命为清官著作佐郎，认为虽同为兄弟，却在起家官职上出现差距的原因，不外乎是王奂被过继给了其从祖父王球，导致房支不同。也就是说，即便同为兄弟，但王奂继承了甲门的房支，其兄长们则属于寒门的房支。这种对甲门、寒门房支评价的不同，尤其是因王球（侍奉宋文帝，历任中书令、吏部尚书、尚书仆射等最高层官吏）和王奂兄弟之父王粹（黄门侍郎）之间的资历差别而造成的。这样，矢野深化了守屋说，明确了每个房支皆有针对其门第的评价，评价标准为官职，进而指出“甲门、寒门的区别绝不是绝对性的，可以知道它是以官职为标准、很容易发生变化的”[2]。矢野所提出的门第并非固化，而是容易变化的这一点，是很值得关注的观点。

1. 守屋美都雄：《六朝門閥の一研究—太原王氏系譜考—》，日本出版协同株式会社，1951年，第148页（中译本见《六朝门阀——太原王氏家系考》，梁辰雪译，中西书局，2020年，第216页）。

2. 矢野主税：《張氏研究稿》，《長崎大学学芸学部社会科学論叢》5，1955年，第6—7页。“依据爱媛大学越智氏的指教”，他引用了《南史》卷二三《王奂传》的如下记载：“奂诸兄出身诸王国常侍，而奂起家著作佐郎。琅邪颜延之与（王）球情款稍异，常抚奂背曰：‘阿奴始免寒士。’”

关于房支的兴衰，矢野主税在《門閥社会史》中再次确认了这种观点：

> 虽说同为琅邪王氏、陈郡谢氏，且同属其主流，但在东晋至宋、齐，很快其房支各派之间就产生了优劣兴衰的差别，这一点是可以明确的。因此，笔者认为在论及门阀时，如果不考虑这些的话，就无法进行充分的考察。也就是说，我们始终应该考虑的是，从父祖那里所获得的特权地位，即便是最高层的门阀，也绝不是可以无条件地继承下去的。[1]

那么，矢野认为这种变动的特权性地位——门第，在门阀社会中是怎样发挥作用的呢？

关于这一点，在矢野《起家の制について》中曾有涉及。在这篇论文中，矢野对限定起家官职的条件加以探讨后，得出了这样的结论：虽然西晋时代是按照个人的才能、资质来决定起家职位的，但到了东晋，逐渐变为以门第为中心来决定，而南朝宋代以后，门第则成为基本条件，有时候也会参考个人原因及其他因素。[2]矢野的这个结论，看上去和前面已经论及的宫崎市定说几乎没有区别。在矢野说中，虽然一方面认为门第“未必是固定性的”，而应是具有流动性的，但另一方面也认同门第是“传统性的政治、社会地位”，如此一来，便会产生这样的疑问：与流动性相比，是否还是应更侧重于从固定性方面来把握门第呢？总而言之，矢野说中的门第到底是怎么回事，至今仍缺乏一个明确的说法。[3]

---

1. 矢野主税：《魏晋南朝の中正制と門閥社会》，收入《門閥社会史》，长崎大学史学会，1965年，第38页。
2. 矢野主税：《起家の制について—南朝を中心として—》，《長崎大学教育学部社会科学論叢》24，1975年，第24页。
3. 虽然在前揭《起家の制について》中也确认了“门第未必是固定性的……必须从更加流动性的视角来把握贵族社会本身”（第10页）这种观点，但关于门第，只不过是给它下了这种定义，“也就是传统的那种政治、社会地位”（第13页）。另外，该论文的第四节《家格——家の範囲と政治的社会的地位——の変動》，本来预定在《長崎大学教育学部社会科学論叢》的下一辑上发表，但最终并未刊行，也许矢野原本是打算在第四节中详细讨论门第的。

第四节　越智重明、野田俊昭的族门制研究

在矢野主税开始门阀研究前后，越智重明便着手贵族制研究，在《南朝の貴族と豪族》中对贵族和豪族严加区别，论及贵族的寄生官僚性特征。[1]在《南朝における皇帝の中央貴族支配に就いて》中,他也极力主张南朝皇帝的权力拥有对贵族的优势地位。在后面的这篇论文中，越智氏继承守屋美都雄说，认为“贵族相对皇帝的弱点”应从“贵族的家族结合的脆弱性中寻求”，就贵族而言，“决定其构成成员各自的政治性行动的最高准则，通常是自身的利益，他们对于连带感的顾虑，往往只限于由直系亲属所构成的房支（或是兄弟）”[2]，表达了与矢野相同的见解。越智进而在《魏西晋貴族制論》中，发表了有关贵族制概念一种值得关注的见解：

> 成为（所谓贵族制）概念根本的“政治统治者阶层所具有的世袭性特征”这一点，从宏观角度上来看，并不一定局限于这个时代的政治统治者阶层，而且那种世袭性特征也未必是以这个时代为开端的。因此，与其他时代的政治统治者阶层所具有的世袭性特征相比，这个时代的世袭性更加浓厚，这是一个“程度”的问题。[3]

不过，在那之后越智所推进的族门制研究中，倒不如说更加主张在东晋南朝时期，牢固地存在着与其他时代“性质”不同的、特殊的世袭性身份制。[4]下面我们就来看一下这种族门制学说。

越智首次全面地提出族门制说，是在《魏晋南朝の最下級官僚層

1. 越智重明：《南朝の貴族と豪族》,《史淵》69，1956年。
2. 越智重明：《南朝における皇帝の中央貴族支配に就いて》,《社会経済史学》21-5·6，第83—84页。
3. 越智重明：《魏西晋貴族制論》（前揭），第93页。
4. 关于这一点，本书第八章《南朝贵族的门第》中也有所阐述。

について》[1]之中，不过在这里，我们主要依据综合其后续研究成果的《魏晋南朝の貴族制》[2]来概括其族门制说。根据这部著作，我们可以看到族门制被这样定义：

州大中正制度的运作促进了门第的固化。其结果是，大致在西晋末期，从模式上来看，就已经产生了高级士人阶层、低级士人阶层、高级庶民阶层（获得乡品六至九品而成为低级官员的阶层）和低级庶民阶层的区别。这与制度上的政治性身份是大体相对应的。虽然这种身份具有各种各样的表述形式，但在本书中采用甲族、次门、后门和三五门这种表述形式。（以下将其称作族门制。）[3]

这里需要注意到，州大中正制度运作的结果是使门第得以固化，这种理解与宫崎市定说等是共通的，另外，其中阶层的区分等方面也和宫崎说有很多共通点。其不同之处在于，宫崎说中大致分为门地二品，寒士、寒门，寒人，而越智则更进一步将其作为严格的身份制度来把握。

虽然上面只是明确了高级庶民阶层（后门）的定义，但越智认为，高级士人阶层（甲族）是获得乡品一、二品，“以秘书郎、著作佐郎起家，担任太子洗马等最高级职位的人们”；低级士人阶层（次门）是获得乡品三至五品，以王国常侍、王国侍郎、奉朝请等起家的阶层；低级庶民阶层（三五门）则是“以三丁出一丁、五丁出二丁的形式被征发的一般庶民”[4]。

以上就是有关族门制的各个阶层的论述。越智进而又说：

关于各个族门的人员构成，在父亲所属的族门（例外地）发生改变时，其子们则应在各自的时间点根据父亲的族门起

1. 越智重明：《魏晋南朝の最下級官僚層について》，《史学雜誌》74-7，1965年。
2. 越智重明：《魏晋南朝の貴族制》（前揭）第五章《制度的身份=族門制をめぐって》。
3. 前揭《魏晋南朝の貴族制》，第233—234页。
4. 前揭《魏晋南朝の貴族制》，第235页。

> 家，从而构成其起家时所表现出的族门。从这里可以看出，父亲所属的族门原本只包括起家以前的孩子，起家以后的孩子则各自构成自己全新的族门。也就是说，各族门的人员构成是以夫妇为核心的，官员的话则包括未起家之子，庶民的话则包括其未成丁之子（同时也包括未婚的女子）。

这种见解可以说进一步推进了以往的见解，因为以前充其量只是把贵族的家族结合放到房支的范围内来理解。可以设想，这种族门例外发生改变的事例有两种情况：一种是父亲受到处罚，使其族门被迫降低，另一种则相反，是父亲发迹使其族门上升。但那始终只是例外而已，就像越智所说的，“甲族之子（们）通常是以甲族起家，其子（们）之子（们）也通常是以甲族起家。可以说，次门以下的情况也是同样的。所谓门第的世袭化，就是这样的意思”[1]。一般情况下，族门被继承的倾向被视作门第的世袭化。

接下来，关于上述族门是怎样被决定的这一点，越智根据宗越请求天子将被地方官更改的族门恢复原貌的事例（《宋书》卷八三《宗越传》）等，认为“至少在南朝，应是地方长官（或许正式地说应是其中的最高长官州刺史）掌握着族门判定权，而天子则掌握了其最终决定权”[2]。这样，可以认为族门是地方长官在天子的认可下判定的制度。虽然越智并未特意明言族门判定之际的标准，但从他所指出的“可以推测出即使是次门出身，如果能成为三品以上官，或曰为‘贵’的话，那就可以成为甲族”[3]等，可以看出他确实最为重视官职。

此后，野田俊昭继承并深化了越智重明的族门制说，发表了有关上面最后所提到的族门判定的新见解。野田俊昭《南朝における吏部

1. 前揭《魏晋南朝の貴族制》，第238—240页。
2. 前揭《魏晋南朝の貴族制》，第243页。
3. 前揭《魏晋南朝の貴族制》，第262页。越智重明在《南朝の国家と社会》（前揭）中叙述道：“士人属于甲族、次门、后门中的哪一种，在制定族门制时，是综合考虑各士人的豪族势力，作为官人、士人的地位和声望来决定的。”（第166页）在制定时（西晋末期），虽然也要斟酌官职以外的要素，但在这之后的情况并未得到明言。不过，越智非常重视官职这一点，可从该文的记述中得知。

の人事行政と家格》认为，能够改定门第（族门）的是清议，“关于像从次门到甲族这样牵涉高层次的门第改定，天子的统治权力也会对其有所回避。如果从不怕被误解的角度来说的话，那么天子也是不能改定门第的”。这种所谓的清议是“围绕人事问题所展开的士人间的舆论”，“清议对门第的改定……应是关注各人所展现的才学、学识而形成的”。[1]当然，也曾有过因天子的提拔，次门以下出身之人进入政权枢要部门的事例，不过，据说在那种情况下，也并没有改定门第。野田说非常重要，他对族门制论进行了大幅修正，使其得以发展。

野田俊昭进而在《家格と「清議」》中批判道，就像族门制论所认为的那样，即便是次门出身之人，如果能担任三品（梁十八班制中的流内十二班）以上官的话，便可被授予甲族的门第，“关于门第等级制度的形成、维持，官制性的必要条件极受重视，而其他的必要条件则几乎不予考虑”。野田指出，“尽管偶尔有次门出身之人，担任三品以上或流内十二班以上之官，但也有其本身的门第并没有被改定为甲族的情况。这种情况在南朝存在，会令人推测出由次门到甲族的这种门第提升，并不是以全面地与官制性的必要条件相联动的形式来实现的”。同时，与之相反，野田又举出“没有担任三品以上之官，而其门第却从次门提升至甲族”的事例，并坚持上述推测。在此基础上，他重新确认了门第的改定是由清议所决定的这一点，认为清议未必重视官制性的必要条件，因此“我们应该从这些方面来把握清议，即其有时会在重视官位、爵位的方向上起作用，有时相比于官位与爵位，会在重视人才、人物如何或者其他方面的方向上起作用，还有时则会在重视这两者的方向上起作用”[2]。

虽然在上述野田的研究中，继承了甲族为乡品一、二品，次门为乡品三至五品的“族门制”的大致框架，但在最近的《南朝の清議·郷論》中，他却大幅修正了族门制说，认为甲族与次门都是乡品二品，

---

1. 野田俊昭：《南朝における吏部の人事行政と家格》，《名古屋大学東洋史研究報告》18，1994年，第21、14、23页。
2. 野田俊昭：《家格と「清議」》，《九州大学東洋史論集》28，2000年，第1—12、13—14、17页。

甲族与次门之间的差别、差异乃是乡品二品内的差别、差异。随后，他明确提出了这样一种观点：甲族、次门这种门第的决定与改变，是由州大中正基于清议、乡论而进行的，要重视州大中正在决定门第中的作用。不过，他认为后门（乡品三至九品）与三五门门第的决定与改变只需依据皇帝的许可就行。[1]

第五节　中村圭爾的六朝贵族制研究

上一节介绍了越智重明与野田俊昭的“族门制”研究，本节则列举出中村圭爾《九品官人法における起家》，该文从对族门制论的批判性观点出发，以起家官为线索，从而验证了门第的存在。一方面，在宫崎说、越智说所认为的门第固化的宋、齐时代，中村找到了“同一起家官跨越几代得以连续”的事例，由此认为“可以验证门第的存在”，“可以明确这样的事实，即父祖的起家官与其子的起家官之间有着密切关联，门第可以决定起家官”。另一方面，他指出：“不过，还可以明确这一点，即门第并不是所有情况下决定起家官的唯一要素，反而是父亲的官职对决定其子的起家官起着巨大作用。”这是一个重大论点，它关系到重视门第与起家官关系的宫崎说和越智说的根本。尽管如此，该论文仍以“在宋、齐时代，九品官制中的任子制与门第可以说是在相互补充完善，并加以限制，使门第固定化的同时，巩固了贵族的阶层秩序”[2]为结论，我们也能看到，其中有将门第和任子制要素并举的情况，而这一重大意义并没有被充分认识到[3]。

为了确认这一点，以下将进一步详细地来看此论文中有关门第的见解。例如，由于可以看到数代连续以秘书郎起家的事例，中村认为“不能否定这种应该称作秘书郎起家之家的门第的存在”，又进一步说，

1. 野田俊昭：《南朝の清議・郷論》，《産業経済研究》50-1，2009年。
2. 中村圭爾：《六朝貴族制研究》（前揭）第二篇第一章《九品官人法における起家》（原刊于1973年，题为《九品中正法における起家について》），第2—8页。
3. 在拙评《中村圭爾著六朝貴族制研究》（《東洋史研究》46-4，1988年）中也缺乏对这一点的认识，故不得不在此之际如实相告。

像这样“连续通过相同起家官起家的形式，可以让我们设想其门第，反过来说的话，这种门第决定起家官的可能性也就很大，在这种情况下，就能够预测出许多父祖的起家官会成为其子的起家官。这从而越发促进了门第的固化”。只要读到这里的记述，我们就可以看到中村说也和宫崎说、越智说同样，都重视“门第的固化”。

然而，这篇论文在后面还设定了像后文所引的问题，在前面不得不承认门第存在的同时，又认为门第固化也大致可以那样理解，可以得知关于门第实情的结论是要经过探讨后重新呈现出来的。论文设定的问题正如下文所示：

> 可是，关于上述那样能以起家官为基准而看出的南朝贵族的门第，必须要思考以下问题。首先，这种门第是固定了的，还是会变动的？若是前者的话，那它在本质上是固定性的吗？或者若是后者的话，如果发生变动，虽然能从父子起家官的不同得知，但究竟在何种情况下，会使父子的起家官产生巨大不同呢？[1]

中村对于这个问题的回答如下：

> 门第本来就不是固定的，可以说只有在一定条件下才会被维持、固化。

这里所谓的一定条件，主要是指父亲的为官履历，由于父亲为官履历的升降，门第既会上升，反之也会下降。他继而又说：

> 门第之所以犹如固定了的东西，可以说是因为较高的起家官必然会带来高官位，然后这又会使其子获得较高的起家官，就这样循环往复而造成的。所以，对起家官的决定而言，

1. 前揭《九品官人法における起家》，第188、192页。

门第未必是唯一绝对的标准。[1]

在迄今为止的研究所强调的门第固化方面，这里提出了一个重大问题。这篇论文中，没有直截了当地强调任子制原理，是因为在起家官的决定上，仅凭父亲的为官履历并不能说明问题。虽然也有把家族的传统（门第）考虑进来的事例[2]，但更为重视父亲的为官履历这一点是不会改变的。这篇论文所提出的任子制原理，正如宫崎所指出的那样，是拥有与贵族制度性质不同的一面的制度。即便在宫崎说中被视作典型贵族制时代的宋、齐时代，任子制原理也在很大程度上左右着官僚人事问题。这是在考察贵族制时，应该更为认真考虑的问题。

结　语

以上对日本六朝贵族制学说的展开，以关于贵族门第的见解为中心做了考察，并延伸到最近的中村圭爾、野田俊昭的学说。通过和九品官人法（九品中正法）的运用相关联，说明世袭高官的贵族阶层成立虽然是内藤湖南以来的观点，但首次明确九品官人法中乡品与官品之间的关系，从而开拓了贵族制研究新局面的则是宫崎市定。

宫崎市定认为，依据和任子制原理不同的门第来任用官吏的典型贵族制时代，应从东晋末期至南朝梁代之间寻找，并且明确了在这个时代形成了门地二品，寒士、寒门，寒人、庶民三个阶层。越智重明推进了宫崎说，设想乡品、起家官、门第之间有严格的对应关系，并提出了由甲族、次门、后门、三五门这四个阶层所构成的族门制论。这样，根据宫崎说、越智说，贵族门第的固化大致成为通说，对其具体形态的探究则成为截至20世纪70年代初期的研究方向。不过，其间

1. 前揭《九品官人法における起家》，第194—195页。
2. 例如，关于沈文季在其父沈庆之担任一品官时，本应以五品官员外散骑侍郎起家，却以六品官秘书郎起家的事例等，中村就认为“即便有当时对员外郎的评价已经相当低的缘故，也只能认为这是由其父起家官较低，而且门第较低所导致的”。前揭《九品官人法における起家》，第205页。

矢野主税从寄生官僚论的立场出发，曾强调过门阀社会的流动性，但结果并没有在较大程度上改变门第固化的这种论点。

针对门第固化这种主流观点进行大幅修正的，是在1973年发表的中村圭爾的论文。中村认为，就连被视作贵族门第最为固化的宋、齐时代，任子制原理也得到了坚定的贯彻，并强硬地指出“门第未必是唯一绝对的标准”这一事实。不过，这篇论文也对否定门第固化这种通说保持了慎重的态度，正因为此，我认为学界并没有充分认识到这个冲击性事实的重要性。

野田俊昭继承了越智重明的族门制论，他在坚持甲族、次门、后门、三五门这种四阶层学说的同时，导入基于清议、乡论的由州大中正来决定、改变甲族和次门的门第的新观点，从而对重视南朝贵族制中皇帝权力作用的越智学说进行了大幅修正，提出新的南朝贵族制学说。

除了以上所见有关南朝贵族制的主要研究之外，还有渡邊義浩的《西晋における五等爵制と貴族制》。在这篇论文中，渡邊氏提出了新说，即“以世袭独占高官这种属性为代表的贵族制，是在西晋五等爵的赐与和州大中正制之间的相互作用下创造出的国家性身份制度”[1]，重视五等爵制所发挥的维持“世袭”的功能。该学说今后的发展也值得关注。

以上概括了日本的六朝贵族制研究，可以发现虽各有若干不同之处，但在门第的固化这一论点上，它们大致是共通的。严格来说，这种倾向意味着我们有必要将其与中国的六朝门阀制度研究相比较来探讨。如果在这里阐述一下现阶段预想的话，我认为中国学界所使用的“士族”“世族”“门阀”与“门第”等术语，和日本学界所使用的“贵族”“门第”之间有着微妙的不同之处。在日本学界，学者使用“贵族”“门第”的时候，虽然可能未必是有意为之，但多少会让人联想到日本史中的贵族。在日本平安时代后期的院政时期，形成了摄关、清

1. 渡邊義浩：《西晋における五等爵制と貴族制》，原刊于2007年，收入《西晋「儒教国家」と貴族制》，汲古书院，2010年，第118页。

华、羽林、名家等门第，这些家世成为独占世袭官职的依据[1]，这是众所周知的事实。当然，学界并没有积极主张日本贵族与六朝贵族相同的学说，但在严格考察考虑门第与官职之间对应关系的倾向时，人们的脑海里总是会浮现出日本贵族的影子。

虽然在日本贵族中，例如拥有摄关家这种门第的家世，就会世袭地独占摄政、关白的职位，但六朝贵族是通过父亲的官位，以及对其家族传统的评价、本人的才学等诸多因素，从而使特定家族获得了有利地位的，结果出现了数代高官辈出的家系，对这些家世的评价也会升高。即便这种评价又在所属家系之人就任官职之际成为有利条件之一，它也并非唯一绝对的条件，也就无法保证官职的独占世袭。父亲在官场未能发迹便英年早逝，或者相反，父亲趁着政变等机会而破例成功等，如此种种事件，都会导致对家世的评价（门第）频繁升降。就日本贵族而言，门第是其就任官职的前提，但对六朝贵族而言，门第倒不如说是对从属于各自家系的官员在政界经营结果的评价。以往日本的六朝贵族制研究应该还没有充分意识到这一点。至少，我认为还没有明确地指出过这一点。

1. 参见橋本義彥：《貴族政權の構造》，收入《平安貴族》，平凡社选书，1986年。

第一篇　宋齐政治史研究

第三章

刘裕革命与南朝贵族制

前　言

从404年开始到420年，历经十余年才成功的刘裕革命，被视作寒门武人集团对政权的夺取，并使得以北来名门为中心的、以往的政治社会体制产生了巨大变革。也就是说，因为这次革命而丧失军权的北来名门，在此后步入衰微的过程，而与东晋王朝相比，这一时期皇帝的权力得到进一步加强，这种说法成为通说，并把革命以后的政治社会体制称作南朝贵族制，用以和东晋贵族制相区别。尽管刘裕革命被赋予如此重大的历史意义，但关于寒门武人和北来名门在错综复杂的环境中所进行的这场革命的具体情况，尚有深入研究的余地。

本章首先对有关刘裕革命的研究进行学术史的整理。随后，将刘裕革命的过程划分成三个时期来分析，从而阐明革命的具体情况。这三个时期分别是：① 尽管刘裕等人成功地夺取了政权，但仍由北来名门王谧为政权首领的时期（404—407）；② 自刘裕成为政权首领后，他与曾经的同志刘毅产生严重对立的时期（407—412）；③ 走向禅让革命的时期（412—420）。我们尤其是想通过关注各个时期的权力构造，来明确被称作南朝贵族制的新政治体制的诞生过程。

第一节　有关刘裕革命的学术史

关于刘裕革命，岡崎文夫《南朝貴族制の一面》[1]认为："宋、齐两代的皇帝均为武将出身。面对这种情形，贵族基于共同的利害关系而努力维持其阶级地位，南朝贵族制便由此形成。然而，帝室已与势族通婚，且帝室的诸王子也热衷提高文学修养，和甲门子弟相唱和，来努力获取超越其家门所需的声誉。这实际上是消灭阶级观念的巨大力量。"（第271—272页）值得注意的是，在岡崎氏的研究中已经指出，

1. 岡崎文夫：《南朝貴族制の一面》，收入《南北朝に於ける社会経済制度》，弘文堂，1935年。

为了应对武将出身的皇帝的出现，贵族阶层既表现出为守护其身份阶层特权而完善贵族制的一面，也表现出让武将出身的帝室新加入贵族阶层行列的一面。

后来，在开辟六朝贵族制研究新局面的宫崎市定《九品官人法の研究—科挙前史—》[1]中揭示了这样的观点："晋宋革命之际，南方贵族社会反倒是欢迎这场革命的。随着贵族社会逐渐固定下来，各支贵族基本上满足于维持既有地位，失去了强求更大利益的野心。相对的，这也意味着社会处于抑制下层贵族晋升的状态。要维持这样的贵族社会的固定，需要有来自强大君权的压力。军阀出身的刘裕正是这种实力人物。如果他承认并保护贵族社会的规则，那么，统治者由晋朝变成宋朝，对于贵族社会而言，并没有特别的损失。"（第33页，中译本第14—15页）根据宫崎氏的观点，为使贵族社会得以固定化，强大的君权不如说是一种必要手段。

越智重明的《劉裕政権と義熙土断》[2]是受宫崎氏研究的影响而发表的。越智氏认为：

> "宋王朝是武人王朝，这种武人王朝的出现，虽然不是像从平安朝的公卿政治过渡到镰仓时期的武家政治那样显著的变化，但值得注意的是，它们具有相似的意味。"这是近年来所提出的一种强有力的不同见解。其论据主要来自认为宋的帝统是出身寒门（的武人）的观点。不过，这种说法有许多难以被认可的方面。换言之，如果是贵族王朝的东晋王朝变成了武人王朝的宋王朝的话，那么当然应该能看到社会底层构造中与此相关的一些变化，然而，我们并没有看到类似的

1. 宫崎市定：《九品官人法の研究—科挙前史—》，原刊于1956年，后收入《宫崎市定全集6　九品官人法》，岩波书店，1992年（中译本见《九品官人法研究——科举前史》，韩昇、刘建英译，中华书局，2008年）。
2. 越智重明：《劉裕政権と義熙土断》，收入《重松先生古稀記念九州大学東洋史論叢》，1957年。越智氏在《魏晋南朝の人と社会》（研文出版，1985年）第三章《宋の武帝と土断・官僚層対策》中讨论刘裕革命时，并没有使用"贵族"政权等术语，但议论的主旨本身基本上没有改变。

> 变化。虽然宋的帝统是寒门出身这一点是毫无疑问的事实，但此时的问题并不在于这一点，而是帝族的存在状态究竟是寒门式–武人式的呢？还是贵族式的呢？（第65页）

越智氏从上述角度展开分析，并得出了这样的结论："虽然刘裕政权原本是由纯粹的'武人'政权发迹而来的，但当它发展成宋政权时，就变质成了'贵族'政权。"（第42页）针对这里所谓的"贵族"，他叙述道："从东晋南朝的贵族（贵族制）所具有的历史功能这方面来看，最值得注意的就是贵族中存在着北人贵族和南人贵族的区别。当时的全体贵族都属于其中一类，作为北人贵族中最高层的是具有寄生性的一部分特定官僚贵族（以下将其称为'贵族'）阶层，而作为南人贵族中最高层的则是江东豪族（以下将其称为'豪族'）阶层。"（第53页）由此，越智氏将琅邪王氏和陈郡谢氏等称为北来名门，与之相对的所有诞生官僚的家族则都被称作贵族。而且，他还这样界定"贵族"政权："'贵族'作为其首领——皇帝大力倚重的阶层，处于其政权的中枢。这同时也意味着宋政权是代表'贵族'利益的政权。"（第63页）在此基础上，他提出了这样一种论点："虽然东晋政权也是'贵族'政权，但作为'贵族'政权的宋、东晋两王朝政权之间却有着相当大的内容变化。这种变化是与后者（东晋）相比，前者（宋）至少在中央政界中大幅削弱了出身豪族的官僚贵族势力。宋'贵族'政权的这种新特征的形成，要从其断然实行的围绕义熙土断的诸多政策中探寻。"（第70页）

对于上文最后提及的有关义熙土断的论点，葭森健介《晋宋革命と江南社会》[1]用以下观点加以反驳，即江南土著豪族阶层普遍来说并没有被政权所排挤，甚至江南的乡村社会就是刘裕政权的支持基础。葭森氏的这种看法是比较妥当的。尽管如此，越智氏这种刘裕政权从寒门武人政权变质为"贵族"政权的论点至今仍是有着探讨价值的。在前揭越智氏论文之后发表的川勝義雄《劉宋政権の成立と寒門武人—

1. 葭森健介：《晋宋革命と江南社会》，《史林》63–2，1980年。

貴族制との関連において—》[1]中，虽然对北来名门丧失军权，寒门武人兴起的情况进行了明确的论证，但没有针对上述越智氏的论点做出解答。石田德行《劉裕集団の性格について》[2]将刘裕政权的变质过程划分为三个时期，即① 截至405年左右、② 截至417年左右、③ 截至422年，并试图从各个时期刘裕集团构成人员的变化出发，对其进行解读。这篇论文虽然弄清了在①的时期，北府以寒门武人为主体，军团性特征较强，而到②的时期以降，贵族阶层已占据了很大的比例，但因为这种情况下“刘裕集团”的概念界定并不明确，对具体政治过程的分析也较为薄弱等，所以文章只是停留在对越智氏观点的追认上。[3]

在中国的研究中，祝总斌的（a）《试论东晋后期高级士族之没落及桓玄代晋之性质》及（b）《晋恭帝之死和刘裕的顾命大臣》较为详细。[4]祝氏认为，东晋后期，高级士族在政治军事方面无能软弱化的结果，就是使得低级士族获得了政权的主导地位——这就是刘裕革命。不过，他指出：“刘宋王朝的阶级本质和东晋王朝比起来，仍基本相同，即都是封建地主阶级对广大农民的专政；并且同样由士族地主特别是高级士族垄断统治大权，着重保护高级士族的政治经济利益。只不过士族地主特别是高级士族的构成上发生了某种程度的变化，即一些原来的寒门变成士族，一些原来的低级士族升为皇族和高级士族。这些新成员的加入，多多少少延缓了封建士族地主的腐朽过程，给王朝的政策注入了一些活力，这些都有利于南朝社会生产的发展。”（b第68页）这

1. 川勝義雄：《劉宋政権の成立と寒門武人—貴族制との関連において—》，原刊于1964年，收入《六朝貴族制社会の研究》，岩波书店，1982年（中译本见《刘宋政权的成立与寒门武人——从与贵族制的关联来看》，收入《六朝贵族制社会研究》，徐谷芃、李济沧译，上海古籍出版社，2007年）。

2. 石田德行：《劉裕集団の性格について》，收入《木村正雄先生退官記念東洋史論集》，1976年。

3. 另外，谷川道雄《世界帝国の形成》（讲谈社“现代新书”，1977年）虽不是研究论著，却呼吁人们注意丧失了军权的贵族阶级仍保持着权威，他们继续承担着王朝正当化的作用，并叙述说“南朝国家权力最终成了拥护贵族制的机关”（第141—144页），这一点颇具启发性。

4. 祝总斌：《试论东晋后期高级士族之没落及桓玄代晋之性质》，《北京大学学报（哲学社会科学版）》1985年第3期；《晋恭帝之死和刘裕的顾命大臣》，《北京大学学报（哲学社会科学版）》1986年第2期。

毋宁说导向了强调东晋和刘宋的政权构造具有相同性质的结论。

祝氏的见解基本上和周一良《魏晋南北朝史札记》[1]的见解一致。周氏这样认为："宋武帝刘裕出身寒微，有鉴于东晋君弱臣强之局面，但不可能以皇帝个人权力改变世家大族数百年来形成之政治、经济、社会地位。特别当孙恩、卢循大起义之后，刘裕更感必须与世家大族（包括北来侨姓及孙吴以来江南大姓）提携合作，始能镇压广大人民，巩固刘氏统治。然世家大族左右皇室之局面又为刘裕所深忌，于是采取加强控制荆、扬两州之政策，以巩固皇室。"（第122—123页）虽然南朝的皇室根基得以强化，但世家大族的地位并没有发生很大变化。需要注意的是，重视作为刘裕采取这种政治体制契机的"孙恩、卢循大起义"是很有必要的。

陈勇《刘裕与晋宋之际的寒门士族》[2]虽然与周一良和祝总斌的见解基本一致，但强调了南朝高门士族政治能力的低下。他认为，"寒门士族在晋宋之际的崛起，使刘裕得以重建专制主义中央集权。刘宋时期，高门士族虽然仍具有很高的社会地位，在政治、经济上享受着优厚的待遇。但他们业已丧失实权，控制皇室、左右政局的形势一去不复返。他们只有依附于皇室，才能生存，才能在政治上发挥作用。这显然是东晋南朝社会的一大变化。刘宋政权是地主阶级内部两个阶层——寒门士族与高门士族妥协的产物。掌权的寒门士族为保住其既得利益，也需要与高门士族共同筑起门阀的壁垒，阻挡地位更低的庶族（寒人）阶层的崛起"（第40页）。像陈氏这样把刘宋政权看作寒门士族和高门士族妥协的产物的见解，在王毅《刘宋统治阶级的内部关系与刘宋政权的兴亡》[3]中也能看到。王毅陈述道："南朝第一代刘宋政权的建立一方面是以刘裕为代表的京口寒门士族打破两晋以来门阀世族对国家政权垄断的结果，另一方面又是寒门士族与高门士族相互妥协、相互结合的结果。由于这种原因，刘宋政权建立伊始，其统治阶级内部关系

1. 周一良：《魏晋南北朝史札记》，原刊于1985年，后收入《周一良集》第二卷，辽宁教育出版社，1998年。
2. 陈勇：《刘裕与晋宋之际的寒门士族》，《历史研究》1984年第6期。
3. 王毅：《刘宋统治阶级的内部关系与刘宋政权的兴亡》，《东南文化》1989年第2期。

较之东晋时期就更为复杂，因而也就孕育了更深刻的危机。”（第1页）在王氏的看法中，引人注目的是其所提出的刘宋统治阶级内部关系的复杂化、不稳定化。

田余庆《东晋门阀政治》[1]对有关东晋和南朝之间政治构造变化的局势有着卓越的洞察。田氏的基本观点是这样的：“东晋和南朝，历来都被认为是门阀政治的时代。实际上，真正的严格意义的门阀政治只存在于东晋，不存在于南朝。东晋门阀政治以皇权政治的变态出现。刘宋以后，皇权政治基本上恢复了常态。”他从这样的视角出发，对东晋和刘宋政治体制的不同做出了如下说明：“在东晋门阀政治之下，必须维持几个最强有力的门户之间的利益平衡，还要保留司马氏的皇位。各个强大门阀士族之间，彼此起着制约作用，所以当权士族多少有所顾忌，而东晋政权也得以维持至百年之久。南朝排斥了门阀政治，恢复了皇权政治，但皇权政治的基础和格局并不能一次巩固下来，政权反而失去了稳定的因素，不断发生皇族内战和易姓换代纠纷。”（第267页）田氏的说明虽然具有说服力，但并没有结合刘裕革命的具体政治过程来分析。而且，即使东晋和南朝各自的政治体制发生了很大变化是事实，但能否说这是关系到从门阀政治到皇权政治的体制更替的根本性大变革这一点，可能仍是有必要探讨的问题。

在韩国，金民寿《刘裕的晋宋革命与寒门势力》[2]对有关刘裕的建武将军府、镇军将军府、车骑将军府、太尉府等府僚的情况加以详细分析，试图阐明刘裕政权的成立过程。其结论强调了一个事实，即虽然刘裕是在和北人门阀贵族、寒门势力、江南豪族妥协的基础上建立了宋王朝，但在晋宋革命的过程中，掌握主导权的始终是寒门势力。

以上整理了与刘裕革命相关的国内外主要研究。就像以往的研究中所强调的那样，虽然整体上是由寒门武人势力夺取政权的看法并没有错，但如果只是这样来把握的话，那么王毅和田余庆所提出的刘宋

---

1. 田余庆：《东晋门阀政治（第四版）》，北京大学出版社，2005年。虽然本书初版为1989年，但自第二版以后有所修改，所以引用了第四版。
2. 金民寿：《刘裕的晋宋革命与寒门势力》，《魏晋隋唐史研究》2，1996年（译者按：原韩文题目为《劉裕의晉宋革命과寒門세력》，已将原韩文题目译为中文）。

政权的不稳定性不就无法充分说明了吗？基于这种考虑，本章想再稍微重提一下越智氏所提出的刘裕政权变质的观点。尽管已有丰硕的研究成果，但从刘裕政权的变质这种观点来对政治过程进行具体探讨，还难以说是做得很充分。所以从下一节开始，我将按照前言部分所说的时期划分，对刘宋王朝成立的政治过程进行具体考察。

第二节　刘裕起义

刘裕（彭城刘氏）为推翻桓玄的楚王朝而起兵，乃是元兴三年（404）二月的事情。据《宋书》卷一《武帝纪上》，起兵的核心人物除了桓修（桓玄从兄，抚军将军、徐州刺史）的中兵参军，建武将军、彭城内史刘裕外，还有东海何无忌，任城魏咏之，咏之弟欣之、顺之，高平檀凭之，凭之从子韶，韶弟祗、隆、道济，道济从兄范之，刘裕弟道怜，沛郡刘毅，毅从弟藩，平昌孟昶，昶族弟怀玉，河内向弥、管义之，陈留周安穆，临淮刘蔚、从弟珪之，东莞臧熹、从弟宝符、从子穆生，东莞童茂宗，陈郡周道民，渔阳田演，谯国范清等27人，另外还有百余人参加。起义集团杀死桓修及其弟桓弘（征虏将军、青州刺史），成功占领京口、广陵，以刘裕为盟主，在将提出复兴晋王朝的檄文发送首都建康的同时，开始向首都进军。孟昶作为刘裕的建武将军府长史，总管后方，檀凭之为司马，跟随刘裕进军。“百姓”愿从军者还有千余人。正如川勝義雄所指出的那样，这无非是“由北府中级将校发动的一场哗变”[1]。

虽然檀凭之在进军途中战死，但刘裕等人还是在三月就成功占领了建康。刘裕于宣阳门外焚毁桓温神主，造晋之新主，并立于太庙，派遣追兵追讨败逃的桓玄。与此同时，他还决定让尚书王嘏率领百官，奉迎被幽禁在江州的安帝。这样，进入首都的刘裕等义军最先采取的，是复兴晋王朝的具体措施。当时桓玄逃离首都，王谧等桓玄楚

1. 前揭《劉宋政権の成立と寒門武人—貴族制との関連において—》，第313页（中译本第225页）。

王朝政府的领导班子，在这样的事态骤变之际，急忙让刘裕领扬州刺史，即希望刘裕就任宰相之职，做出了试图和义军妥协的行动。刘裕固辞这一请求，以王谧为录尚书事、领扬州刺史，居宰相之位，自己则担任镇军将军、徐州刺史，采取了与中央政府保持距离的态度（不过，刘裕仍继续屯驻在首都）。尽管宣扬复兴晋王朝，但新政府的宰相却由应该被推翻的楚王朝宰相王谧继续担任，当时恰恰出现了这种奇妙的体制。

关于刘裕等人刚刚占领建康时的情况，《宋书》卷一《武帝纪上》有如下记述：

> 先是朝廷承晋氏乱政，百司纵弛，桓玄虽欲厘整，而众莫从之。高祖以身范物，先以威禁内外，百官皆肃然奉职，二三日间，风俗顿改。且桓玄虽以雄豪见推，而一朝便有极位，晋氏四方牧守及在朝大臣，尽心伏事，臣主之分定矣。高祖位微于朝，众无一旅，奋臂草莱之中，倡大义以复皇祚。由是王谧等诸人时众民望[1]，莫不愧而惮焉。

据此记载，一来对于东晋末期政界的纲纪整顿，桓玄失败了，而刘裕却在短时间内完成；二来，桓玄虽被誉为“雄豪”，却在突然之间即位称帝，原本应该向晋王朝尽忠的地方长官和大臣都臣服于他，与此相对，地位较低、势力较弱的刘裕反而起兵复兴了晋王朝。从这两点可以看出，王谧等北来名门出身的高官们，在对自己的无能与变节感到羞耻的同时，也对自己的将来感到不安。这可以说很好地说明在刘裕起兵之际，始终持旁观者态度的北来名门的不安。

放弃首都的桓玄去往江州，受到州刺史郭昶之的援助，在补充兵员和武器的同时，带着被软禁的安帝前往荆州。冠军将军兼青州刺史刘毅、辅国将军何无忌、振武将军刘道规（刘裕弟）三人被派遣率领

1. “时众民望”中华书局标点本作“时失民望”，这里根据越智重明《魏晋南朝の人と社会》（前揭）的看法（第156—157页）采用“时众民望”。

追兵前去讨伐桓玄。由于无法期待安帝早日返回，因此刘裕采取了宣称受安帝密诏，命宗室武陵王遵（元帝孙）任大将军，令其总摄万机的措施（《晋书》卷一〇《安帝纪》“元兴三年三月丙戌”条，同书卷六四《武陵王遵传》）。

对于首都剩下的北来名门，刘裕起先安抚他们，不必担心自己的地位，然而不久便对那些与桓玄关系亲厚的人进行了镇压。《宋书》卷一《武帝纪上》谓：

尚书左仆射王愉、愉子荆州刺史绥等，江左冠族。绥少有重名，以高祖起自布衣，甚相凌忽。绥，桓氏甥，亦有自疑之志。高祖悉诛之。

王愉、王绥父子被诛杀。由此，名门太原王氏在江南也衰落了。前述位居朝廷首领地位的王谧（琅邪王氏）也感到了强烈的不安。《宋书》卷一《武帝纪上》谓：

桓玄将篡，谧手解安帝玺绂，为玄佐命功臣。及义旗建，众并谓谧宜诛，唯高祖保持之。刘毅尝因朝会，问谧玺绂所在，谧益惧。及王愉父子诛，谧从弟谌谓谧曰：“王驹无罪，而义旗诛之，此是剪除胜己，以绝民望。兄既桓氏党附，名位如此，欲求免得乎？”驹，愉小字也。谧惧，奔于曲阿。高祖笺白大将军，深相保谧，迎还复位。

王谧是因刘裕的强力保护才得以保有其地位的。虽然《宋书》在此事之前记载了会给人留下刘裕和王谧从前就有特别关系的印象的故事，但在这种情况下，这更可能是因为对刘裕而言，王谧仍是维持政局安定所必须存在的人物。

五月，桓玄被杀，安帝的人身安全也暂且得到了在江陵的刘裕方面的保障，但是桓玄从子桓振、桓玄从兄桓谦等人夺回江陵，并做出了奉还玺绶于安帝的举措。失去桓玄的桓氏也放弃了帝位，在拥立晋安帝的同时，试图挽回势力。为此，荆州方面的战事也在继续，翌年正月，江陵终于由刘毅等人平定，安帝的人身安全得以确保，改元义熙。安帝于三月返回建康。

好不容易从皇帝不在的不正规体制中摆脱出来的朝廷，立即着手新的人事调整。刘裕虽然被授予车骑将军、徐青二州刺史，但他坚决拒绝，在四月移驻京口。于是，朝廷派遣大使去往京口，继续敦劝，刘裕仍未改变固辞的姿态，最终只接受了镇军将军、徐兖二州刺史的任命。与此同时，抚军将军、兖州刺史刘毅则转任豫州刺史，当时，他的“本府文武”也被允许随府前往豫州。[1]镇军将军和抚军将军相比，镇军将军虽然略高一级，但基本上是同级的（《宋书》卷三九《百官志上》），同时刘裕掌控京口的北府，刘毅控制姑熟的西府，尽管北府实力强劲，但刘毅方面以允许“本府文武”随府赴任的形式得到了关照。这一时期的权力构造便是刘裕和刘毅势力相当，在两者势均力敌的基础上，由王谧作为中央政府的首领的形式。[2]

第三节　刘裕与刘毅的对抗

以王谧为中央政府的首领、刘裕和刘毅相抗衡的这种微妙均衡状态，因义熙三年（407）十二月司徒、录尚书事、扬州刺史王谧去世而迎来了转机。换言之，次年正月刘裕进入建康，作为王谧的继任者就职后，以往的均衡状态便被打破，刘裕的权力急剧扩大，这当然也引起了刘毅方面的强烈反抗。

义熙四年正月，刘裕在被任命为侍中、车骑将军、开府仪同三司、扬州刺史、录尚书事的同时，又留任徐兖二州刺史，《宋书》卷四二《刘穆之传》对这期间的情况有详细的记载。

1.《晋书》卷八五《刘毅传》。关于随府，参见石井仁：《南朝における随府府佐—梁の簡文帝集団を中心として—》，《集刊東洋学》53，1985年。

2.《南史》卷三二《张邵传》有如下记载，很好地说明了该时期的权力构造：“及王谧为扬州，召邵补主簿。刘毅位居亚相，好士爱才，当世莫不辐凑，唯邵不往。”

> 义熙三年，扬州刺史王谧薨，高祖次应入辅，刘毅等不欲高祖入，议以中领军谢混为扬州。或欲令高祖于丹徒领州，以内事付尚书仆射孟昶。遣尚书右丞皮沈以二议咨高祖。

随着王谧的去世，在宰相候选者的次序中，刘裕位居刘毅之上，但刘毅等人并不愿刘裕担任宰相，并提出了两种替代方案：一种是让中领军谢混担任扬州刺史的方案（当然，录尚书事也由谢混兼任），另一种则是让刘裕留在丹徒（京口）遥领扬州刺史，录尚书事由尚书仆射（吏部尚书、丹阳尹[1]）孟昶担任的方案。第一种方案是由王谧死后具有北来名族首领地位的谢混[2]继承王谧的地位，来维持以往的体制，第二种方案则是让刘裕担任扬州刺史，在名义上授予他宰相地位，但将代表宰相实质性职务的录尚书事授予孟昶，旨在于中央政府中抑制刘裕权力的扩大，来维持势力的均衡状态。孟昶是参加起义的寒门武人之一，在占领建康后被任命为丹阳尹，后来升任吏部尚书，继续担任中央政府的要职。虽然他的政治态度并不明确，但他是原本就与刘裕同等级的盟友，而且对中央，特别是尚书省的情况较为了解，由此才被推举为录尚书事。虽然刘毅、谢混、孟昶等人为阻止刘裕权力突出而采取了行动，但刘裕听从了自起义后不久就开始担任类似秘书职务的刘穆之的忠告，避免了立刻答复这两种方案。刘裕一面让使者尚书右丞皮沈转达自己想要亲自前往建康，来仔细讨论的意向，一面就任了扬州刺史、录尚书事。

结果，刘裕的地位在名实方面都达到了中央政界的顶峰。刘裕辞

1.《晋书》卷一〇《安帝纪》“义熙四年四月”条谓：“散骑常侍、尚书左仆射孔安国卒。甲午，加吏部尚书孟昶尚书左仆射。”此时孟昶的官职准确来说是吏部尚书。另外，《宋书》卷一《武帝纪上》“义熙五年三月”条谓：“公抗表北讨，以丹阳尹孟昶监中军留府事。”孟昶亦兼丹阳尹之职。孟昶被任命为丹阳尹是从刘裕占领建康后不久（《资治通鉴》卷一一三“元兴三年三月”条）开始的，他长期担任丹阳尹之职。

2. 谢混是谢安之孙，谢琰之子（《晋书》卷七九本传）。例如《宋书》卷四三《徐羡之传》称徐羡之为领军司马时，“与谢混共事，混甚知之”，《宋书》卷六六《何尚之传》也谓何尚之“为陈郡谢混所知，与之游处”。在这些记载中，到处可以看到表明被谢混所识非常受当时的社交界重视的事迹，从中也可得知谢混具有北来名族的首领地位。

掉徐兖二州刺史中的兖州刺史，让刘毅的从弟藩作为其后任，可以看作对刘毅一定程度上的让步，但尽管如此，也没有消除刘毅方面的不满。在这种情况下，发生了刘敬宣征蜀军败退的事件。这里的征蜀军是为征讨自义熙元年以来就占据蜀地而建立独立政权的谯纵所成立的军队，由刘裕派遣刘牢之之子敬宣（冠军将军、宣城内史、襄城太守）担任指挥官，而刘裕曾以参军供职于刘牢之麾下。正如《宋书》卷四七《刘敬宣传》所载：

> 高祖方大相宠任，欲先令立功，义熙三年，表遣敬宣率众五千伐蜀。……假敬宣节，监征蜀诸军事，郡如故。

这次军事行动是因刘裕强烈希望让刘敬宣取得功绩而开始的，但结果却大败，刘敬宣被免官。《刘敬宣传》称：

> 初，敬宣回师于蜀，刘毅欲以重法绳之，高祖既相任待，又何无忌明言于毅，谓不宜以私憾伤至公，若必文致为戮，己当入朝以廷议决之。毅虽止，犹谓高祖曰："夫生平之旧，岂可孤信。光武悔之于庞萌，曹公失之于孟卓，公宜深虑之。"

所谓"私憾"，虽是指刘毅对刘敬宣自参军以来的对立情绪，但刘毅不满的矛头所指向的，不单是对刘敬宣的待遇，也可以说是宠任刘敬宣的刘裕的政策本身。义熙四年九月，刘裕自己承担了征蜀军败退的责任，由车骑将军降为中军将军[1]，这也表明他不得不考虑刘毅等人的不满。

由此可见，虽说位居中央政界的顶峰，但刘裕依然不过是同等者中的最高权威而已，他为打破这种局面而计划的便是征讨南燕国（鲜

1. 中军将军和刘毅的抚军将军之间夹着镇军将军，仅相差两级，与车骑将军相比，其差距也相当小。参见《宋书》卷三九《百官志上》。

卑）。正如《资治通鉴》卷一一五“义熙五年三月”条所载：

> 刘裕抗表伐南燕，朝议皆以为不可，惟左仆射孟昶、车骑司马谢裕、参军臧熹以为必克，劝裕行。裕以昶监中军留府事。谢裕，安之兄孙也。

朝议中的反对意见很多。《宋书》卷五二《谢景仁（谢裕）传》中更加详细地记述了当时的情况：

> 义熙五年，高祖以内难既宁，思弘外略，将伐鲜卑。朝议皆谓不可。刘毅时镇姑孰，固止高祖，以为："苻坚侵境，谢太傅犹不自行。宰相远出，倾动根本。"景仁独曰："公建桓、文之烈，应天人之心，匡复皇祚，芟夷奸逆，虽业高振古，而德刑未孚，宜推亡固存，广树威略。鲜卑密迩疆甸，屡犯边垂，伐罪吊民，于是乎在。平定之后，养锐息徒，然后观兵洛汭，修复园寝，岂有坐长寇虏，纵敌贻患者哉！"高祖纳之。

反对论的急先锋是刘毅，他的论点是“宰相远出”，也就是刘裕亲自前去征讨南燕国，会导致政局不稳。刘裕不顾刘毅等人的反对，决意征讨南燕国，留守任务则交给少数赞成派之一的孟昶，起用他为尚书左仆射、丹阳尹。义熙五年四月，征讨军从建康出发，在翌年二月攻陷南燕的首都广固，大获成功。然而，在广固陷落的同月，另一场巨大危机也到来了——占据广州的卢循、徐道覆军开始北上，镇南将军、江州刺史何无忌在与徐道覆的战争中战败而死。刘裕已经得知卢循、徐道覆军北上的消息，又在返回途中于山阳接到了何无忌战死的战报，四月抵达建康。此时，抚军将军、豫州刺史刘毅请求征讨卢循、徐道覆军，他不顾刘裕的制止，率“舟师二万”从姑孰出击。刘毅的行动充分地暴露了他想要和拥有平定南燕国这种显赫功绩的刘裕相对抗的心理。然而，五月，刘毅在桑落洲大败，弃船从陆路败退，很多人沦为卢循、徐道覆的俘虏。刘毅大败的消息传来，建康陷入了恐慌的局面，孟昶和青州刺史诸葛长民甚至提议要带安帝到江北避难，但刘裕并没有听从。孟昶依然主张避难，但被刘裕拒绝，因而选择了自杀。当时他的上表（《宋书》卷一《武帝纪上》）谓：

> 臣裕北讨，众并不同，唯臣赞裕行计，致使强贼乘间，社稷危逼，臣之罪也。今谨引分以谢天下。

因为孟昶自己赞同刘裕北讨，并被委以留守重任，所以他感受到这种责任而自杀。这样，在收获北讨成果的同时又遭遇危机的刘裕，击退了逼近建康的卢循、徐道覆军。七月，卢循、徐道覆军开始向南方撤退。十月，刘裕亲自实施南伐。承担大败责任而被降级为后将军的刘毅，被任命为“监太尉留守府”，转而支援后方。刘裕十二月在左里之战中取得大胜，大破卢循、徐道覆军，将肃清残军之任交由部下，随后凯旋京师。

翌年二月，徐道覆在始兴被斩，四月，卢循在交州被斩。在这期间，刘裕正式接受了太尉、中书监的任命，从而与后将军、豫州刺史刘毅之间有了非常巨大的差距。结果，刘裕不仅在和南燕国、卢循、徐道覆军的战争中获得了胜利，期间何无忌和孟昶等曾经的盟友已经去世，可以说是最大竞争对手的刘毅也因战败降级而受到极大打击，刘裕的地位更加突出了。《宋书》卷五二《王诞传》谓：

> 卢循自蔡洲南走，刘毅固求追讨，高祖持疑未决，诞密白曰：“公既平广固，复灭卢循，则功盖终古，勋无与二，如此大威，岂可余人分之。毅与公同起布衣，一时相推耳。今既已丧败，不宜复使立功。”高祖从其说。

可见，在卢循、徐道覆军开始向南方撤退的时候，刘毅曾提出想要追讨的强烈愿望。最终，刘毅并没有被给予挽回过失的机会，他与刘裕的政治地位也越来越悬殊。

与之相对，在卢循、徐道覆军逼近建康时，庾悦被任命为督江州豫州之西阳新蔡汝南颍川司州之恒农扬州之松滋六郡诸军事、建威将军、江州刺史，取得了打败卢循、徐道覆军别动队等功绩。但在平定卢循、徐道覆后，刘毅却提出解除庾悦的都督、将军官职，由作为豫州刺史的自己来兼任江州都督。他的要求得到了批准。《宋书》卷五二《庾悦传》对当时的情况有如下记述：

> 于是解悦都督、将军官，以刺史移镇豫章。毅以亲将赵恢领千兵守寻阳，建威府文武三千悉入毅府，符摄严峻，数相挫辱。

关于刘毅这样的举动，《宋书》解释说是因为刘毅与庾悦的个人恩怨。[1]当然，这样的怨恨也会造成影响，但是与其这样解释，倒不如说是因为刘毅对和刘裕之间的差距扩大而感到焦躁。我们应该从这种角度来把握此次事件。

在这种状况下，刘裕之弟征西将军、荆州刺史道规的病情加重，卸任后不久便离开了人世。其继任者被选定为刘毅。义熙八年四月，刘毅从后将军、豫州刺史升任卫将军、荆州刺史。[2]《宋书》卷二《武帝纪中》谓：

> 毅既有雄才大志，厚自矜许，朝士素望者多归之。与尚书仆射谢混、丹阳尹郗僧施并深相结。及西镇江陵，豫州旧府，多割以自随，请僧施为南蛮校尉。既知毅不能居下，终为异端，密图之。

1.《宋书》卷五二《庾悦传》谓："初，毅家在京口，贫约过常，尝与乡曲士大夫往东堂共射。时悦为司徒右长史，暂至京，要府州僚佐共出东堂。毅已先至，遣与悦相闻，曰：'身久踬顿，营一游集甚难。君如意人，无处不可为适，岂能以此堂见让。'悦素豪，径前，不答毅语。众人并避之，唯毅留射如故。悦厨馔甚盛，不以及毅。毅既不去，悦甚不欢，俄顷亦退。毅又相闻曰：'身今年未得子鹅，岂能以残炙见惠。'悦又不答。"

2. 卫将军是仅次于太尉、司徒、司空的三个将军号之一。跳过降级前的抚军将军而从后将军升级乃是破格，从中可以看到怀柔刘毅的意图。

朝廷中也形成了谢混、郗僧施等刘毅的党派。移镇荆州之际，豫州府僚大多随行，刘毅要求把郗僧施任命为南蛮校尉等行为，导致刘裕决意除掉刘毅。[1]刘毅一到荆州任上，就称重病，请求让从弟兖州刺史刘藩担任自己的副官。刘裕答应了这一请求，并抓住九月刘藩入朝的机会，在逮捕赐死刘藩与谢混的同时，起兵征讨刘毅。与此同时，刘裕下令任命前镇军将军司马休之为平西将军、荆州刺史，以豫州刺史诸葛长民为监太尉留府事，加太尉司马、丹阳尹刘穆之建威将军，在其指挥下配备士兵等，做好了后方的准备。征讨军先锋王镇恶等人早就在十月攻陷江陵，刘毅及其党羽被杀。

十一月，征讨军主帅刘裕抵达江陵，进一步采取讨伐蜀国的措施（翌年七月平定），翌年二月返回京师后，便立即处死诸葛长民。由此，刘裕起义以来的盟友便全都不复存在了。这虽然意味着消灭了对抗势力，但同时也使得为复兴东晋而起兵的义军盟主刘裕陷入了孤立。在这种状况下，能够稳固刘裕地位的基础已经不再是曾经盟友势力的支持，而是必须要寻求东晋皇室与名族的支持。《宋书》卷五三《谢方明传》谓：

> 丹阳尹刘穆之权重当时，朝野辐辏，不与穆之相识者，唯有混、方明、郗僧施、蔡廓四人而已。穆之甚以为恨。方明、廓后往造之，大悦，白高祖曰："谢方明可谓名家驹。直置[2]便自是台鼎人，无论复有才用。"

名族出身的谢混、谢方明、郗僧施、蔡廓等人原本不愿与刘裕的心腹刘穆之交往，但自刘毅一派的谢混、郗僧施被肃清后，谢方明与蔡廓

1.《南史》卷一七《胡藩传》谓："寻除鄱阳太守，从伐刘毅。初，毅当之荆州，表求东道还建邺辞墓。去都数十里，不过拜阙。帝出倪塘会毅，藩请杀之，乃谓帝曰：'公谓刘卫军为公下乎？'帝曰：'卿谓何如？'对曰：'夫豁达大度，功高天下，连百万之众，允天人之望，毅固以此服公。至于涉猎记传，一咏一谈，自许以雄豪，加以夸伐，搢绅白面之士，辐凑而归，此毅不肯为公下也。'帝曰：'吾与毅俱有克复功，其过未彰，不可自相图。'至是谓藩曰：'昔从卿倪塘之谋，无今举也。'"

2. 据释大典《文語解》，六朝以来便有"直置"之语，应该译作"只如此"。

便拜访刘穆之，刘穆之很是高兴。这则记载的前面称“从兄混有重名，唯岁节朝宗而已”，可见在刘毅还是刘裕的对抗势力的时候，谢方明不愿和被视为刘毅同党的谢混，以及刘裕这边的刘穆之扯上关系。在权力斗争之际，他采取了与蔡廓和其他名族出身官僚共通的旁观者态度。[1]总之，这些名族出身者并未积极地转向支持刘裕。虽说消灭了对抗势力，但也不能说刘裕的支持基础本身立刻变得稳固了起来。[2]专门起用义熙七年被免除会稽内史官职的皇族司马休之作为刘毅的继任者，也应被视作出于弥补刘裕权力不稳定性的动机的做法。

第四节　禅让革命

相比肃清了刘毅及其党羽和诸葛长民，成功清除了对抗势力，刘裕权力正当性的最大依据仍是复兴东晋王朝的功绩。在只有刘裕个人突出，而没有其他有力将帅的情况下，出现不得不对皇族司马休之委以荆州刺史之重任的状况也是因为这一点。然而，不久司马休之就会转变成刘裕权力的敌对势力，这也是完全可以预测到的情况。

实际上，在义熙十一年正月，刘裕就起兵征讨司马休之。虽然雍州刺史鲁宗之与司马休之结盟[3]，但最终还是刘裕取得了胜利，司马休

---

1. 例如，《南史》卷一九《谢澹传》谓：“初，澹从弟混与刘毅昵，澹常以为忧，渐疏混，每谓弟璞、从子瞻曰：‘益寿此性，终当破家。’混寻见诛，朝廷以澹先言，故不及祸。”这种避免与权力斗争有瓜葛的姿态并不局限于名族，也多见于诞生官僚的家族。《太平御览》卷五一二所引《三十国春秋》谓：“镇之，毅季父也。义熙初，谓毅、蕃曰：‘汝辈才力势运，足以得志，当身争耳。我不就汝求位求财，又不受汝罪累。’每见毅等道从吏卒到门，辄骂诟之，毅甚敬畏，每未至宅数百步止，与白衣数人而进，仪卫悉不自随。及至毅败，天下服其先见，而刘裕甚敬遇之。”
2. 在刘裕起义的参加者中，檀祗等人被作为稍微需要防范的对象而留下。《南史》卷三二《张邵传》中，记载了义熙十二年北伐之际的如下事件：“青州刺史檀祗镇广陵，辄率众至滁中掩讨亡命，刘穆之虑其为变，议欲遣军。邵曰：‘檀韶据中流，道济为军首，若有相疑之迹，则大府立危。不如逆遣慰劳，必无患也。’祗果不动。”结果，虽然最终檀祗并未行动，但当时檀韶为江州刺史，檀道济作为冠军将军充当北伐前锋诸军的指挥，可见檀氏确实很有势力。
3.《宋书》卷七四《鲁爽传》谓：“（祖）宗之自以非高祖旧隶，屡建大功，有自疑之心。会司马休之见讨，猜惧，遂与休之北奔。”

之、鲁宗之等人亡命后秦国。刘裕就这样进一步晋升，获得了东晋臣下中无与伦比的地位，而这也使得刘裕的处境越来越孤立且不稳定。刘裕自己也意识到了这种不稳定性，《宋书》卷七一《徐湛之传》谓：

> 父逵之，尚高祖长女会稽公主，为振威将军，彭城、沛二郡太守。高祖诸子并幼，以逵之姻戚，将大任之，欲先令立功。及讨司马休之，使统军为前锋，配以精兵利器，事克，当即授荆州。休之遣鲁宗之子轨击破之，于阵见害。

在诸子年幼、可依赖亲族极少的情况下，刘裕对女婿徐逵之寄予厚望，但他不幸战死。刘裕之弟兖、青二州刺史道怜后被任命为荆州刺史。不过，正如《宋书》卷五一《宗室·长沙王道怜传》所谓：

> 江陵平，以为都督荆湘益秦宁梁雍七州诸军事、骠骑将军、开府仪同三司、领护南蛮校尉、荆州刺史，持节、常侍如故。北府文武悉配之。道怜素无才能，言音甚楚，举止施为，多诸鄙拙。高祖虽遣将军佐辅之，而贪纵过甚，畜聚财货，常若不足，去镇之日，府库为之空虚。

他并不是能够成为刘裕权力中坚力量的人物。在道怜之后任兖州刺史的是刘裕长子义符，可是他只有十岁。刘裕没有有力的亲族，因此他谋求自身权力稳定的途径，除了进一步积累功绩外，并无其他选择余地。义熙十二年，刘裕再次北伐。

此次北伐是乘后秦君主姚兴死后的混乱之机，以安帝之弟、大司马琅邪王德文的名义进行的。[1]留守任务虽由中军将军刘义符担任，但

1.《宋书》卷四三《徐羡之传》谓："初，高祖议欲北伐，朝士多谏，唯羡之默然。"由此可知，北伐之际也多有反对之论。《宋书》卷五三《庾登之传》谓："义熙十二年，高祖北伐，登之击节驱驰，退告刘穆之，以母老求郡。于时士庶咸惮远役，而登之二三其心，高祖大怒，除吏名。"也有虽然表面上赞成北伐，但又向刘穆之做工作，希望自己可以不用从军，而受到除名处分的事例。我认为，尽管存在"惮远役"的情况，但难以抵挡北伐的局势应是比较接近实情的。不过，提倡反对论的人物等具体情况并不清楚。

实际上采用的是尚书左仆射刘穆之“总摄内外”的体制。刘裕率领的北伐军十二年八月从首都出发，九月抵达彭城，十月先遣部队就占领洛阳，并修缮西晋五陵，取得了巨大的成果。因此伟业，刘裕被授予“九锡之礼”[1]，并被封为宋公。对于当时的情况，《宋书》卷四二《王弘传》谓：

> 义熙十一年，征为太尉长史，转左长史。从北征，前锋已平洛阳，而未遣九锡，弘衔使还京师，讽旨朝廷。时刘穆之掌留任，而旨反从北来，穆之愧惧，发病遂卒。

以太尉左长史之职从军北伐的王弘，将刘裕期望被授予“九锡之礼”的意向传达给朝廷，对此感到愧惧的刘穆之遂生病。就这样，刘裕宣告了从晋到宋之禅让革命的开始。十三年正月他从彭城出发，于三月进驻洛阳，在九月便进入上个月就被攻陷的后秦国都长安。然而十一月，刘穆之去世。虽然刘裕的权力已经超出了刘穆之可以把握的范围，并且不断扩张，已让刘穆之深受打击而身染重病，但是刘穆之的去世仍给政界带来了巨大的冲击。《宋书》卷二《武帝纪中》谓：

> 十一月，前将军刘穆之卒，以左司马徐羡之代掌留任。大事昔所决于穆之者，皆悉北谘[2]。公欲息驾长安，经略赵、魏，会穆之卒，乃归。

---

1. 据《宋书》卷二《武帝纪中》“义熙十二年”条所载，当时刘裕被厚赏的殊勋有以下九种：① 努力确立纪纲礼度、② 振兴农业生产、③ 改正风俗、④ 宣扬王化及于远方蛮族、⑤ 提拔优秀人才、⑥ 赢得正义之战、⑦ 严格地执行刑罚、⑧ 平定天下、⑨ 实践孝道和忠义等。这些殊勋与安田二郎在《六朝政治史の研究》(京都大学学术出版会，2003年)第八章《梁武帝の革命と南朝門閥貴族体制》中详细分析的梁武帝的殊勋相同，其意义也正如安田氏所指出的，是“向天下展示（受九锡之礼的人）被万众所期待和承认，可以在九锡文中所表述的理念性国家社会实现的方向上，解决时代所提出的诸多难题”(第358页)。

2.《宋书》原文为“皆悉以谘”，但《资治通鉴》卷一一八“义熙十三年十一月”条谓“并悉北谘”，据此改“以”为“北”。

因刘穆之去世，北伐不得不中止。徐羡之被选拔为刘穆之的后继者，而由于以往许多重要事项是委托刘穆之专断的，因此必须特意远行请示刘裕裁决的事项有所增多。《南史》卷三二《张邵传》谓：

> 及穆之暴卒，朝廷恇惧，便发诏以司马徐羡之代之，邵独曰："今诚急病，任终在徐，然世子无专行之义，宜须北谘。"[1]信反，方使世子出命曰："朝廷及大府事悉谘徐司马，其余启还。"

当对刘穆之去世而感到慌张的朝廷要立刻发诏任命徐羡之为其继任者之际，义符的中军府咨议参军张邵则主张不应由义符专断，而应咨询刘裕的意见。结果，根据刘裕的指令，义符发布了"将朝廷及太尉府的事情委托于徐羡之，其余的则要仰赖刘裕的判断"的命令。[2]因心腹刘穆之去世，能将全部政务都安心托付的人物便不复存在，在这种情况下继续北伐就有很大危险。十二月，刘裕从长安出发，十四年正月返回彭城，他自己继续在此地逗留，让司马德文返回建康，然后着手构筑北伐后的体制。

虽然刘裕已经让次子义真（12岁）担任了安西将军、雍州刺史，留在新占领的长安，但还打算把长子义符（13岁）安置在荆州。义符的人事调动因张邵反对而被弃置，第三子义隆（12岁，后来的文帝）被任命为西中郎将、荆州刺史。据《南史》卷三二《张邵传》：

> 十四年，世子改授荆州，邵谏曰："储贰之重，四海所系，不宜外出。敢以死请。"世子竟不行。文帝为中郎将、荆州刺史，以邵为司马，领南郡相，众事悉决于邵。

1.《南史》原文无"北"字，据《宋书》卷四六《张邵传》所补。另外，虽然《宋书》卷四六原本散佚的部分就是据《南史》其他部分所补，应以《南史》为准，但据文意来看，此处应该补充"北"字。

2.《南史》卷一五《徐羡之传》谓："穆之卒，帝欲用王弘代之。谢晦曰：'休元轻易，不若徐羡之。'乃以羡之为丹阳尹，总知留任，甲仗二十人出入，加尚书仆射。"这记载了决定任命徐羡之的经过。

荆州刺史刘道怜作为守尚书令和徐、兖二州刺史返回了京都。道怜子义庆（16岁）被任命为豫州刺史。从中我们可以看出刘裕的意图，即他想要依靠家族之人，特别是好不容易成长起来的诸子来巩固势力。但其诸子尚且只有十多岁，实际上不得不依赖于府佐。所谓刘裕构筑的新体制，其实是被任命为府佐的官僚阶层和刘裕家族共同合作的体制。

《宋书》卷六一《武三王·庐陵王义真传》中的如下记载很好地表明了这种刘裕-诸子-府佐之间的合作关系：

> 及关中平定，高祖议欲东还，而诸将行役既久，咸有归愿，止留偏将，不足镇固人心，乃以义真行都督雍凉秦三州司州之河东平阳河北三郡诸军事、安西将军、领护西戎校尉、雍州刺史。太尉咨议参军京兆王修为长史，委以关中之任。……临还，自执义真手以授王修，令修执其子孝孙手以授高祖。

刘裕把辅佐诸子之事托付给府佐的心情，可能不只源自撤离长安这一特殊情况。就义隆的情况而言，除张邵以外，义隆的冠军将军府功曹王昙首也随府升任为长史。刘裕曾对义隆说："王昙首，沉毅有器度，宰相才也。汝每事咨之。"（《宋书》卷六三《王昙首传》）这样，刘裕在强化重用诸子等亲族担任方镇长官的姿态的同时，也在努力构筑和在方镇长官手下担任府佐的官僚阶层间的合作体制。担任府佐的官僚包括王昙首（王弘之弟，琅邪人）这样的侨姓名族、张邵（吴郡人）这样的吴姓名族、王修这样的寒门（晚渡北人）等各种出身的人物[1]，这是为配合全体官僚阶层的支持所做的联动性安排。

同年六月，刘裕接受相国、宋公、九锡之命，其背景应是刘裕认为上述努力已经取得了一定的成果。然而，对于当初高举对抗桓玄、复兴东晋的旗帜而登场，并以此功绩作为自身权力正当性首要根据的刘裕而言，一下子就突进到禅让革命的最终阶段，是很矛盾的。刘裕

1. 另外，义真府的司马王镇恶（北海人）为寒门（晚渡北人），中兵参军沈田子（吴兴人）为吴姓寒门。而且，义隆手下的南蛮校尉到彦之（彭城人）是寒门，义隆府的主簿王华（琅邪人）为侨姓名族，中兵参军沈林子（吴兴人）为吴姓寒门。

在义熙八年打倒刘毅以后，虽然构筑的大体上已是一种独裁权力，但是仍旧尊重皇族司马休之，并反复采取借由北伐建立功绩等努力，这些始终是由其权力正当性来自效忠东晋皇室而导致的行为。这种行为的结果，虽让刘裕开始登上禅让革命的阶梯，但当他步入禅让的最终阶段时，却让刘裕自身不得不感受到巨大矛盾。更重要的是，这对于广大官僚阶层而言，也无疑是令他们感到踌躇的事态。关于这期间的情况，虽然史料记载并没有直接谈及所有原委，但是，刘裕尽管在同年十二月暗杀了安帝，自己却并没有即位，而是拥立了大司马琅邪王德文（恭帝）。从这一过程中似乎可以看出广大官僚阶层的意向。《晋书》卷一〇《安帝纪》谓：

> 初谶云“昌明之后有二帝”，刘裕将为禅代，故密使王韶之缢帝而立恭帝，以应二帝云。

虽然有说法称这是为了配合“昌明（东晋孝武帝之字）之后有二帝”的预言，但这当然是附会之说。[1]在暗杀安帝后拥立琅邪王德文的理由，难道不是不得不考虑官僚阶层推戴作为皇位继承者的德文的舆论吗?《晋书》卷一〇《恭帝纪》谓：

> 安帝既不惠，帝每侍左右，消息温凉寝食之节，以恭谨闻，时人称焉。

德文服侍在“不惠”的安帝身边，素有“恭谨”的较高评价。在称帝这件事上，是否能够忽视德文而自己即位，使刘裕犹豫不决。让刘裕抱有这样犹豫的，除了官僚阶层的意向以外别无其他。

元熙元年七月，刘裕晋升为宋王，将宋国的首都迁到寿阳，次年六月，终于回到建康，接受恭帝的禅让，即皇帝位，建立宋王朝。能

1.《宋书》卷六〇《王韶之传》谓：“安帝之崩也，高祖使韶之与帝左右密加鸩毒。”虽然与《晋书》记载的杀害方法不同，但两者都讲述了暗杀的事实。

表明拥立恭帝的一年半时间里官僚阶层动向的记载并不多。不过,《宋书》卷四三《傅亮传》有如下记载,讲述了刘裕从寿阳前往建康的经过,颇具启发性。

> 高祖有受禅意,而难于发言,乃集朝臣宴饮,从容言曰:"桓玄暴篡,鼎命已移,我首唱大义,复兴皇室,南征北伐,平定四海,功成业著,遂荷九锡。今年将衰暮,崇极如此,物戒盛满,非可久安。今欲奉还爵位,归老京师。"群臣唯盛称功德,莫晓此意。日晚坐散,亮还外,乃悟旨,而宫门已闭,亮于是叩扉请见,高祖即开门见之。亮入便曰:"臣暂宜还都。"高祖达解此意,无复他言,直云:"须几人自送?"亮曰:"须数十人便足。"于是即便奉辞。……至都,即征高祖入辅。

这则故事描绘了一种非常有趣的情况,即刘裕虽有即皇帝位的意向,却不能轻易表露,而群臣也没能轻易地察知刘裕的这种意向。当然,这则故事本是用来强调傅亮的聪明的,却意外地准确说明了刘裕和官僚阶层都难以迈向禅让革命的最终阶段。刘裕即皇帝位之事极大地损害了刘裕权力正当性的支撑。这种矛盾不正是晋宋禅让革命不容易得到解决的主要原因吗?

然而,充满这样矛盾的刘裕革命也总算是突破了最后的界限。刘裕58岁时当上了宋王朝的初代皇帝,东晋恭帝被封为零陵王,但在次年(永初二年)九月就被暗杀了。虽然汉魏革命和魏晋革命之际都没有杀害禅位者,但是就刘裕的情况而言,是不能让恭帝存活下来的。这一点也可以被认为是刘裕权力所具有的弱点的体现。

结　语

以上把刘裕革命的过程划分为① 404—407年、② 407—412年、③ 412—420年这样三个时期进行了考察。刘裕起义后不久,第①时期的权力构造是刘裕和刘毅大致势均力敌，两者都没有进入建康中央政府，而是在各自坐镇京口与姑孰的同时，对以名门王谧为首脑的中央政府施加影响力。这种多元性权力构造因王谧之死发生了改变。在第②时期，刘裕进入中央政府担任宰相，导致了不希望刘裕权力突出的势力开始作为刘毅的后援活动的形势，以这两派的对抗关系为中心的政局由此展开。相对于刘裕征讨南燕获得成功，刘毅却在和卢循、徐道覆军的战争中败北，两者间产生巨大差距，刘毅最终被刘裕打败。在这期间，除了刘毅以外，刘裕曾经的盟友也因战死（何无忌）、自杀（孟昶）、暗杀（诸葛长民）而接连消失了踪影，刘裕则从同级者中的最高权威成长为独裁当权者。第③时期是成为最高权力者的刘裕致力于称帝的时期，而这条道路却意外地并不平坦。关于这期间的情况，史料虽并未明言，但因为关系到原本高举复兴东晋皇室旗帜而登场的刘裕权力之正当性，所以应会遭到官僚阶层的抵抗。总之，只有拥戴东晋皇室，才能确保刘裕权力的正当性，获得官僚阶层的支持，而要越过最后一线转变为王朝革命，则是官僚阶层的舆论所不容许的。刘裕只能通过暗杀安帝这种非常手段来克服这一障碍。

通过以上三个时期，我们可以看到，北来名族除了谢混那样的例外之外，在权力斗争之际始终采取旁观者的态度，并未积极参与其中。这一点证实了以往研究的观点是正确的，但也反过来说明，在刘裕成功肃清对抗势力以后的第③时期，距离革命成功也还要不少时间，表明了抵抗晋宋禅让革命的力量的顽强。这种抵抗的核心人物是不局限于北来名族的广泛官僚阶层，而且他们确实发挥了维系东晋政治体制（在东晋皇帝之下确保有实力的大族共有权力的均衡状态）的作用。刘裕革命的最终成功，一方面意味着刘裕战胜了官僚阶层的抵抗，不过从另一方面来说，我们也可以充分预见到，作为让官僚阶层承认禅让革命的代价，刘裕必然采取了与之相伴的笼络政策。[1]事实上，东晋以

1. 关于这一点，安田二郎《六朝政治史の研究》（前揭）第二章《西晋武帝好色攷》中有对西晋时期政治体制颇富启发性的分析（第125—127页）。

来的名族大多在刘宋以后仍旧高官辈出。除了这样的名族外，刘宋皇室还和以前通婚的寒门结成姻亲关系，努力填补王朝权力。[1]在这种意义上，刘宋也是贵族政权这一事实并未改变。[2]然而，东晋政治体制却大为改观。该体制原本是在推戴皇室的基础上，保持北来侨姓名门分有军权的权力均衡状态，但刘宋以后，军权便成为皇族诸王间所分有的权力。虽然皇帝的权力乍看之下似乎是得到了强化，但由于官僚阶层也被牵涉进了皇族间的内讧，使得皇位不稳。从刘裕革命需要较长时间这一点，我们可以预见到：假如仍旧推戴东晋皇室，可能会诞生让掌握军权的有力武人与官僚阶层协调或是竞争，从而运营政权的政治形态。但这种政治形态最终并未被创造出来，不得不被传统皇帝政治体制框架中的革命所终结。[3]

【补】关于东晋末期贵族社会的固化，笔者的意见与一般性理解有所不同。关于这一点，请参阅本书第十章《关于门地二品》。据鄙见，井然有序的门第序列，并不是因被填写在政府保管的总谱之类的材料中而固定化的，在东晋末期，琅邪王氏、颍川庾氏、谯国桓氏、陈郡谢氏、太原王氏等，都可以被视为达官显贵辈出的门第。即便是这样的门第，达官显贵的世袭也未在制度上得到保证，因父亲早逝等而衰微的情况也存在，具有不稳定性，但凭借能够保证达官显贵子弟获得有利的起家官的制度等，形成了累世高官辈出的局面。上述“贵族社会的固化”也是东晋末期的倾向，与日本平安贵族“门第”的固化不同。

1. 矢野主税：《南朝における婚姻関係》，《長崎大学教育学部社会科学論叢》22，1973年。
2. 不过，就像越智重明《劉裕政権と義熙土断》（前揭）所主张的那样，刘宋政权并非北来名族的“贵族”政权，而应被视为也包括吴姓名族和寒门在内的广义贵族政权。
3. 名族阶层在刘裕革命时期的旁观者态度，酷似日本保元之乱（1156）、平治之乱（1160）时公卿的态度，而且当时的日本正处于贵族社会中“门第”的形成期，这也令人联想到东晋末期贵族社会的固化。不过，日本正朝着创造出镰仓幕府那种新型权力形态的方向前进，而与此相对，六朝时期的江南仍旧停留在传统皇帝制度的框架内，在这一点上，两者有很大的不同。关于保元、平治之乱等，参见河内祥輔：《保元の乱·平治の乱》，吉川弘文馆，2002年。

第四章

南朝宋初的“同伍犯法”议论

前　言

在通过其与贵族制的关系来考察南朝的士庶区别时，本章主要选取了南朝宋初发生的所谓“同伍犯法”议论。这方面最早的研究是岡崎文夫《南朝に於ける士庶区別に就ての小研究》[1]。岡崎氏选取能表明士庶区别具体情况的事例——《宋书》卷四二《王弘传》中同伍犯法的议论，重视南朝宋代的士人将不与同伍的犯罪相连坐制度化，认为“对于姓族尊长的社会制度而言，宋代应是值得特别注意的时代”。其后，增村宏《宋書王弘伝の同伍犯法の論議》[2]（以下简称增村论文）完整探究了关于同伍犯法与盗制（对于一般的盗窃罪与官有物盗窃罪的刑罚）的所谓“同伍犯法”的议论，在对议论的文章构成、议论发生的年份进行考察的基础上，对全文做了训读与注释。增村论文作为“同伍犯法”议论的基础性研究是极其重要的。[3]

自那以后，关于“同伍犯法”议论的研究还包括越智重明的《魏晋南朝の政治と社会》[4]，讨论了“客户制”的史料，而且，同氏还在《魏晋南朝の貴族制》[5]中专辟一节，指出从这个议论的内容中，

1. 岡崎文夫：《南朝に於ける士庶区別に就ての小研究》，收入《南北朝に於ける社会経済制度》，弘文堂，1935年。
2. 增村宏：《宋書王弘伝の同伍犯法の論議》，鹿儿岛大学文理学部研究纪要《文科報告》4史学编1，1955年。
3. 增村氏对当时同伍制（符伍制）的整体性研究还有《晋、南朝の符伍制》(《鹿大史学》4，1956年)。
4. 越智重明：《魏晋南朝の政治と社会》第三篇《南朝の政治と社会》第四章《客戸制》，吉川弘文馆，1963年。
5. 越智重明：《魏晋南朝の貴族制》第六章《宋斉政権と宋斉貴族制》第三节《同伍犯法の議論》，研文出版，1982年。在该书中有如下论述：“宋代刘氏将北人士人阶层作为处于国家支配组织末端的伍制的对象，并且在实质上把南北士人阶层作为同伍犯法的对象。不过，用稍微抽象一点的话来说，这意味着在天子的支配权力面前，将北人士人阶层和南人士人阶层同质化，同时与否定南北两种高级士人阶层所拥有的、从天子的支配权力中“脱离”的一面相关联。……但是稍微具体而言，把士人阶层自身不受处罚加以制度化这一点，意味着确认了士人阶层不同于庶民阶层的特权性地位。不过，这种特权只存在于让奴客来代为（转下页）

可以看出天子对于士人阶层支配权力的加强。另外，中村圭爾在《「士庶区別」小論》[1]和《晋南朝律令制と身分制》[2]中论述士庶区别的时候，选取了“同伍犯法”的议论，而且在《南朝における議》[3]中对包括该议论在内的、南朝时期国家决策场合中的“议”进行了探讨。

如上所述，关于“同伍犯法”议论的史料主要被用于南朝士庶区别问题的研究，但也有像中村氏那样通过包括该议论在内的当时的“议”，来探索南朝时期国家决策特性的研究。不过，尽管该议论是如此重要的史料，但关于它仍然有很大的探讨余地。部分原因可能在于虽然有增村论文的训读、注释，可是该议论的内容中仍有不明确的地方。

因此，本章将尝试把整篇议论翻译成现代文，并在此基础上对议论的内容加以整理、探讨。虽然该议论通称同伍犯法的议论，但准确地来说，它包括前文所及的有关同伍犯法的议论和有关盗制的议论。在原文中，同伍犯法议论和盗制议论夹杂在各论者的发言中被记载下来，但本章在翻译的时候，会根据同伍犯法和盗制各自的主题来加以区分。首先，我们从同伍犯法议论的翻译开始。

（接上页）接受处罚，或是（在没有奴客的时候）交纳赎金的形式中，广义上还是明确把士人阶层作为同伍犯法的处罚对象。这一点相当重要。虽然对于这种新措施的评价根据所采取立场的不同会有很大的差异，但不管怎样，南北士人阶层都被纳入了作为天子支配权力的末端组织的伍制之中，哪怕是在同伍犯法的问题上，士人阶层也绝不能置身事外。在这一点上，与东晋的司马氏时代相比，可以说天子的支配权力在制度性方面得到了进一步强化。”（第282—283页）

1. 中村圭爾：《「士庶区別」小論》，收入《六朝貴族制研究》，风间书房，1987年。
2. 中村圭爾：《晋南朝律令と身分制》，收入《六朝政治社会史研究》，汲古书院，2013年。该论文认为“同伍犯法”的议论是在“使士庶在律令适用方面形成差异的方向”上做出的决定，并在此基础上指出：“在律令适用中存在士庶区别，这一事实说明在晋南朝律令中不存在法律性身份概念上的士庶区别，所以士庶原本无别，均一平等地适用同一法律。这是因为如果律令规章中事先存在士庶之别，那么就不需要特意在运用上设置律令适用的差别。正是因为在律令中士庶性质相同，所以面对士庶区别很严重的社会现实，需要有法律运用上的区别。与此同时，既然士人的存在根据和庶人不同，那么在律令之外，也应当依照其存在根据来制定相应的惩罚规则。”（第300—301页）
3. 中村圭爾：《南朝における議》，收入前揭《六朝政治社会史研究》。

第一节　同伍犯法的议论

一、试译同伍犯法的议论

> A.（录尚书事王弘）与八座丞郎疏曰：“同伍犯法，无士人不罪之科。然每至诘谪，辄有请诉。若垂恩宥，则法废不可行，依事纠责，则物以为苦怨。宜更为其制，使得优苦之衷也。……想各言所怀。”

【译文】（录尚书事王弘）将文书分发给尚书省的干部，说道：“在同伍之人犯罪的时候，并没有不处罚士人的规定。但是，每到要处罚士人的地步时，总是会有人提出免除处罚的申请。如果施与特殊恩情的话，那就等于没有法律了；如果按照规定处罚的话，那么世人又会说法律过于严厉。所以应该重新制定制度，以谋求合理化。…〔省略盗制的部分〕…[1]大家可以各抒己见。”

> B. 左丞江奥议：“……符伍虽比屋邻居，至于士庶之际，实自天隔，舍藏之罪，无以相关。奴客与符伍交接，有所藏蔽，可以得知，是以罪及奴客。自是客身犯愆，非代郎主受罪也。如其无奴，则不应坐。”

【译文】尚书左丞江奥的议论认为：“…〔省略盗制的部分〕…即便同伍之人比邻而居，士庶之间也实在有着天壤之别。这与藏匿同伍罪犯之罪无关。（士人之家的）奴客与同伍之人有接触，如果有藏匿罪犯的话，那么因为奴客应是可以得知的，所以奴客要成为处罚的对象。这原本就是奴客自己的责任，并不是代替主人接受处罚。没有奴

1. 译者注：原文将关于盗制的内容单辟一节译出，故此处省略，记为“…〔省略盗制的部分〕…”。

客（的士人之家），则不应受到连坐。”

> C. 右丞孔默之议：“君子小人，既杂为符伍，不得不以相检为义。士庶虽殊，而理有闻察，譬百司居上，所以下不必躬亲而后同坐。是故犯违之日，理自相关。今罪其养子、典计者，盖义存戮仆。如此，则无奴之室，岂得宴安。但既云复士，宜令输赎。……”

【译文】尚书右丞孔默之的议论认为：“士人与庶民既然都是同伍的一员，便不得不肩负相互监视的义务。即使身份有别，也可以察觉到犯罪这一点是毋庸置疑的。例如，这与上级犯下的罪，和部下即使没有关系，部下也要受到连坐是相同的。因此同伍之人犯罪的时候，连坐是肯定的。那么，处罚（士人之家的）‘养子’与‘典计’，就是让他们代替主人受罪，这样的话，没有奴客之家就无法安心。不过，既然有免除士人力役的说法，那么最好让他们交纳赎罪金（而非判处徒刑）。…〔省略盗制的部分〕…”

> D. 尚书王准之议：“昔为山阴令，士人在伍，谓之押符。同伍有愆，得不及坐，士人有罪，符伍纠之。此非士庶殊制，实使即刑当罪耳。夫束脩之胄，与小人隔绝，防检无方，宜及不逞之士，事接群细，既同符伍，故使纠之。于时行此，非唯一处。左丞议奴客与邻伍相关，可得检察，符中有犯，使及刑坐。即事而求，有乖实理。有奴客者，类多使役，东西分散，住家者少。其有停者，左右驱驰，动止所须，出门甚寡，典计者在家十无其一。奴客坐伍，滥刑必众，恐非立法当罪本旨。……”

【译文】尚书王准之的议论认为：“以前，当山阴令时，士人也被编入同伍之中，称之为‘押符’。即使同伍之人犯了罪，也可以免于连坐；士人犯了罪的时候，则由同伍揭发。这并不是士人与庶民间的制度不同，而只是根据实际情况来处罚而已。说起来，士人是与庶民相隔绝的，即便想要监视庶民的犯罪也没有办法。如果是为非作歹之士人的话，那么他会与庶民有所接触，同伍之人便会得知，可以让他们揭发犯罪。当时这样做的不止一处。左丞的议论中称，因为奴客与同伍之人有接触，奴客可以进行监视，所以同伍之人犯罪时要受到连坐。然而，这有悖于事实。拥有奴客之人，役使奴客来做的工作有很多，奴客分散于东西，留在家里的很少。即使是在家里的奴客，也在主人的身边忙碌地工作，而很少出门。'典计'等十天中也没有一次在家。如果让奴客受同伍犯罪之连坐的话，那么受刑罚者就会非常多，这恐怕会违背立法的主旨。…〔省略盗制的部分〕…"

E. 殿中郎谢元议谓："事必先正其本，然后其末可理。……① 以不知而押之于伍，则是受检于小人也。然则小人有罪，士人无事，仆隶何罪，而令坐之。若以实相交关，责其闻察，则意有未因。何者？名实殊章，公私异令。奴不押符，是无名也，民之赀财，是私贱也。以私贱无名之人，予公家有实之任，公私混淆，名实非允。由此而言，谓不宜坐。还从其主，于事为宜。无奴之士，不在此例。② 若士人本检小人，则小人有过，己应获罪，而其奴则义归戮仆，然则无奴之士，未合宴安，使之输赎，于事非谬。二科所附，惟制之本也耳。此自是辩章二本，欲使各从其分。至于求之管见，宜附前科，区别士庶，于义为美。……"

【译文】殿中郎谢元的议论认为："事物必定要先正其根本，然后其末才可以条分缕析。（中略[1]）① 将不知庶民之事者编入同伍之中，是要让其接受庶民的监视。如果是那样的话，那么即便庶民有罪，也与士人无关，奴客也不应该受连坐之罪。如果因为实际上与庶民有关系，

1. 这一部分百衲本（三朝本）中缺字较多。南监本、殿本则补充了这些缺字，增村论文与中华书局标点本都据此有所补充，但因文意难以掌握，故而省略。即使没有这一部分，谢元的议论框架也很清晰。另外，在张元济《校史随笔》（商务印书馆，1990年）的《宋书》"阙文不当臆补"中，也将殿本的这一部分作为"臆补"之例而指出。

就要承担监察义务的话，那是不合道理的。根据名与实、公与私的不同，法律也是不相同的。因为奴客没有被编入同伍之中，所以是‘无名’的，另外，因为奴客是臣民的财产[1]，所以是‘私贱’的。让‘私贱’‘无名’之人来承担公权中与实相伴的任务，是混淆公私，从名与实的关系来说也不妥当。就这一点而言，我认为奴客不应受到连坐。而且，服从其主人（士人）也是适当的。（因此）没有奴客的士人，也就不是这个问题的对象。[2]② 如果士人原本就监视庶民的话，那么当庶民犯罪的时候，士人也应受到连坐。处罚其奴客，是让奴客代替主人受罪，这样，没有奴客的士人就无法安心，所以交纳赎罪金是没有错的。以上两个道理所依据的乃是制度的根本。这正是阐明两个根本，然后遵循这两个道理的做法。以吾管见，根据前面的道理来区别士庶是很好的。…〔省略盗制的部分〕…”

F. 吏部郎何尚之议：“按孔右丞议，士人坐符伍为罪，有奴罪奴，无奴输赎。既许士庶緬隔，则闻察自难，不宜以难知之事，定以必知之法。夫有奴不贤，无奴不必不贤。今多僮者傲然于王宪，无仆者怵迫于时网，是为恩之所沾，恒在程、卓，法之所设，必加颜、原，求之鄙怀，窃所未惬。谢殿中谓奴不随主，于名分不明，诚是有理。然奴仆实与闾里相关，今都不问，恐有所失。意同左丞议。”

【译文】吏部郎何尚之的议论认为：“孔右丞的议论中称，士人要受

1. 原文“民之赀财”，中华书局标点本（第1319页）据殿本作“民乏赀财”，但这里遵循百衲本、南监本和增村论文，因为从强调奴客从属于主人（士人）的论点来看，我认为“民之赀财”更为合适。该议论中的奴客是像“左右、佃客、典计、衣食客”这样的随从，官僚对其拥有所有权。其所有权规定见于《隋书》卷二四《食货志》。因为他们并不从事公务，而主要从事官僚私人的各种事务，所以采用了“民之”这样的表述。

2. 这一部分在拙稿《南朝の士人と庶民—宋書王弘伝の同伍犯法の論議—》（平成元年度·二年度科学研究费补助金综合研究A研究成果报告书《中国社会における士人庶民関係の総合的研究》，代表者寺田隆信，1991年）中译为“而且，代替其主人受罪是适当的。没有奴客的士人，则不适用于这个规定”，后据安田二郎氏的指教修正。因为在原来的译文中，这一部分与前面的论点相互矛盾。

同伍犯罪的连坐，有奴客的话处罚奴客，没有奴客的话则交纳赎罪金。如果承认士庶之间相隔甚远的话，那么相互监视当然很困难，对于难以得知之事，却以一定能够得知为前提而制定法律，是不妥当的。说起来，拥有奴客的未必就是贤者，而没有奴客也不能说一定不贤。尽管如此，拥有大量奴客之人却可以不惧法律、傲然自若，没有奴客之人则要受到法律的压迫，这无非是优待富人，而虐待甘于清贫的贤者的做法，我对此有些不满。谢殿中所谓奴客不遵从主人，在名分上是不明确的这一点，确实合乎道理。但是，奴客实际上与近邻之人有接触，如果对此不予追究的话，可能有些不妥。我的主旨与左丞的议论相同。”

G. 弘议曰：“寻律令既不分别士庶，又士人坐同伍罹谪者，无处无之，多为时恩所宥，故不尽亲谪耳。吴及义兴适有许、陆之徒，以同符合给，二千石论启丹书，已未问。会稽士人云：十数年前，亦有四族坐此被责，以时恩获停。而王尚书云人旧无同伍坐，所未之解。恐莅任之日，偶不值此事故邪。圣明御世，士人诚不忧至苦，然要须临事论通，上干天听为纷扰，不如近为定科，使轻重有节也。又寻甲符制，蠲士人不傅符耳，令史复除，亦得如之。共相押领，有违纠列，了无等衰，非许士人闾里之外也。诸议云士庶缅绝，不相参知，则士人犯法，庶民得不知。若庶民不许不知，何许士人不知。小民自非超然简独，永绝尘粃者，比门接栋，小以为意，终自闻知，不必须日夕来往也。右丞百司之言，粗是其况。如衰陵士人，实与里巷关接，相知情状，乃当于冠带小民。今谓之士人，便无小人之坐，署为小民，辄受士人之罚。于情于法，不其颇欤？且都令不及士流，士流为轻，则小人令使征预其罚，便事至相纠，闾伍之防，亦为不同。谓士人可不受同伍之谪耳，罪其奴客，庸何伤邪？无奴客，可令输赎，又或无奴僮为众所明者，官长二千石便当亲临列上，依事遣判。……近闻之道路，聊欲共论，不呼乃尔难精。既众议纠纷，将不如其已。若呼不应停寝，谓宜集议奏闻，决之圣旨。”

【译文】王弘的议论认为："在律令中并没有区别士庶，士人受同伍犯罪的连坐而被处罚之人也是全国各地都有，但大多数情况下，因有皇帝陛下特殊恩典的赦免，所以全员实际上都并未受到处罚。在吴郡、义兴郡有许氏、陆氏之人，受到同伍犯罪的连坐，虽然郡太守已经写好了卷宗，但最后并没有被问罪。[1]会稽郡士人说，虽然十多年前也有会稽四姓之人受到同伍犯罪的连坐，但因皇帝的恩典而被停止执行。然而，王尚书却说以往没有受同伍犯罪连坐的事件，这一点是我无法理解的。恐怕是因他在职期间，碰巧没有这样的事件。在圣明天子统治的现在，虽然士人不用担心受到非常严酷的对待，但是在政治方面，则有必要进行充分的议论。甚至，不惜上达天听，造成陛下的纷扰，我们也要进行议论。这是因为在近期决定规则，制定适度的惩罚规定是比较好的。另外，在同伍制中，免除力役的士人只是被从同伍中除名。[2]就任令史（庶民任职的职位）而免除力役的时候也要被从同伍中除名。应该共同相互监视，如果违法的话就相互纠举，在这件事情上并没有身份上的区别，也不会将士人置于乡里秩序之外。若如诸位所说，士庶相隔甚远，士人对庶民之事并不知晓，那么当士人触犯法律的时候，庶民也有可能不知道。如果不允许庶民不知道，那么又为何允许士人不知道呢？庶民除非超然地过着独居生活，长时间与俗世断绝联系，否则因为住在狭小而屋檐相连的地方，所以只要稍微注意一下，就可以得知消息，不必整日来往。右丞的上级与部下的言论大致是同样的。失势的士人实际上与里巷之人有着密切的交往，可以得知情形，与作为官吏之庶民的情况相同。士人不受庶民犯罪的连坐，而当被认定为庶民的时候，就会受士人犯罪的连坐，这一点无论是从人情还是法律的角度来看，难道不都很不公平吗？并且，都令史也不在士人的范畴之内，即便在士人范畴中，也是地位较低之人，会被认定

1. 原文“已未问”，中华书局标点本（第1320页）作“已未间”，并紧接后文，但百衲本（三朝本）、南监本、殿本和增村论文都作“已未问”，故未从中华书局标点本。

2. 虽然原文为“又寻甲符制，蠲士人不传符耳”，但就像增村论文第46页的注ホ所言，“传”应为“傅”之误。详细情况参见同氏《晋、南朝の符伍制》（前揭），第7—8页。这意味着在同伍之人署名的文件（符）中，可以不用记载姓名。

为庶民，若受到同伍犯罪连坐的话，事情就会产生纠纷，同伍的连带责任也不相同。我认为，只有士人本人可以不受同伍犯罪的连坐，处罚其奴客是没有关系的。没有奴客的情况下可以交纳赎罪金。另外[1]，在没有奴客之事可以由证人证明的时候，应由地方长官亲临现场确认，并将此事上报，然后根据各个案件的情况分别裁定。…〔省略盗制的部分〕…最近听到了社会上的各种声音，所以想稍微讨论一下。如果不召开会议的话，就不会有这么详细的议论。因为众说纷纭，所以还是停下比较好。不过，既然召集了众人，那么这个问题本身不应该就此止步。我认为应该将会议的情况总结上奏，请皇帝陛下圣断。”

H. 太祖诏："卫军议为允。"

【译文】文帝之诏曰："王弘的议论是妥当的。"

二、同伍犯法议论中的士人与庶民

在上文译出的同伍犯法议论中，如何处理某个同伍（五人组）的构成成员中同时包括士人与庶人时的连带责任，成为议论的焦点。各论者也都一致认为，士人过着与庶民相差甚远的生活，即便是同伍之人，也几乎不知道庶民的状况。然而，在士人对同伍庶民的犯罪是否应负连带责任上，大家的意见有很大分歧。B. 江奥、D. 王准之、E. 谢元、F. 何尚之都强调了士庶悬殊，主张士人对庶民犯罪不负连带责任的正当性。与此相对，C. 孔默之从同伍中不应该曲解相互监视原则的立场出发，主张士人对庶民犯罪也应该负有连带责任。G. 王弘进而阐述说，如果士庶悬殊的话，那么庶民也不应有义务揭发士人的犯罪，

1.《南史》卷二一《王弘传》在“又”的前面，插入了“如果有修身于闾阎，实际上与群小相隔之人的话”（有修身闾阎，与群小实隔），增村论文亦从《南史》。该部分以后的内容可以看作考虑到（F）何尚之的意见，从而为清贫士人制定了特别的规定。虽然我认为增村氏所指出的上述仅见于《南史》中的文词对于理解王弘的意见必不可少这种看法准确无误，但即使插入这种文词，文意也不明确。就像增村氏所说的那样，“存在文句脱落，或不当的抄写省略”（增村论文第46页注ヌ），因为应该有更大范围的脱落或是抄写省略，所以这里直接引用《宋书》原文。

对作为少数意见的C. 孔默之的议论表示赞同。最终，H. 文帝采纳了王弘的意见。因此，在法律上最终遵守了士庶之间没有差别的原则。不过，C. 孔默之与G. 王弘都主张奴客代替士人受处罚，对于没有奴客之士人，则采用交纳赎罪金的形式，实质上还是把士人从同伍犯罪的连带责任中解放了出来。如此一来，除了士庶之外，也牵涉士人之家的奴客，议论变得复杂起来。

关于奴客，诸人的议论如下所示。B. 江奥主张，考虑到奴客与同伍的庶民有所接触的实际情况，奴客应该受到处罚。江奥从士人原本就没有责任的立场出发，否定了奴客代替主人（士人）受惩罚的理论。F. 何尚之也表示赞同江奥的意见。然而，D. 王准之却表现出与江奥等人截然相反的对于现状的认识，他认为奴客和同伍的庶民几乎没有接触，主张处罚奴客并不合适。另外，E. 谢元则表明因为奴客是民众的财产，没有被编入同伍之中，原本就是没有责任能力的存在，所以不用连坐。最终，如前文所述，议论根据奴客代替主人（士人）为原本应负的责任接受惩罚这样的逻辑，决定应该处罚奴客，而没有奴客之士人则要交纳赎罪金——采纳了C. 孔默之、G. 王弘的主张。

从以上议论中可以得知的最为重要的一点是，士庶区别并不是由法制所规定的，而是始终存在于社会上的观念。从这场南朝宋初之议论[1]的结果来看，朝廷并没有根据社会性的士庶区别来改变同伍犯法的处罚规定，始终没有在原则上承认士庶区别。

而且，在围绕士庶区别的议论过程中，士庶之间界线的暧昧性显现了出来。G. 王弘议论中的“失势的士人”（衰陵士人）与“作为官吏之庶民”（冠带小民），就可以说是界线上的存在。虽然都令史、令史作为官吏，可以免除力役，不用被编入同伍中，但他们并没有被认定为士人。相对的，也存在虽是士人却要承担力役之人，这从“在同伍制中，免除力役的士人只是被从同伍中除名”（王弘的议论）的文词中也能看出。这样，虽然界线极其暧昧，但就像C. 孔默之议论中所谓的“既然有免除士人力役的说法”（既云复士）那样，从一般性常识上

1. 据增村论文，该议论的年代是元嘉三年（426）（第33页）。

来说，可以认为是免除了士人的力役。[1]这一点在奴客的拥有上也是同样的，一般而言，士人是奴客拥有者，但没有奴客的士人也是存在的。进一步来说，因为免除力役的特权与奴客都是伴随官职而取得的，所以可以认为大多数士人都具有官僚身份，但有无官职并不是士庶区别的决定条件，也存在着无官僚身份之士人——在野士人。这样，我们就不得不认为，士庶区别是由官职以外的要素所决定的。

那么，士庶区别的决定要素是什么呢？对这一问题具有启发性的是一句仅见于《南史》卷二一《王弘传》的文词，即“有修身闾阎，与群小实隔”[2]。这句文词可以表明“修身闾阎”是士人真正区隔于“群小”（庶民）的条件。“修身闾阎”的具体性内容无疑是在乡里社会中为掌握学问与实践而努力。[3]当时，这种学问的掌握和实践在特定的门第中有世代承袭的倾向[4]，所以作为该门第的一员，即使本人没有就任官职，也一定会被视作士人。G. 王弘议论中所见的吴郡、义兴郡之许氏、陆氏与会稽四姓之人[5]等，可以说就属于这种特定门第。总之，在南朝决定士庶区别的是“修身闾阎”这种暧昧的标准，而门第要素与

---

1. 中村圭爾《「士庶区别」小論》（前揭，第114—115页）认为，正如从梁代处士沈𫖮（《梁书》卷五一本传）身上所推测的那样，力役原则上是没有官僚身份的在野之士也要承担的，但在现实具体的运用层面，很多时候也免除了在野之士的力役。参见对前揭中村氏《六朝貴族制研究》的拙评（《東洋史研究》46–4，1988年，第149页）。顺带一提，根据都築晶子《後漢後半期の処士に関する一考察》（《琉球大学法文学部紀要（史学·地理学篇）》26，1983年），东汉后半期的处士在制度上虽是庶人，但被视作拥有相当于士之地位的人。南朝的处士在这一点上也是一样的。
2. 参见本章第84页注1。
3. 据前揭都築氏论文，东汉后半期，在乡里社会，“被视为处士的指标包括儒学经典的学习、遵循礼仪的生活方式，以及后代清贫的生活方式等”（第39页）。可以说，这些基本上就是南朝士庶区别的指标。
4. 参见谷川道雄：《中国中世社会と共同体》，国书刊行会，1976年，第109—110页（中译本见《中国中世社会与共同体》，马彪译，中华书局，2004年，第99—100页）。
5. 所谓吴郡、义兴郡之许氏、陆氏，应该是指吴郡陆氏与义兴郡许氏。虽然吴郡陆氏为人熟知，但义兴郡许氏却几乎从未在正史中登场，在大川富士夫《南朝時代の江南豪族について》（收入《六朝江南の豪族社会》，雄山阁，1987年）的附表（第82页）中，也不过只记载了一位出身义兴郡许氏之人。但许氏在义兴郡也被视为强有力的望族。关于会稽四姓，《世说新语·赏誉篇》谓：“会稽孔沈、魏𫖮、虞球、虞存、谢奉，并是四族之俊。”这里便称孔、魏、虞、谢四氏为会稽四姓。

这种现象有着密切的关联，因此，若一个人被社会普遍认为出自“修身闾阎”之门第，那么他就满足了拥有士人身份的必要条件。

关于同伍犯法的议论，是将士庶区别纳入法制的尝试。但即便如此，政府也不得不预想到存在具体案件具体裁定的情况——见G. 王弘议论的结尾。其原因正在于南朝的士庶区别并不是以有无官职这种客观明确的标准所决定的，而是从作为社会性身份的存在这一点中寻求的。

第二节　盗制的议论

一、试译盗制的议论

本节试图翻译第一节第一部分中记作“…〔省略盗制的部分〕…”的内容。译出部分在议论全文中的位置如第一节第一部分所示，本节不再重复。另外，F. 何尚之的议论中并没有与盗制有关的叙述，因此以下译文中也不会出现。

A. 又主守偷五匹，常偷四十匹，并加大辟，议者咸以为重，宜进主守偷十匹、常偷五十匹死，四十匹降以补兵。既得小宽民命，亦足以有惩也。想各言所怀。

【译文】（录尚书事王弘的指示）还有，作为保管责任人的官吏盗窃额度在绢五匹以上时，以及一般的盗窃额度在四十匹以上时，都要处以犯人死刑。不过，论者都说：“这样处罚太重了，应该在保管责任人盗窃十匹以上、一般盗窃五十匹以上的时候处以死刑，未满四十匹，则应该减罪，将其编入兵役[1]。这样既可以很好地尊重人命，惩戒也充分。”大家可以各抒己见。

1. 所谓编入兵役，是指“因犯罪之故，让本人或其家属、亲族服兵役，即谪兵之刑”，“虽然法律上只到本人就结束，而非永世持续为兵……但实际上无视法规而服永世之兵役的情况，从东晋孝武帝的时候开始，就已经不是什么稀奇的现象了”。参见濱口重國：《魏晋南朝の兵戸制度の研究》，收入《秦漢隋唐史の研究》上卷，东京大学出版会，1966年，第402页。

B. 士人犯盗赃不及弃市者，刑竟，自在赃污淫盗之目，清议终身，经赦不原。当之者足以塞愆，闻之者足以鉴诫。若复雷同群小，谪以兵役，愚谓为苦。

【译文】（尚书左丞江奥的议论）士人犯了盗窃之罪而不应处以死刑的时候，即便刑罚已经结束[1]，其人犯了盗窃的评价也仍然存在，终身都要受到作为士人阶层舆论之清议的批判，哪怕得到恩赦，也不会被原谅。受此惩罚之人已经充分地抵罪，听闻此事之人也受到了足够的教训。如果与庶民同样，惩罚士人去服兵役的话，是很残酷的。

C. 常盗四十匹，主守五匹，降死补兵。虽大存宽惠，以纾民命，然官及二千石及失节士大夫，时有犯者，罪乃可戮，恐不可以补兵也。谓此制可施小人，士人自还用旧律。

【译文】（尚书右丞孔默之的议论）在一般盗窃四十匹，保管责任人盗窃五匹的时候，减其死刑，而将其编入兵役的这种方案，虽然是重视施与宽大的恩惠，且更为尊重人命的措施，但如果官吏、郡太守与无节操的士大夫们犯下盗窃之罪的话，那么应该处以死刑，恐怕不应将之编入兵役。我认为这种制度应该施行于庶民，而针对士人当然应该用原来的法律。

D. 左丞议士人犯偷，不及大辟者，宥补兵。虽欲弘士，惧无以惩邪。乘理则君子，违之则小人。制严于上，犹冒犯之，以其宥科，犯者或众。使畏法革心，乃所以大宥也。且士庶异制，意所不同。

---

1. 关于原本在保管责任人盗窃未满五匹、一般盗窃未满四十匹的情况下，应该处以怎样的刑罚这一问题，就像宁汉林《中国刑法通史》第四分册（辽宁大学出版社，1989年）第98页所说的那样，答案是不明确的，所以“即便刑罚已经结束”所指的刑罚是怎样的刑罚也不清楚。

【译文】（尚书王准之的议论）左丞[1]的议论认为，士人犯盗窃罪而未到被处以死刑地步的时候，应该得以免除兵役。这虽然是想对士人宽大处理，但像这样不就没有办法惩罚士人了吗？行为合乎于理才是君子（士人），如果行为不合乎于理的话，就不得不被视作小人（庶民）。即使制度对身处上位者约束严格，也仍有违反此制度之人，那么如果规则宽松的话，违反者不就更多了吗？只有让他们畏惧法律，从内心悔改，才是宽大处理的方法。而且，我无法同意对士人与庶民采用不同的制度。

E. 盗制，按左丞议，士人既终不为兵革，幸可同宽宥之惠，不必依旧律，于议咸允。

【译文】（殿中郎谢元的议论）关于盗制，左丞的议论认为，如果士人无须成为士兵，那么就应该与庶民共享宽大的恩惠，没有必要依据旧律。这是完全正当的议论。

G. 又主（守）偷五匹，常偷四十匹，谓应见优量者，实以小吏无知，临财易昧，或由疏慢，事蹈重科，求之于心，常有可愍，故欲小进匹数，宽其性命耳。至于官长以上，荷蒙禄荣，付以局任，当正己明宪，检下防非，而亲犯科律，乱法冒利，五匹乃已为弘矣。士人无私相偷四十匹理，就使至此，致以明罚，固其宜耳。并何容复加哀矜。且此辈士人，可杀不可谪，有如诸论，本意自不在此也。

【译文】（王弘的议论）还有，保管责任人盗窃五匹，一般盗窃四十匹这种规定应该放宽，实在是因为庶民出身的低级官吏颇为无知，面对钱财容易利欲熏心，或由于疏忽而被追究重罪，有值得同情之处，

1. 中华书局标点本与其他诸本均作“右丞”，但就像增村论文所指出的那样，从内容来看显然是“左丞”。

所以稍微缓和规定，旨在救其性命。做到官长以上的话，因为享受俸禄与荣誉，要承担部门的责任，所以应该约束自己，并明确法律的规定，监督部下，防止发生不法行为。在这样的情况下，自己违反法律，乱法贪利，即便是五匹也过于宽大了。因为士人没有私下偷盗四十匹这样的道理，所以如果发生了这样的事情，那么处以严惩也是理所应当的，完全没有同情的必要。而且，对于这样的士人，应该处以死刑，而不应该科以徒刑，就像诸位议论的一样，我自己的本意也不是应对士人处以徒刑。

二、盗制议论中的士人与庶民

盗制议论中的主题，是提高① 一般盗窃（常盗）与② 公有物保管责任人（主守）盗窃各自应处以死刑的盗窃额度之下限，以及是否应该缓和刑罚的问题。然而，在该议论中，①②两种情况下，士人犯罪时与庶民犯罪时的处罚也会成为问题，士庶区别产生了巨大的影响。接下来，让我们简单地整理一下每个人的论点。

首先，A. 王弘提出的论题是将①的四十匹以上处以死刑，改成五十匹以上判处死刑，不满五十匹则服兵役。对于②同样把五匹提高到十匹，采取与①相同的措施。说起来，这个论题本就不涉及士庶区别，只是减刑的问题。然而，在议论的过程中，作为同伍犯法议论主题的士庶区别问题，也在这里被拎出来广泛讨论。

B. 江奥认为，将①中不满五十匹、②中不满十匹的人编入兵役的规定，并不适用于士人，而只适用于庶民。其理由是士人会受到刑罚之外的清议批判这种社会性制裁，所以不认可有必要将士人编入兵役。这与他关于同伍犯法议论的主张相同，严加区分士庶的立场十分鲜明。E. 谢元也表示全面地赞同江奥的意见。

C. 孔默之认为，减刑措施应只施行于庶民，对士人应该按照和原来同样的标准处以死刑。虽然在将士庶区别反映到法制中这一点上他的观点与B. 江奥相同，但两人的反映方向可以说是截然相反的，孔默之基于的是应对士人施以更为严格的处罚的立场。

D. 王准之采取了反对把士庶区别反映到法制中的立场。也就是说，他的意见是按照A. 王弘所提出的草案，士庶应该一律适用于减刑措施。

如上所述，在收到这三种意见后，G. 王弘所表达的意见与同伍犯法议论时一样，采纳C. 孔默之的意见，认为这次的减刑措施只适用于庶民，士人则沿用旧律。文帝采纳了G. 王弘的汇总见解，这也和同伍犯法议论的情况相同。

在同伍犯法的议论中，强调了士人与庶民在日常生活中几乎没有接触，根据这一点，可以看出这一决定与士人实际上能被免除同伍的连带责任具有一致性。在盗制的议论中，除了D. 王准之的看法以外，其他人都重视士庶悬殊的问题。不过，虽说同样重视士庶悬殊的问题，但B. 江奥、E. 谢元与C. 孔默之、G. 王弘却得出了完全相反的结论。前者以士人在法律性制裁以外还受到社会性制裁为根据，认为兵役苛刻，应该免除不用被判处死刑的士人的兵役。这种主张可以说和同伍犯法议论的结果如出一辙。后者强调身为士人所要肩负的责任，从这一点出发提出士庶悬殊，认为用于士人的刑罚应该要比用于庶民的更为严格。虽然这看上去和同伍犯法议论的结果在方向上有所不同，但事实上，一方面这承认了士人的优越地位，并免除了同伍的连带责任，另一方面也可以看作强调了被承认拥有优越地位的士人的责任，并且以判处严惩的形式来取得平衡。同伍犯法与盗制并不是作为相互独立的问题来讨论的，而是作为和士庶区别有着密切关联的问题来被讨论的。于是，最后朝廷拒绝了一贯主张士人优越地位的B. 江奥式的方针，而是在应对同伍犯法的层面上承认士人优越地位的同时，在盗制方面采纳C. 孔默之式的方针，提出与士人优越地位截然相反的责任论，要求维持均衡。

结　　语

以上将《宋书·王弘传》中所谓的同伍犯法议论分为狭义的同伍犯法议论与盗制议论，分别加以考察。如果根据川勝義雄《劉宋政権の成立と寒門武人》中明晰的论断，那么该议论所发生的南朝宋初时期，虽然是“贵族制完备的时期”，但同时“强调有必要完善制度，实际上也是因为顾虑到如果不加以完善，体制就会发生改变。反过来再看贵族制度的固定化，其实是贵族自身失去了活力，采取防御的姿态”[1]。同伍犯法议论是围绕士人（即贵族）与庶民的区别在法制上的反映而展开的，其内容事实上是制度迈向完善的一项工作，贵族（士人）阶层的防御性姿态也得以显露出来。正如本书第三章所论述的那样，建立南朝刘宋政权的中坚力量是贵族阶层中最下层的寒门武人，这导致寒门甚至是属于庶民的寒人阶层进军政界，也使得东晋政治体制，即维持北来名门分有军权的权力均衡状态的体制本身大为改观。遇到这种政治、社会动荡的时期，贵族阶层怀有危机意识。该议论中登场的论者也都是贵族出身[2]，无论是采取片面强调士人优势地位的强硬姿态，还是在强调士人优势地位时也强调其责任、义务的方面，他们尽管立场有所不同，但都怀有危机意识，是在重新质疑贵族（士人）存在意义的同时而展开议论的。

1.《劉宋政権の成立と寒門武人—貴族制との関連において—》，原刊于1964年，收入《六朝貴族制社会の研究》，岩波书店，1982年，第322页（中译本见《刘宋政权的成立与寒门武人——从与贵族制的关联来看》，收入《六朝贵族制社会研究》，徐谷芃、李济沧译，上海古籍出版社，2007年，第237页）。唐长孺《南朝寒人的兴起》（收入《魏晋南北朝史论丛续编》，生活·读书·新知三联书店，1959年）也称“士庶区别在晋、宋之间似乎已成为不可逾越的鸿沟，然而那只能是表示士族集团业已感到自己所受的威胁日益严重，才以深沟高垒的办法来保护自己”（第94页）。川勝氏的看法也许就是基于唐氏的见解而来。

2. 王弘（《宋书》卷四二本传）与王准之（同书卷六〇本传）是琅邪王氏。江奥是济阳江氏，孔默之（同书卷六九《范晔传》、卷九三《隐逸·孔淳之传》）是鲁郡孔氏，何尚之（同书卷六六本传）是庐江何氏，除了孔氏以外，都大致属于贵族阶层中的一流名族。虽然鲁郡孔氏当时“处于说不上是一流名族的状况”（安田二郎：《元嘉時代政治史試論》，收入《六朝政治史の研究》，京都大学学术出版会，2003年，第251页），但孔氏本就属于贵族阶层的门第这一点是毋庸置疑的。

第五章

元嘉时代后半期的文帝亲政

前　言

从4世纪末期到5世纪中叶，即从东晋末期司马道子专权时代到刘宋孝武帝治世的时期，江南社会处于转型的漩涡之中，其间还发生了晋宋革命（420）。这种转型是从魏晋或东晋贵族制到南朝贵族制的本质性转变，其主要特征是皇帝权力的强化与寒门、寒人的兴起。[1]

在把握这一时期的转型过程时，处于刘裕时代与孝武帝时代之间的文帝元嘉时代（424—453）的定位，便作为应该探讨的课题而显现了出来。这是因为自岡崎文夫《魏晋南北朝通史》（弘文堂，1932年）以来，元嘉时代是“贵族政治的全盛”期的印象就已经固定了下来。这种理解认为，在晋宋之际的转型期，只有元嘉时代是作为性质不同的时代而游离于其外的。不过，就近年来的学界动向来说，晋宋之际的转型越来越明晰，在“贵族政治的全盛”景象之下，同时也存在着政治转型的暗流。[2]然而，其详细情况至今仍不明确。

本章的课题在于验证元嘉时代转型的动向，即皇帝权力的强化与寒门、寒人的兴起。为此，首先必须要提及前辈学人的两篇论文，即安田二郎的《元嘉時代政治史試論》[3]与葭森健介的《晋宋革命と江南社会》[4]，这两篇论文对上述课题有不少启发。

---

1. 参见本书第三章《刘裕革命与南朝贵族制》。
2. 川勝義雄《劉宋政権の成立と寒門武人—貴族制との関連において—》（原刊于1964年，收入《六朝貴族制社会の研究》，岩波书店，1982年；中译本见《刘宋政权的成立与寒门武人——从与贵族制的关联来看》，收入《六朝贵族制社会研究》，徐谷芃、李济沧译，上海古籍出版社，2007年）认为，虽然元嘉时代是“贵族政治得到最后一丝荣耀的时期”，但是“即便如此，军权也已经不可能重新回到贵族手中”（第321—322页；中译本第237页）。另外，在越智重明的《漢六朝史の理解をめぐって》（原刊于1977年，收入《中国古代の政治と社会》，中国书店，2000年）中，虽然提出了探讨“元嘉之治的实际情况”的必要性，但并未进行此项研究（第115页）。
3. 安田二郎：《元嘉時代政治史試論》，原刊于1973年，原题为《元嘉時代史への一つの試み—劉義康と劉劭の事件を手がかりに—》，收入《六朝政治史の研究》，京都大学学术出版会，2003年。
4. 葭森健介：《晋宋革命と江南社会》，《史林》63-2，1980年。

文帝对皇弟刘义康的废黜—诛杀事件，以及皇太子刘劭杀害文帝的事件，是刘宋王朝后半期（尤其是明帝时代）皇族成为皇帝的敌对势力的先例。安田氏通过对其进行分析，从寒门、寒人阶层兴起的动向中，探寻造成皇族成为敌对势力的社会要因，然后推测其背景是地域社会中所发生的农民阶层的阶层分化。他的研究在指出元嘉时代寒门、寒人阶层兴起趋势的同时，也对这种背景下地域社会的动向做了展望。不过，其中存在两个问题：第一，该时期的皇帝权力（文帝政权）与寒门、寒人阶层之间有着怎样的关系，这一点尚未明确；第二，虽然选取了在地域社会中兴起的寒人阶层的具体事例，即吴兴郡出身者闻人氏之例，但并没有深入到地域社会的实际情况中进行具体考察。他所提出的寒门、寒人阶层兴起的动向与皇帝权力间有着怎样的关系呢？将这一点纳入地域社会实际情况的视野中进行考察，是遗留下来的课题。

在这一点上，葭森氏的研究从重视形成南朝式政治构造原动力的江南乡村社会（本章所谓的地域社会）的视角出发来论述晋宋革命，颇具启发性。他极力主张刘裕革命成功的要因是获得了以“望”来领导江南乡村社会的南人土豪的支持。不过，即便如他所言，克服乡村社会与国家权力间的背离状况是晋宋革命成功的要因，自始至终，刘宋政权是不是根据江南本地望族的意向与动向来充分实现公权性机能的这一点，也是应该予以探讨的课题。这是一个有关南朝国家特质的重要问题，作为解决该问题的方法，必须要从当时地域社会的具体情况中，来探索国家权力与当地豪族间的关联。

本章主要根据上述安田、葭森两氏的研究成果，聚焦于元嘉时代后半期（元嘉十七年的义康倒台事件以后），论述该时期所见的文帝强化皇帝权力的姿态，即他不仅任用门阀贵族阶层，而且广泛提拔包括新兴寒门、寒人阶层在内的有才能的人才，还通过吴兴郡这一地域社会，对作为其背景的地域社会的动向进行具体探讨。

第一节　文帝的亲政体制

长达三十年的元嘉时代政治史，以元嘉十七年（440，以下本章中将省去元嘉年号）皇弟刘义康倒台事件为分水岭，发生了巨大转型。本章的目的如前所述，在于对十七年以后的情况进行分析和考察，为此首先必须稍微提及一下造成该事件的过程。因此，下文会将十七年以前的政治过程划分成三个时期，分别对其进行论述。

〔1〕刘裕在开国三年后去世（422），由义符（少帝）继承皇位。义符就是所谓的顽童天子，因而被宋王朝的开国功臣徐羡之（东海郯人）、傅亮（北地灵州人）等人所废黜。取代他而被拥立为皇帝的是出镇荆州的刘裕第三子义隆（424），即文帝。由于上述即位过程，皇帝权力受到徐、傅等人的巨大牵制。这种状态一直持续到三年（426）他们被肃清之后。

〔2〕三年的政变之后，王弘（琅邪临沂人）担任录尚书事（宰相），王华（琅邪临沂人）、王昙首（王弘之弟）、殷景仁（陈郡长平人）、刘湛（南阳涅阳人）、谢弘微（陈郡阳夏人）等人就任侍中（门下省长官，具有宰相资格）等职，活跃于政界。与被视为寒门的徐、傅等人不同，他们都是一流侨姓名族，仅就这个时期而言，冈崎氏"以贵族为中心的政治"的界定是很妥当的。不过，王弘对于和弟弟昙首共同担任要职之事很畏惧，请求皇弟刘义康担任录尚书事。于是，六年（429），义康便在中央政界登场了。虽然王弘仍旧身居显位，但义康专权的趋势逐渐加强，随后，王华（四年）、王昙首（七年）、王弘（九年）、谢弘微（十年）等构成"贵族政治"的有权势者相继去世，进一步加速了这种趋势。

〔3〕义康在中央政界登场以后，专权力度加强，并且掌握了"方伯"（州刺史、郡太守）以下的人事权，在发挥卓越行政手腕的同时，还推进了以实务能力为本位的人才任用方式。相对的，义康对门阀贵族所保持的门第与贵族文化之事却比较冷淡。在义康的手下，以寒门阶层为中心的朋党终于得以形成，和文帝之间出现了尖锐的对立。这一时期，文帝与义康截然不同，他明确地表达出拥护贵族文化，尊重像王球（琅邪临沂人）、王敬弘（同上）、何尚之（庐江灊人）这样的文人式门阀贵族的态度。两者的对立以十七年文帝方面发动政变将义康革职，文帝获胜告终。

如上所述，在十七年的义康事件以前，〔1〕徐羡之、傅亮，〔2〕王弘等侨姓名族集团，〔3〕义康先后主宰政权，尤其是徐羡之与义康处于专权状态。

与此相对，十七年以后，文帝的亲政体制得以确立。这首先表现在抑制以录尚书事为首的尚书省长官权限上。[1]义康被革职后就任录尚书事的江夏王义恭的做法如《宋书》卷六一本传所言：

> 义恭既小心恭慎，且戒义康之失，虽为总录，奉行文书而已，故太祖安之。

义恭不过是按照文帝的意向，履行着被限制的职务。而且，在义恭手下担任令、仆射、左右仆射的王球、孟顗（平昌安丘人）、何尚之、徐湛之（东海郯人）等人，也不再像曾经的徐羡之和义康那样专权。[2]王球不喜从事和"文案"相关的工作，而且经常生病，所以几乎不参与实务（《宋书》卷五八本传）。关于孟顗，《宋书》卷六六《何尚之传》虽对其大致经历有所记载，但并无事迹可观。何尚之虽然屡次提出重要的建议，但同时又"畏远权柄"，避免在政治方面表现突出（《宋书》本传）。徐湛之如后文所述是能吏式的人物，其地位却没能超越文帝之亲信。于是，抑制尚书省长官的文帝自己便在政治运行上发挥了领导能力。

在上述政治体制之下，通过"参机密"这种形式协助文帝亲政，参与实质性政权运作的是左卫将军范晔（顺阳人）、右卫将军沈演之（吴兴武康人）、尚书吏部郎庾炳之（颍川鄢陵人）等人。这里首先要注意的是，这些人中除了侨姓名族出身的范晔、庾炳之以外，还包括吴姓寒门出身的沈演之。在这一点上，他们与十七年以前〔2〕时期的

1. 陈启云：《刘宋时代尚书省权势之演变》，原刊于1959年，收入《汉晋六朝文化·社会·制度——中华中古前期史研究》，新文丰出版公司，1997年。

2. 《宋书》卷五三《张永传》谓："先是，尚书中条制繁杂，元嘉十八年，欲加治撰，徙永为删定郎，掌其任。"义康事件后，尚书省的制度似乎也发生了一些改变。担任侍中之人很多，所以省略具体探讨，但结论可以说是同样的。而且，中书监、令就像陈启云《两晋三省制度之渊源、特色及演变》（收入前揭《汉晋六朝文化·社会·制度——中华中古前期史研究》）所指出的那样，东晋以后，多由尚书省长官兼任，成为"虚位"。

侨姓名族集团有着不同的特征。其次，他们与录尚书事、侍中等相比官资也较低，作为亲信的顾问性特征较为浓重[1]，以文帝的亲自任命为背景，他们被安排到三省长官等政府首脑部门中参与政治机要[2]，从这一点中也能看出该时期的特征。

为了能更明确该集团的特征，在清查他们的过往经历后发现，他们在过去都是和义康有着密切关联的人物。范晔、沈演之曾任义康的府佐，并得其优待（《宋书》卷六九、六三本传），庾炳之也和义康派的领袖刘湛有深交（《宋书》卷五三本传）。从义康将“凡朝士有才用者，皆引入己府”（《宋书》卷六八本传）中，很容易推测出作为其府佐而受到优待的范晔、沈演之是有才用的能吏。[3]特别是就沈演之来说，他作为嘉兴令和钱塘令等地方长官取得过很好的政绩，在十二年的三吴地区大水时也积极地救济受灾者等，在实际政治舞台上施展着他的才能。庾炳之在担任钱塘令时，本传称其“治民有绩”，可见他也是能吏。另外，附带说一下，在他们之后登场的、于元嘉末期占据权要之位的江湛（济阳考城人）、徐湛之也同样可以说是能吏。江湛在担任义康的府佐时，义康很中意他（《宋书》卷七一本传）。徐湛之则因受舅父义康喜爱，且与“刘湛等颇相附协”，在义康下台之际险些受到连坐。而且，他在担任南兖州刺史时，也“善于为政，威惠并行”（《宋书》卷七一本传）。

如上所述，十七年以降参与政治机要的人物，都是与义康有过接触的能吏式人物。虽然除了吴姓寒门沈演之与“国戚”徐湛之以外，

---

1. 话虽如此，但庾炳之不久便担任侍中，沈演之也在二十年担任侍中领右卫将军。不过应该注意的是，在十七年革职义康后不久，他们的官资还比较低，是在文帝的提拔下而登场的。可以认为他们在就任侍中后，也保持着亲信性特征。另外，范晔也在二十一年担任太子詹事。

2. 即使在〔2〕时期，谢弘微也从黄门侍郎改任尚书吏部郎参与机密事务，又调任右卫将军，而诸多故吏臣佐的选任也都被委任于他（《宋书》卷五八本传），由此可见，他仍是亲信人物。而且，也可以看到，在这个时期，中书舍人秋当、周赳等亲信寒人比较活跃（《南齐书》卷五六《幸臣传·序》等）。不过，他们并没有发挥出超过三省长官的能力。

3. 就范晔来说，从元嘉七年对北魏战争时，他被命令“由水道统载器仗部伍”（《宋书》本传）之事，可以得知他具有能吏的特征，但与此同时，他因撰述《后汉书》所展现出来的“文义”才能而受到重视的一面也是比较显著的。不过，同样是以“文义”而受到重视，他却与王球、何尚之等人有所不同，他对执掌政权表现出积极的态度。在文帝政权之下，他的疏远感逐渐加深，直到二十二年谋反被诛，也是因为这样的特殊立场。有关范晔的谋反，参见吉川忠夫：《史家范曄の謀反》，《歴史と人物》1971年11月号。

他们都属于门阀贵族阶层，但在被任用之际，是因“才用”而受到重视的这一点则是毋庸置疑的。虽然他们最终都升任为侍中、吏部尚书、尚书仆射等，但始终作为顾问性的亲信存在，并没有超越这一地位，成为阻碍文帝亲政的人物，这种情况也是不会被允许出现的。

不过，文帝这种提拔能吏式人物为顾问的姿态，在十七年以前至少表面上并不明显。然而，在十七年革职义康后，他确实一方面保持着尊重门阀贵族的姿态，另一方面也事实上任用着以前与义康有关联的能吏式人物，来参与亲政。

第二节　文帝的北伐政策

在上一节中，我们对十七年以降的文帝亲政体制进行了探讨。文帝抑制宰相的权限以亲政，不仅从名族，也从寒门中提拔能吏式的人物。而且值得注意的是，该集团具有可以称之为亲信顾问的特征。在这种亲政体制下，文帝全力推行的最大事业便是北伐政策。将刘裕曾经收复的河南之地再度从北魏手中夺回，进而实现天下统一，这是文帝即位以来的夙愿。正因为此，在北伐政策开展的过程中，文帝确立专制皇帝权力的意向便清晰地展现了出来。本节将指出北伐中文帝亲政的具体情况，进而对其推动基础进行考察。

元嘉时代，文帝断然实行了三次北伐，即① 七—八年、② 二十七年、③ 二十九年，而第②次最为重要。首先，我们先来大致看一下其开展过程。

十六年（439），北魏统一华北，十九—二十年，刘宋在围绕氐族居住地仇池（位于今甘肃省）的与北魏的纠纷中败北（尤其是北魏展现出了趁统一华北之势而进的实力），这激发了文帝的危机意识，再次坚定了其北伐的决心。文帝在派遣皇子分别出镇北伐据点的襄阳（雍州）、寿阳（豫州）、彭城（徐州）的同时，也大规模地展开强化州镇基础的政策。后来，他终于在二十七年断然大举北伐。可是，其结果反而招致了北魏的大举反击（南侵），以刘宋方面的完败而告终。江北六州遭受惨祸，“邑里萧条”，陷入荒芜，以繁荣为耀的“元嘉之治”

也走向衰落。

如上所述，北伐的结果归于失败，然而，正因为北伐是文帝的夙愿，所以也为此做了大规模的准备，而且准备得极其周到。值得注意的是，在二十七年的北伐中，文帝对北伐军的行动是逐一从中央发布指令的，而没有委任于大将。[1]这次军事行动中的中央指令与文帝亲政体制的状态密切相关。以下将对这一点加以考察。

在东晋时代，存在着让北伐本身都成为有势力的军阀实现野心的手段的倾向[2]，当然，在文帝时期并未见到这样的事例。文帝在第一次北伐中，也曾把北伐军的指挥全权委任于到彦之与檀道济那样有实力的武将，并未见到文帝逐一下达指令的迹象。[3]

然而，在二十七年北伐的时候，《宋书》卷五《文帝纪》“史臣曰”条谓：

> 授将遣帅，乖分阃之命，才谢光武，而遥制兵略，至于攻日战时，莫不仰听成旨。

北伐军甚至连攻战时日都要接受来自中央的指令，彻底处于中央统治之下。《宋书》卷九四《恩幸·徐爰传》谓：

> 迁员外散骑侍郎。太祖每出军行师，常悬授兵略。二十九年，重遣王玄谟等北伐，配爰五百人，随军向碻磝，衔中旨，临时宣示。

同书卷五九《张畅传》也称：

---

1. 岡崎文夫：《魏晋南北朝通史》，第248页。
2. 越智重明：《東晋朝中原恢復の一考察》，《東洋学報》38-1，1955年。
3. 七年八月，到彦之的北伐军成功平定河南，但不久就因北魏的反击与到彦之的患病而被迫败退。八年，虽然檀道济军屡次击破北魏军，但由于军粮不足，二月就撤退了。与到彦之军在混乱中败退相比，檀道济将军队全部整齐有序地撤回，使其雄名大振，甚至让朝廷对其抱有“疑畏”。

> 元嘉二十七年……时太祖遣员外散骑侍郎徐爰乘驿至彭城取米谷定最。

文帝亲自任命的亲信寒人徐爰为传达文帝的指令，递送兵粮账簿，往来于前线诸军与京师之间。

文帝派遣像徐爰这样的寒人对军事行动逐条下达指令的方式，马上就令人联想到孝武帝所展开的强化中央集权的政策。众所周知，孝武帝为督促郡县长官征收赋税而重用台使，为监督州镇长官而重用典签[1]，而担此重任的正是寒人。文帝用寒人传达指令，强化中央对北伐诸军的控制这一点，正是孝武帝中央集权政治的萌芽，若换句话来说，则可以认为文帝与孝武帝有着同样的专制权力追求。

以上探讨了北伐的开展过程与军事行动中的中央指令，可以明确的是，北伐出于文帝自己的强烈夙愿，在其实行过程中体现着文帝的专制意向。那么，推动那样的北伐，在什么样的条件下才是可能的呢？接下来，我们必须对这一点进行考察。

在二十七年的北伐之际，朝论分为两派，皇太子刘劭与萧思话、刘康祖、沈庆之等武将反对的声音十分强烈。尽管如此，文帝和江湛、徐湛之等人还是拒绝了反对意见，强行北伐。在推动北伐的这一派掌握主导权的背景下，除了皇帝权力得到强化以外，北伐势头的高涨也是可以想见的。事实上，《资治通鉴》卷一二五《宋纪》七“元嘉二十六年”条谓：

> 帝欲经略中原，群臣争献策以迎合取宠。

这便表明了上述情况。与此同时，“以迎合取宠”之“群臣”的状态也得以表现出来。文帝一方面抑制以录尚书事为首的臣下之权限，另一方面拔擢能吏式的人物担任亲信顾问，意图推行专制，这些上一节已

---

1. 越智重明：《典籤考》，《東洋史研究》13-6，1955年；《宋の孝武帝とその時代》，收入《魏晋南朝の人と社会》，研文出版，1985年。

有论述。我们可以看到，为了应对文帝的态度，臣下这边迎合君主意向的趋势也在逐渐增强。[1]然而，我们不能将所有的推动北伐的主张，都归结为迎合文帝意向而采取的行动。推动北伐的急先锋——王玄谟就是一个明显的例子。

七—八年的北伐失败后，王玄谟又屡次献策北伐，二十五年皇子刘骏的出镇徐州（彭城），也是根据他的上表所为（《南史》卷一六本传）。王玄谟一族本是太原出身，在东晋的最后时期才移居徐州，成为当地有实力的豪族。[2]他就是所谓的晚渡北人，是抱怨被政界疏远而不得志的存在。正因为此，他可能抱有通过北伐建立战功，从而打破不得志的僵局的意图。在这一点上，他推动北伐的主张并没有超越"迎合"的范畴。不过，据《南史》本传所称：

> 时北土灾馑，乃散私谷十万斛、牛千头以赈之。

可以看到，他在担任徐州刺史时（大明五—八年），甚至不惜拿出私人财产，以谋求乡里社会安定，表现出积极的姿态。他推动北伐不仅是为了自身的飞黄腾达，也一定有着对位于和北魏相接壤国境上的地域社会的关怀。

像王玄谟这样的积极姿态，在江湛、徐湛之等主张推动北伐的"白面书生"身上并未见到。由此可以推测出，在北伐推进论的背后，有着来自王玄谟等寒门武人的巨大推动力。寒门、寒人阶层在北伐中所发挥的作用，从如下文帝政权为补充北伐所需的巨大费用与兵力而发布的政策中也能看出。据《宋书》卷九五《索虏传》，文帝政权提出了以下四种措施：① 王公妃主、朝士牧守以至富室小民捐款；② 征发南兖州三五民丁，父祖、伯叔、兄弟大都担任九品官以上之职者则不在

1. 这种情况在裴子野的论述中也能看到。对于文帝将谏言革职义康的扶令育赐死一事，裴子野指出（《资治通鉴》卷一二三《宋纪》五"元嘉十八年"条）："以太祖之含弘，尚掩耳于彭城之戮。自斯以后，谁易由言。有宋累叶，罕闻直谅，岂骨鲠之气，俗愧前古。抑时王刑政使之然乎。"

2. 安田二郎：《南斉高帝の革命軍団と淮北四州の豪族》，收入前揭《六朝政治史の研究》，第318—319页。另见同氏《王玄謨の大明土断について》，收入前揭《六朝政治史の研究》，第428—439页。

此例[1]；③ 招募天下弩手及掌握马步、众艺、武力之士；④ 向扬、南徐、南兖、江四州的富民强制征借钱物。这表明文帝政权在财政（①④）和兵力（③）方面大规模依赖富裕寒门、寒人阶层的同时，又以免除征发（②）等形式被他们大力牵制着。[2]虽然这些措施并未直接表明寒门、寒人阶层对北伐的积极参与，但只要注意到征发三五民丁的对象地域为南兖州，就不应仅考虑到他们负担着资金与兵力，还应考虑到他们具有自发性、积极性参加的一面。《资治通鉴》卷一二五《宋纪》七“元嘉二十七年”条中，虽将“南兖州”写成“青、冀、徐、豫、二兖六州”，但所指的仍是和北魏相接壤国境附近的江北地区，这一点并未改变。上述六州，尤其是南兖州乃是北来侨民集中的地区之一，这些地区的居民在东晋时代积极地参加北府军团，活跃于北方战线，由此为人所知。[3]如果也考虑到这种原委，那么就可以充分地设想，在南兖州等寒门、寒人阶层之中，像王玄谟那样积极地参加北伐之人不在少数。

总之，可能推动北伐的条件可以被认为包括两点：（1）应对文帝专制意向而产生的群臣的迎合性状态，（2）寒门、寒人阶层的兴起。尤其是后者，在提供相当一部分北伐所需的费用、兵力等上，这可以看作北伐更为实质性的推动基础。

第三节　寒门、寒人阶层的进军政界

在上一节中，我们论述了这样两点：北伐开展过程中所明确表现出的文帝专制意向，以及应该重视能够推动北伐的条件——寒门、寒人阶层的兴起。接下来的问题应是寒门、寒人阶层的动向，本节将从他们进军政界这种与上层权力机构相关联的方面来把握这一动向。

---

1. 宫崎市定：《九品官人法の研究—科挙前史—》，收入《宫崎市定全集6　九品官人法》，岩波书店，1992年，第211—212页（中译本见《九品官人法研究——科举前史》，韩昇、刘建英译，中华书局，2008年，第151—152页）。
2. 前揭安田二郎：《元嘉時代政治史試論》，第264—265页。正如安田氏所指出的那样，对“以贫穷农民为主要来源的半失业无赖汉与流浪军人”的依靠也不能被忽视。
3. 据田余庆《北府兵始末》（收入《秦汉魏晋史探微（重订本）》，中华书局，2004年），东晋时期谢玄所招募的北府“劲勇”是江淮地域的流民首领，他们率领着手下的流民前来应征。

正如安田氏在《元嘉時代政治史試論》(前揭)中所论述的那样，寒门、寒人阶层汇集到以“才用”为中心而登用官吏的义康手下，引发了十七年的义康事件。在此之后，二十二年的范晔谋反，二十四年的胡诞世叛乱，寒门、寒人阶层拥戴义康的活动一直在暗中继续。

与此同时，如第一节所论，十七年以后开始亲政的文帝以“才用”为中心起用官吏的姿态也在强化。《宋书》卷六九《范晔传》所载的如下故事中清楚地展现出了文帝的姿态。

范晔谋反中实际上的主谋者孔熙先(鲁郡人)尽管有着很优秀的才能，但长期被安排在员外散骑侍郎的职位上，为此不满而企图谋反。对于谋反暴露后被逮捕的孔熙先，文帝一方面派人慰劳说“以卿之才，而滞于集书省，理应有异志。此乃我负卿也”，另一方面又责问前吏部尚书何尚之说“使孔熙先年将三十作散骑郎。那不作贼”。

我们可以看到，尽管文帝自己有提拔人才的意图，但当时的选拔制度倒不如说是在妨碍这种意图的充分贯彻上起了作用。在这种状况下，寒门、寒人阶层也展开了激烈的猎官运动。能够更为具体地展现这种实情的史料，是《宋书》卷五三《庾炳之传》中的吏部尚书庾炳之受贿被罢官事件(二十五年)的记载。

如前所述，庾炳之在十七年由文帝亲自任命，二十四年时担任吏部尚书，拥有“内外归附，势倾朝野”的权势，但因进行贿选，也受到不好的评价。此时，发生了炳之违反尚书省规则，在自家留宿两名令史的事件。虽然有司弹劾炳之，但文帝却打算置之不问，只咨询了尚书右仆射何尚之。不过，何尚之反而抓住此次机会，五次极力主张罢免口碑非常不好的炳之。其中第三次和第五次的上奏文中赤裸裸地说明了寒门、寒人阶层猎官运动的具体情况。为避免烦琐，现将大意按人分条目记述如下：

a. 虞秀之(会稽余姚人)作为门生在炳之手下供职，大量赠与其会稽特产珍馐等。虽然炳之想让他担任黄门侍郎，但因太尉、录尚书事刘义恭没有许可，而未能实现。

b. 炳之一门众人诛求张幼绪(本贯不详)，他对这种要求逐渐无法承受。据刘伯宠从别人那里听闻的消息，幼绪虽在炳之的安排下担任县令，却承担了三十万钱的负债，炳之的外甥庾冲远监视前往任地的幼绪，都跟到了建康西南的新林。

c. 虽然炳之与刘德愿（彭城人）的关系不好，但德愿赠送给他精巧美丽的琵琶，两人重归于好。义恭下令让炳之任用德愿之子为州的西曹（人事负责人），然而炳之请求义恭让其担任主簿（总务负责人[1]），并很快将此事透露给德愿。于是，德愿便前往义恭处道谢。

d. 市令盛馥（本贯不详）赠送了数百口木材给炳之用于宅舍建造，但因害怕别人知道而伪造销售凭证，说是炳之购买的。

e. 刘道锡（彭城吕人）把担任广州刺史收入的一半都作为贿赂送给了炳之。据刘道锡之言，炳之要求相当于数百万钱的嫁妆与祭器。而且，据选令史章龙的证言，在嫁妆中，有数不清的需要四个人才勉强可以抬起来的铜炉（铜在当时是贵重物品）与细葛、斗帐等物品。

f. 刘雍（东莞莒人，《宋书》卷四二本传作“刘邕”）自谓得到炳之的帮助，便尊炳之为父，从封国南康送来甘蔗和柴火。

g. 炳之只要见到有人拿着什么东西，大体就会死乞白赖地硬要。听闻刘遵考（彭城人、宗室）之处有木材后，他便向其索要，看到漂亮的烛盘也说想要。

h. 据荀万秋的证词，炳之要求夏侯某（似为谯郡人）赠与驴给他。

让我们来看一下其中几项引人注目的事实。

〔1〕a. 虞秀之作为炳之的门生，用了大量贿赂想做黄门郎，然而最后也没有实现。如所周知，黄门郎为五品清官，担任此职之后，才可能拥有吏部郎这样一流贵族的为官经历。在贵族性官制上，可以说

1. 有关州的西曹、主簿，参见严耕望：《魏晋南北朝地方行政制度》，“中研院”历史语言研究所，1963年，第164—170页。主簿是远比西曹更为重要的要职。

是具有关口意味的重要职位。[1]因此，秀之没有顺利就任黄门郎一事，反映了他作为寒门的境遇。虽然会稽、余姚的虞氏说起来也是有代表性的吴姓名族，但一般而言，虞氏之人从事大土地经营，在地方扩大威势的倾向很强[2]，而在中央政界的活动却并不起眼。其中，秀之一家属于稍微有点儿例外的。秀之的曾祖父潭作为东晋元勋，奠定了他们在中央政界的地位，其父啸父也历任侍中与左民尚书（均为三品）。不过，因啸父曾与被刘裕打倒的桓玄有过合作等，故而在刘宋一代，可以认为秀之一家无可奈何地沦落到了寒门境地。据《南齐书》卷三七《虞悰传》，虽然秀之此后担任了黄门郎，但这是他所能做到的最高官职。后来，秀之之子悰很早就结识了萧赜（后来的南齐武帝），不惜向当时贫困的萧赜提供经济援助。这次投资得到了很好的回报，悰在武帝的治世被任命为侍中和尚书，恢复了政界中虞氏曾经的地位。另外，就啸父来说，向东晋孝武帝献上海产品的事情也见于《晋书》卷七六本传和《世说新语·纰漏篇》，这里所见的企图凭借经济实力以进军政界的倾向，在啸父—秀之—悰三代身上是一以贯之的。

〔2〕刘宋王朝的宗室、准宗室或是元勋子孙都与炳之亲近。可以看到，虽然c. 刘德愿在孝武帝大明初担任游击将军，但他此前的为官经历却并不清楚（《宋书》卷四五本传），处于不得志的状况。e. 刘道锡在二十一年从咨议参军被提拔为广州刺史（《宋书》卷五《文帝纪》），二十七年因“贪纵过度”等罪而下狱，后病死（《宋书》卷六五本传）。他在广州任上大肆活动营利蓄财是众所周知的。以上两人是刘宋王朝的准宗室，乃彭城刘氏出身。f. 刘雍是刘宋王朝创业期的最大元勋刘穆之的孙子，袭爵南康郡公，但他的为官经历却完全不清楚（《宋书》卷四二本传）。就g. 宗室刘遵考来说，他没有才能，只是受到官职上的优待（《宋书》卷五一本传），并没有实权。虽然他是与王朝权力密切相关的存在，但他并不满足自己在政界的地位，感觉自己处于不得志的状况。

〔3〕d. 市令盛馥向炳之行贿。市令的职责是征收市税，《南齐书》

---

1. 宮崎市定：《九品官人法の研究》（前揭），第181页（中译本第129页）；中村圭爾：《九品官制における官歴》，收入《六朝貴族制研究》，风间书房，1987年，第264—266页。
2.《晋书》卷四三《山遐传》、《梁书》卷五三《良吏·沈瑀传》。

卷四〇《竟陵王子良传》所载萧子良的上启称：

> 又司市之要，自昔所难。顷来此役，不由才举，并条其重赀，许以贾衔。前人增估求侠，后人加税请代，如此轮回，终何纪极。

可以看到，在征收市税方面，实施的是委托给富裕商人的承包制度。[1] 如果盛馥也是富裕商人出身的话，那么这也是表明寒人阶层进军政界之动向的事例。

此外，像b. 张幼绪与h. 夏侯某那样被视为寒门或寒人的人物，也打入了政界的一角，与吏部尚书庾炳之有所接触，这也是众所周知的。

以上通过何尚之的上奏，对寒门、寒人阶层猎官运动的实际情况进行了分析。可是如前所述，受贿一方的庾炳之是文帝在亲政时亲自任命的，可以说他是领会了文帝之意而积极提拔人才，可能正因如此，才容易成为寒门、寒人阶层贿赂攻势的目标。除此之外，炳之自身在金钱方面极具贪欲的性格，也招致了他受贿免官的结局。

反过来，在贿赂的这一方，八人中有四人是宗室、准宗室或元勋子孙，而且即便是虞秀之一家，也如前所述，并不是在这个时期才开始兴起的。这五人出身明确，剩下的三人则不清楚。因此，通过上述罢免庾炳之的事件，虽可窥得寒门、寒人阶层进军政界的一端，但仍无法明确令其兴起的要因。关于这个问题，我们另起一节再来探讨。

第四节　乡里豪族阶层与皇帝权力

上一节通过庾炳之受贿免官事件，展现了寒门、寒人猎官运动的实际情况，但该事件不过是冰山一角。那么，这些寒门、寒人阶层进

1. 川勝義雄：《貨幣経済の進展と侯景の乱》，收入前揭《六朝貴族制社会の研究》，第383页（中译本见《货币经济的进展与侯景之乱》，收入《六朝贵族制社会研究》，第278页）。

军政界的活动具有怎样的社会背景，同时又与文帝的专制意向之间有着怎样的关系呢？作为解决此问题的线索，我们会想起从皇太子刘劭杀害文帝的事件到孝武帝即位的剧烈动荡之中，吴兴郡出身之寒门、寒人的积极活动。[1]这种情况是表明元嘉时代中吴兴郡寒门、寒人的兴起得以最终完成的象征，意味着他们对该地区国家政治的影响力急剧增强。[2]关于吴兴郡地区的寒门、寒人，特别是其中以沈氏为代表的当地豪族阶层，本节将对其进军政界的社会背景和文帝的专制意向之间的关联进行考察。这是因为吴兴郡地区集中反映了寒门、寒人的兴起这种当时的一般性趋势，以及与之相伴随的各种矛盾。

吴兴郡当地豪族阶层在元嘉时代的迅速兴起，表明了该地区开发进程的急速推进。吴兴郡位于太湖南岸的水灾多发地带，地理条件恶劣，所以与三吴地区中的吴郡和会稽郡相比，还留有许多开发余地。[3]正因如此，在元嘉时代，吴兴郡的开发得以迅速展开[4]，随之而来的各种

1. 吉川忠夫《沈約の伝記と生活》（收入《六朝精神史研究》，同朋舍，1984年；中译本见《沈约的传记与生活》，收入《六朝精神史研究》，王启发译，江苏人民出版社，2010年）认为，吴兴沈氏与刘劭弑父事件有着密切关联（第205—207页；中译本第160—162页），前揭安田二郎《元嘉時代政治史試論》也推测说，刘劭“诸同逆”之一的闻人文子是吴兴人。此外，女巫严道育、向文帝尽忠战死的宿卫队长卜天与、杀死进退犹豫不决的吴兴太守周峤而响应刘诞义军的丘珍孙等人，均为吴兴出身。

2. 关于吴兴郡寒门、寒人阶层的兴起在进入南朝后特别显著的情况，参见大川富士夫：《南朝時代の江南豪族について》《南朝時代の呉興武康の沈氏について》，均收入《六朝江南の豪族社会》，雄山阁，1987年。

3. 大川富士夫：《六朝前期の呉興郡の豪族—とくに武康の沈氏をめぐって—》，收入前揭《六朝江南の豪族社会》，第149页。

4. 如果将《晋书·地理志》所载（280年）与《宋书·州郡志》所载（464年）的吴兴、吴、会稽三郡的户数进行比较，则如下表所示，吴兴的增长率明显很高。当然，应该考虑到西晋平吴时与刘宋孝武帝时对人民掌控能力的差别等问题，但由此推测在此期间吴兴地区急速发展，这一点并无不合理之处。

郡名	280年的户数	464年的户数
吴兴	24 000	※63 105
吴	25 000	50 488
会稽	30 000	52 228

※304年，以吴兴郡阳羡县、同郡长城县北乡、丹阳郡永世县设立义兴郡，但永世县不久便重归丹阳郡，因而这里是刘宋吴兴的户数49 609加上义兴郡的户数13 496。

矛盾也很严重。因此，以下将逐一探讨这些矛盾中的如下三点：A[1]. 排水路建设问题、B. 救荒措施、C. 货币政策。

A. 吴兴郡如前所述是水灾多发地带。其原因是尽管周边的河川都注入太湖，但从太湖到大海的出口则较少，吴兴郡就位于这样的地方。因此，排水路建设成为当地悬而未决的问题。

据二十二年扬州刺史刘濬的上言（《宋书》卷九九本传）[2]，姚峤（应为吴兴武康人）花费了长达二十年的岁月独自进行调查，计划从武康县的纻溪开始，在沼泽地带开凿直通出海口的、长达一百余里的排水路，并向刘濬提议。姚峤在这之前的十一年大水时，也曾鼓动当时的刺史刘义康，但因当时还在调查阶段，并无下文。刘濬对姚峤的提议表现出积极的姿态，立刻派遣议曹从事史虞长孙（应为会稽余姚人）与吴兴太守孔山士（会稽山阴人）同行前往实地调查，结果认为该提议可行，并发展到试验性地开凿小漕来看流势的地步。最终，工程并没有完成。这里需要承认的情况是，开发的进展引发了矛盾，使得作为开发主体的当地豪族阶层对公权力的影响加强。

B. 水灾之后的救荒措施也是吴兴郡要承担的重大问题。

十二年，从建康到吴、吴兴郡地区都遭受了前所未有的大水灾。当时，扬州主簿沈亮（吴兴武康人）向刺史刘义康提出了由以下三点构成的建议：① 只允许存米而抬高米价的富民阶层保留一年份的储备，除此之外的要减价销售，从而试图使米价合理化；② 用“估赋”（买卖税）的收入从丰收的淮水流域采购谷物，借给三吴的饥民；③ 为抑制谷物的浪费而实施禁酒（《宋书》卷一〇〇《自序·沈亮传》)。关于其中的第②③点，其实施情况可以从《宋书》卷五《文帝纪》“十二年六月”条中得以明确，即徐、豫、南兖三州（淮水流域）与会稽、宣城二郡的数百万斛米被赐与受灾者，并实施了禁酒。不过，关于第①点的常平政策，其实施情况则不清楚。后来，在十九—

1. 译者按：已将原序号的日语片假名イ、ロ、ハ替换成A、B、C，以下均同。
2. 佐久間吉也：《魏晋南北朝水利史研究》，开明书院，1980年，第490—492页；中村圭爾：《六朝時代三呉地方における開発と水利についての若干の考察》，收入《六朝江南地域史研究》，汲古书院，2006年。

二十一年连年水旱灾害持续不断时，尚书右丞沈昙庆（吴兴武康人）提出了比沈亮的临时性常平方案更进一步的、设置常平仓的建议。虽然这个建议被文帝采纳了，但并未实际执行（《宋书》卷五四本传）。在这种救荒政策方面，与排水路建设问题一样，政府并没有能力响应当地的要求。然而，正因如此，当地豪族阶层才希望在当地存在一种更为强大的公权力。[1]

C. 吴兴郡的特殊性除了位于水灾多发地带外，还有受到货币经济的强烈影响这一点。总的来说，包括吴兴郡在内的三吴地区是东晋南朝经济最发达的地区，货币经济呈现出无与伦比的盛况，尤其是吴兴郡和货币经济的关系非常密切。有关东晋初期的货币，《晋书》卷二六《食货志》谓：

> 晋自中原丧乱，元帝过江，用孙氏旧钱，轻重杂行，大者谓之比轮，中者谓之四文。吴兴沈充又铸小钱，谓之沈郎钱。

吴兴的豪族沈充铸造小钱，此钱被称为“沈郎钱”。东晋政权使用孙吴时代的旧钱而未铸钱，刘宋元嘉七年（430），终于由政府铸造了四铢钱。东晋初期沈充铸钱的事实，充分表明吴兴沈氏对于货币寄予了多么浓厚的兴趣。

沈氏对货币的浓厚兴趣，即便在元嘉时代也不曾改变。二十四年，为防止民间的盗铸，朝廷将一枚“大钱”（优良的铜钱）赋予两枚的价值来流通，围绕这种“一大钱当两”的政策也发生了争论。在这场争论中，前述沈充的五世孙沈演之认为尽管货币需求量增大，但在供给过度不足的地方，盗铸盛行则是有原因的，在此基础上，他主张“若以大钱当两，则国传难朽之实，家赢一倍之利，不俟加宪，巧源自绝”，为赞

---

1. 二十一年，晋陵、延陵之民徐耕以私米千斛助官赈贷饥民，并号召其他富豪阶层也效仿这种行为（《宋书》卷九一《孝义·徐耕传》）。由此可知，在当地豪族阶层中，有着积极补充政府救济不周的动向。

成“一大钱当两”政策而展开论证[1]（《宋书》卷六六《何尚之传》）。沈演之的这种积极主张，不单是因为沈氏的利害关系，也是立足于吴兴郡地区的经济环境而提出的论调。《宋书》卷八一《顾琛传》谓：

> （大明）三年……琛仍为吴兴太守。明年，坐郡民多翦钱及盗铸，免官。

同书卷四五《刘怀慎传附亮传》也称：

> 世祖大明中，为武康令。时境内多盗铸钱，亮掩讨无不禽，所杀以千数。

这说明大明年间（457—464）在吴兴郡（特别是其中的武康县）有大规模盗铸事件的发生。[2]而且，在此次事件稍前的孝建三年（456），沈

1. 参见岡崎文夫：《南朝の銭貨問題》，收入《南北朝に於ける社会経済制度》，弘文堂，1935年；另参前揭川勝義雄：《貨幣経済の進展と侯景の乱》。此外，川勝氏认为，“也许值得注意的是，刘宋时代积极主张改革或增发通货的是沈演之、徐爰、沈庆之等人，其中徐爰是所谓恩幸，沈氏倒不如说是寒门出身之人。……说不定这种推进刘宋通货的政策，背后也与恩幸或热衷于追名逐利之寒门的利害关系纠缠在一起”（第402—403页注44；中译本第273页注4），表示应从恩幸或寒门阶层的利害关系中，来把握货币政策的方向。这当然与阶层的利害关系密切相关，但货币不足的问题就像《南齐书》卷四〇《竟陵王子良传》所载萧子良的上启中所说的那样：“又泉铸岁远，类多翦凿，江东大钱，十不一在。”这一问题在江东（三吴）地区特别严重。从刘宋时代的三名积极主张者中两人是吴兴沈氏，东晋末期孔琳之（会稽山阴人）对桓玄废钱主张的反驳（《宋书》卷五六本传），以及南齐孔𫖮（应与《南史》卷一九《谢朓传》的“会稽孔𫖮”为同一人）的铸钱主张（《南齐书》卷三七《刘悛传》）等来看，也可以假设货币政策与三吴（尤其是吴兴、会稽）当地豪族阶层的利害关系是密切相关的。
2. 《宋书》卷五七《蔡兴宗传》中也有他担任廷尉卿时（大明三四年左右）的记载，谓：“又司徒前劾送武康令谢沈及郡县尉还职司十一人，坐仲良铸钱不禽，久已判结。又送郡主簿丘元敬等九人，或下疾假，或去职已久。又加执启，事悉见从。”在吴兴郡以外的地方，并未见到有关当时盗铸事件的记载。又《嘉泰吴兴志》（收入《宋元地方志丛书》）卷四“武康山”条注引《舆地志旧编》称：“山下有铜官湖，汉吴王濞铸钱处。”其中记载了西汉时期吴王濞铸钱遗迹的存在，可以得知吴兴郡武康县一带是传统铸钱地。附带说一下，《史记》卷一〇六《吴王濞列传》称：“吴有豫章郡铜山，濞则招致天下亡命者盗铸钱。”所谓“豫章郡铜山”，据注家之说是在故鄣（刘宋时期吴兴郡的属县）。

庆之（吴兴武康人）曾提出允许民间铸钱的建议（《宋书》卷七五《颜竣传》）。从这些事实来看，盗铸盛行这种吴兴郡的地区性特质十分凸显。沈演之的积极主张一定是基于吴兴郡的这种特殊情况而来的论调。文帝听从了沈演之的建议，实施“一大钱当两”政策。虽然这个政策不到一年就失败了，但它可以被视作吴兴郡当地豪族阶层加强对国家政治影响的一个例子。

以上三点都表明，在元嘉时代，尤其是后半期，吴兴郡的当地豪族阶层为解决各种矛盾，寻求加强对公权力的影响。作为这种影响对象的公权力，A的情况是扬州，B为扬州与国家，C则是国家。其跨过郡县，向州、进而向国家施加影响这一点值得关注。而且，管辖首都周边的扬州被称作“神州”，因其刺史实际上是中央官吏，所以这种情况下对州所施加的影响，也可以看作对国家的影响。总的来说，扬州尤其是三吴地区构成了中央政府的直接经济基础，对公权力的要求很容易直接联系到对国家权力的要求。

这种当地豪族阶层的要求当然反映了其阶级利益的要求，但正如B中救荒措施所显著表明的那样，也包含了对地方民众的关怀，间接地反映了民众的利益。因此，我们可以这样评价当地豪族阶层所产生的影响，即通过实现公权机能，以企求影响国家权力，而沿着这条路线前进，也促进了皇帝权力的强化。这一时期文帝专制意向的增强，在一定层面上也是基于当地的影响而产生的。

不过，吴兴郡的当地豪族阶层一方面如上所述加强对公权力的影响，另一方面也增加了进军中央政界的活动。如前所述，十七年的政变之后，沈演之成为文帝的顾问。他历任侍中、领军将军、吏部尚书等要职，“性好举才，申济屈滞”（《宋书》卷六三本传），拥有众多的门生义故。可以认为，这些门生义故中的多数都是吴兴郡出身的[1]，吴喜（吴兴临安人）便是其中之一。吴喜作为沈演之的领军将军府的白衣吏，能力受到赏识，因沈演之的门生主书朱重民的推荐而担任主书

1.《宋书》卷七一《徐湛之传》谓：“门生千余人，皆三吴富人之子。”徐湛之的门生中也包括相当多的吴兴郡出身之人。

书吏，进而升任主图令史（《宋书》卷八三本传）。

这样，元嘉时代，沈氏等吴兴郡当地豪族阶层逐渐加强了进军中央政界的活动。沈演之是其中的头号人物，很多人才受到像他那样担任要职之人的推荐，才被送进政界。虽然这些人中的大多数止步于低级吏员或武人，但在孝武帝与明帝时代，他们之中出现了作为恩幸寒人而威势强盛之人。吴兴郡出身者中，前述吴喜与王道隆（吴兴乌程人，《宋书》卷九四《恩幸·王道隆传》）等人都成了恩幸寒人。而且就武人而言，除了被编入宿卫兵等中央军外，多数人也流入各地的州镇军府，其中就有像沈庆之与沈攸之（吴兴武康人）那样最终成长为大军阀的人物（《宋书》卷七七、七四各自本传）。

他们进军政界一方面确实如前所述为影响公权力提供了便利，支持了皇帝权力的强化，然而另一方面，我们也无法否认恩幸寒人的专横阻碍了国家的公权机能，武人流入州镇，使得州镇的割据、反国家特性得以增强。虽然在元嘉时代，还没有发展到恩幸寒人专横的事态，州镇的割据倾向也没有表面化，但可以说这样的事态、倾向已在孕育之中。

总之，以吴兴郡为例所看到的当地豪族阶层兴起的影响（以对公权力的影响与进军政界这种形式而出现），是以基于作为公权的国家权力的形式，促进了皇帝权力的强化，成为文帝专制意向的背景。不过与此同时，孝武帝时代以降显著的国家权力或皇帝权力的私权化发展方向也存在于其中。

结　语

元嘉时代后半期，文帝的亲政体制得以确立。这里需要注意的，第一是文帝的专制意向，第二则是寒门、寒人阶层的兴起。

文帝的专制意向体现在：① 抑制录尚书事等的权限，把能吏型人物提拔成身边的顾问的政治手段；② 二十七年北伐军事行动中的中央指令等方面。其结果是在朝臣之间产生了迎合文帝意向的负面倾向。

寒门、寒人阶层进军政界，在所谓的门阀贵族体制[1]下，一般而言是很困难的，所以他们中的一部分人便不得不展开激烈的猎官运动。不过，正如我们所看到的，沈演之的登场，北伐之际徐爰、王玄谟等人的活跃，朝廷在兵力、财政方面对寒门、寒人阶层的依赖，都体现出在文帝政权之下，寒门、寒人阶层的作用在稳健地增强。

本章还试图通过吴兴郡地区的实际情况，来把握文帝的专制意向与寒门、寒人阶层兴起之间的关联，并指出当地豪族（寒门、寒人）阶层兴起的动向（对公权力的影响与进军政界）有通过基于公权性国家权力的形式来促进皇帝权力强化的一面。虽说文帝的专制意向可以被认为是这种影响的结果，但在公权力得到强化的同时，这种影响也在孕育着与公权力相背离的私权力。

在文帝元嘉时代之后的孝武帝时代，像恩幸政治与州镇割据这样的负面影响被放大，向私权方面的倾斜得到强化。然而即便如此，像响应会稽郡山阴县之豪族孔灵符的要求，使得同郡的湖田得以成功开发（《宋书》卷五四本传）那样的，基于当地豪族阶层的要求向公权的方向发展的趋势也仍在延续。公权化、私权化这两种截然相反的方向是怎样协调的呢？目前，笔者并无意探讨这一点，现仅指出两个方向的内在构造，就此结束本章。

---

1. 参见本书第三章【补】。

第六章

《宋书》与刘宋政治史

前　　言

通常的研究是从皇帝权力的强化和寒门、寒人的兴起之间关系的角度，来把握刘宋王朝（420—479）政治史的特质的。换言之，这种视角描绘出为对抗东晋以来的门阀贵族势力，皇权方面一边任用寒门、寒人出身者为中书舍人等，一边立志于建立专制政治的模式。这种模式虽然遵循了《宋书》编纂者沈约的观点，但未必能说客观反映了当时的实际情况。

从上述视角出发，本章首先弄清了沈约《宋书》所描绘的政治史上的整体特征，然后对与之相关的刘宋政治史主要研究及其问题进行阐述。继而为探寻解决该问题的线索，笔者考察了第五代皇帝——前废帝（464—465年在位）时期的政治史。之所以特意选择这个时期，一是因为它属于《宋书》中能特别强烈地反映沈约观点的部分[1]，二是因为直到孝武帝（453—464年在位）时期为止，都是刘宋政治史的诸多矛盾以凝聚形式而表面化的时期。通过对前废帝时期政治史的分析，我们能够提出可以把握刘宋政权整体所呈现出的结构特质的观点。

第一节　沈约《宋书》中的刘宋政治史

在404年推翻桓玄的楚王朝、发起复兴东晋王朝政变的“众义”之“盟主”刘裕，在420年通过禅让革命的方式，创建刘宋王朝，成为初代皇帝（武帝，420—422年在位）。沈约在《宋书·武帝纪》的“史臣曰”条中，把刘裕发动的晋宋革命与汉魏、魏晋、晋楚的情况进行了比较。现将其比较的论点整理如下：

---

1. 其理由之一与孝武帝时期以前的记述是根据徐爰《宋书》所整理，而前废帝时期以降则是新写的有关（《宋书》卷一〇〇《自序》）。而且，在宋末的第七代皇帝——后废帝以降，应在随后南齐王朝的历史中被记述的部分变多，而刘宋的记载反倒变得稀少。

汉魏革命——舆论支持汉室，凭借曹操的军事实力进行革命。

魏晋革命——曹魏失去舆论的支持，司马氏凭借世代为宰相而培植的势力基础进行革命。

晋楚革命——东晋失去舆论的支持，桓玄继承父亲桓温的势力基础进行革命。

晋宋革命——东晋失去舆论的支持，刘裕凭借自己的功绩进行革命。

通过上述比较，我们可以看到，刘裕在政治上与军事上都没有势力基础，完全凭借自身的实力取得显赫的军事功绩，这一点被强调为晋宋革命的优越之处。如上所述，《武帝纪》“史臣曰”条专门记载了刘裕武功的伟大，沈约似乎是在全面地赞美刘裕的革命。[1]

不过，《宋书》卷四五《王镇恶传》等的“史臣曰”条谓：

帝王受命，自非以功静乱，以德济民，则其道莫由也。……高祖崛起布衣，非藉民誉，义无曹公英杰之响，又阙晋氏辅魏之基，一旦驱乌合，不崇朝而制国命，功虽有余，而德未足也。是故王谧以内惧流奔，王绥以外侮成衅，若非树奇功于难立，震大威于四海，则不能承配天之业，一异同之心。

和魏、晋的情况相比，虽然刘裕以较少的兵力推翻桓玄，复兴东晋王朝，这种“功”确实很大，但他在基于经世济民行为的“德”这方面是绝对不够的。沈约还认为，这种缺陷致使王谧（琅邪王氏）摇摆不定，王绥（太原王氏）等人被诛杀[2]等，刘裕并没有获得官僚阶层坚

1. 拙稿《沈約『宋書』の史論（一）》，弘前大学人文学部《文経論叢》27-3，1992年，第247—250页。

2.《宋书》卷一《武帝纪上》“元兴三年”条：“尚书左仆射王愉、愉子荆州刺史绥等，江左冠族。绥少有重名，以高祖起自布衣，甚相凌忽。绥，桓氏甥，亦有自疑之志。高祖悉诛之。……及王愉父子诛，谧从弟谌谓谧曰：‘王驹无罪，而义旗诛之，此是剪除胜己，以绝民望。兄既桓氏党附，名位如此，欲求免得乎？’驹，愉小字也。谧惧，奔于曲阿。高祖笺白大将军，深相保谧，迎还复位。”

定不移的支持。为了能在这种情况下接受禅让从而即位，就需要“奇功”——前人未有的功绩。而且，《宋书》卷四八《朱龄石传》等的“史臣曰”条也记述了相同的趣旨：

高祖无周世累仁之基，欲力征以君四海，实须外积武功，以收天下人望。

实际上，刘裕为实现自己即皇帝位的目的，必须收揽天下人心，从而迈向了对南燕国和后秦国的征伐。

如上所述，沈约对刘裕（武帝）的评价，倒不如说是否定的，刘裕只不过是通过对外征伐的武功，勉强确保了皇位的正当性而已。

刘裕在永初三年（422）去世，皇太子刘义符即位（少帝），司空录尚书事徐羡之、中书监尚书令傅亮、领军将军谢晦、镇北将军檀道济接受顾命，承担辅政之任。少帝即位后，便与徐羡之、傅亮和谢晦等人对立起来。景平二年（424）七月，徐羡之等人废黜少帝，迎武帝第三子荆州刺史刘义隆为帝。八月，刘义隆即位，改景平二年为元嘉元年。这就是第三代皇帝文帝（424—453年在位）。司徒录尚书事徐羡之、中书监尚书令傅亮辅政，谢晦担任卫将军、荆州刺史。文帝即位后，也与徐羡之、傅亮和谢晦等人对立，元嘉三年正月，诛杀徐羡之和傅亮。谢晦在翌月也被诛杀。在这种复杂的政治形势下即位的文帝，其治世长达三十年之久。《宋书》卷五《文帝纪》的“史臣曰”条谓：

及正位南面，历年长久，纲维备举，条禁明密，罚有恒科，爵无滥品。故能内清外晏，四海谧如也。昔汉氏东京常称建武、永平故事，自兹厥后，亦每以元嘉为言，斯故盛矣。

这里对元嘉年间政治的稳定不惜赞词。《宋书》卷九二《良吏传·序》也表达了同样的主旨：

自此区宇宴安，方内无事，三十年间，氓庶蕃息，奉上供徭，止于岁赋，晨出莫归，自事而已。守宰之职，以六期为断，虽没世不徙，未及曩时，而民有所系，吏无苟得。家给人足，即事虽难，转死沟渠，于时可免。凡百户之乡，有市之邑，歌谣舞蹈，触处成群，盖宋世之极盛也。

沈约指出，元嘉年间地方政治稳定，将其评价为“宋世之极盛”。但同时，他又紧接上述记载提出，元嘉二十七年（450），因对北魏战争的大败，“元嘉之治”便暗淡了下来。

暨元嘉二十七年，北狄南侵，戎役大起，倾资扫蓄，犹有未供，于是深赋厚敛，天下骚动。

此次战败的责任，沈约认为在于文帝自身。《文帝纪》的“史臣曰”条紧接先前引用的部分称：

授将遣帅，乖分阃之命，才谢光武，而遥制兵略，至于攻日战时，莫不仰听成旨。虽覆师丧旅，将非韩、白，而延寇戚境，抑此之由。

沈约的批判专门指出了文帝在战争过程中的独断专行。《宋书》卷七一《江湛传》谓：

上大举北伐，举朝为不可，唯湛赞成之。

《宋书》卷九九《二凶传》也称：

二十七年，上将北伐，劭与萧思话固谏，不从。索虏至瓜步，京邑震骇，劭出镇石头，总统水军，善于抚御。上登石头城，有忧色，劭曰：“不斩江湛、徐湛之，无以谢天下。”上曰：“北伐自我意，不关二人也。”

与北魏的战争，是不顾皇太子刘劭等朝臣们的强烈反对而实行的，在这种意义上，它也是文帝独断专行的表现。尽管元嘉二十七年的战役以大败告终，但二十九年文帝再度试图北伐，且再次败北，从中足以看出文帝不惜代价北伐的执念。围绕对北魏战争惨败的责任问题，文帝和皇太子刘劭间的对立表面化，这种对立的结果是元嘉三十年（453）二月，文帝被刘劭派杀害。文帝第三子江州刺史刘骏发动义军，受到从刘劭身边逃走的刘义恭之拥戴，在建康郊外的新亭即位。这便是第四代皇帝孝武帝（453—464年在位），他最终占领建康，诛杀刘劭和文帝第二子刘濬（五月）。

孝武帝为强化皇帝权力，实行了诸如废除录尚书事以削弱宰相的权力，分割扬州和荆州等强力州镇等措施。孝建三年（456），每月一日和十五日，皇帝开始亲自在西堂受理奏事，大明二年（458）将吏部尚书增加为两人以分割其权限，五年建设驰道，六年强制僧侣向皇帝行礼，类似的同样宗旨的措施在其后继续实行（《宋书》卷六《孝武帝纪》）。孝武帝和第六代皇帝明帝（465—472年在位）时代的政治，据沈约所言是由皇帝独断专行。《宋书》卷九四《恩幸传·序》谓：

> 孝建、泰始，主威独运，官置百司，权不外假，而刑政纠杂，理难遍通，耳目所寄，事归近习。赏罚之要，是谓国权，出内王命，由其掌握，于是方涂结轨，辐凑同奔。人主谓其身卑位薄，以为权不得重。曾不知鼠凭社贵，狐藉虎威，外无逼主之嫌，内有专用之功，势倾天下，未之或悟。

沈约认为，孝武帝（孝建）、明帝（泰始）的独裁倾向，是恩幸寒人（近习）专权的重要背景。沈约批判恩幸寒人的专权，提倡基于君主和官僚协商的政治运作。孝武帝以降出生的皇帝的独裁政治特征，首先是重用恩幸寒人，而《宋书》卷九二《良吏传·序》中，还指出了另一个重要特征。

> 及世祖承统，制度奢广，犬马余菽粟，土木衣绨绣，追陋前规，更造正光、玉烛、紫极诸殿，雕栾绮节，珠窗网户，嬖女幸臣，赐倾府藏，竭四海不供其欲，单民命未快其心。

太宗继阼，弥笃浮侈，恩不恤下，以至横流。

这里批判了孝武帝（世祖）、明帝（太宗）的奢侈，把孝武帝和明帝时代都叙述成恩幸寒人专权与奢侈的独裁政治时代。刘宋王朝在这一时期走向衰亡，尤其是明帝杀害皇族，这是其衰亡的决定性因素。晚年身患重病的明帝，担心自己死后幼帝（后废帝）的前途，接连杀害了有可能成为竞争者的皇族。其结果是失去藩屏的幼帝陷入孤立，刘宋王朝不得不走向灭亡（《宋书》卷八《明帝纪》"史臣曰"条）。

以上在考察政治史叙述的观点的必要范围内，概括了《宋书》的记述。这里将指出《宋书》中具有特征性的两项观点。

第一，《宋书》中可以看到严厉批判君主独裁和恩幸寒人专权所带来的危害的观点。这种批判是从主张基于君主和官僚协商展开政治运作的立场做出的。虽然这不过是主张延续当时官僚组织的正常运作，但将破坏这种正常运作的要因只归结于君主的资质和恩幸寒人的作用，我认为这反映了创作《宋书》的南齐永明年间的时代背景，以及沈约周边人们（士大夫）的思潮，甚至沈约个人的想法。

第二，关于刘宋王朝权力的正当性，《宋书》在《王镇恶传》等的"史臣曰"条（前揭）中，在承认刘裕巨大军功的同时，也指出他基于经世济民行为之"德"的不足。尽管如此，但至少根据《宋书》的记述，刘宋诸帝并未打算弥补该不足。刘裕将全部努力倾注于获得军功，甚至文帝在"元嘉之治"时，也凭借皇帝的独断专行来推动对北魏的战争。到了刘宋后半期的孝武帝和明帝的时候，他们的奢侈迫使民众承担了极大负担。相较于"功"，《宋书》中更为重视作为王朝正当性根据的"德"[1]，从而对刘宋诸帝的政治姿态在总体上持批判态度。

关于《宋书》中沈约观点的特征，从本节的考察中可以得出以上两点。《宋书》基于这样的观点，强调皇帝的独断专行和恩幸寒人的专权。这并非完全脱离实际情况的空洞理论，而是在一定程度上基于实

1. 参见安田二郎《南朝貴族制社会の変革と道德・倫理》（收入《六朝政治史の研究》，京都大学学术出版会，2003年）所提出的"毕竟，沈约基于功能主义国家观，认为作为排他性权力机构的王朝国家，是为确立社会秩序（经世济民）的具体机构"（第649页）。

际情况的历史叙述。然而，这并不是实际情况的客观记述。我们必须注意到，《宋书》在对皇帝独断专行的批判中，存在过分夸大皇帝权力和恩幸寒人的政治作用的倾向。

第二节　刘宋政治史研究的现状与课题

上一节探讨了沈约《宋书》中的刘宋政治史，提出了其具有特征性的观点。本节将概括以沈约《宋书》为基本史料而开展的刘宋政治史研究的现状，从而明确其课题。

冈崎文夫《魏晋南北朝通史》以君主权和名族之间的关系为中心，叙述了刘宋政治史。他认为，刘裕一方面在“充分保障东晋末期以来已经确立的江南名族地位的基础上构建社会秩序”，“另一方面还采取在境内广泛推行君主权威的方针”。然而，“把权力集中到中央的政策，与保障名族地位的政策相协调来推行，恐怕并不容易。文帝以名族为中心的政治取得了一代的善政，而孝武帝欲将权力收归中央，最终却为宋室的倾覆埋下了伏笔”。这样，刘宋王朝就在强化君主权和与名族合作的这两条路线之间摇摆不定。尤其是对于孝武帝，冈崎氏在引用《宋书》卷九二《良吏传·序》所谓“孝武奢侈”的同时，认为“中央集权的倾向与这种奢侈心的发作相结合，导致了宋政的堕落。大概当时的大臣多为名家子弟，他们在孝武帝的政治偏离轨道的情况下，通常会劝阻他，孝武帝对此颇为厌烦，即使不任用大臣，也要委任寒族卑贱之士。《宋书·恩幸传》所列举的戴法兴、巢尚之、徐爰之徒，便由此而崭露头角”。冈崎氏根据沈约的观点，将孝武帝时代视作极大地倾向于强化君主权路线的时期。同时，他认为“南朝的势族因孝武帝的独断而基本失去了稳定的状态，宋室的危机就在于此”，并指出舍弃与名族之间合作路线的结果，就是导致王朝权力本身陷入危机，这也采纳了沈约的观点。而且关于明帝时期，冈崎氏认为“不仅没有对孝武帝以来的苛政加以控制，反而粗暴地将其表现出来”，以至于“东晋以来贵族的势力在政治上也逐渐趋于衰退”，“与此相反，寒微出身者与武将的权势则格外引人注目”，并且“我们可以看到，居于朝廷办事之人都是市井佣贩之子，当时的士流都放弃了宋室，宋的灭亡已经到了无法挽救的地步”。他从而得出了这样的结论，即孝武帝以来路线的结果，是失去名族支持的刘宋王朝走向灭亡。[1]不过，在上述岡崎氏的说明中，虽然东晋以来的名族势力衰落了，但为何失去他们的支持后，王朝权力就会灭亡呢？我认为这一点是岡崎氏遗留下来的课题。

这一课题与刘宋政权特征的界定密不可分，下面我们来看一下有关这一点的主要学说。打开第二次世界大战后六朝史研究新局面的是宫崎市定《九品官人法の研究》，他继承了岡崎氏的观点，通过君主权与贵族之间的关系，来分析刘宋政治史。关于刘宋政治史，宫崎氏认为“由此形成了军阀帝王和贵族合为一体的政治形态，并产生了皇室和一流贵族之间的联姻关系。虽然名族在感情上甚不情愿，但是帝王拥有绝对的权力，贵族的地位同朝廷的官爵紧紧联系在一起，所以，贵族不得不改弦更张，反过来利用这种关系，通过接近朝廷，以进一步强化自己的地位”。宫崎氏在指出皇室与贵族之间的婚姻关系的同时，认为两者合为一体的政治形态，正是其政治特征。而且，宫崎氏还指出“军阀帝王与贵族社会的性质本不相容，要调和两者，光靠婚姻等政策是无法使之完全融合的”。他着眼于刘宋君主权的这种特殊状态，即一方面以独裁为志向而将恩幸寒人任用为亲信，另一方面又维护政界中贵族的既得权利（独占清官）而向贵族让步。[2]宫崎氏的研究大量选取婚姻关系和官制方面的史料，成功地描绘出君主权与贵族之间复杂微妙的不稳定关系，然而，既然“帝王的权力十分强大”，“帝王常欲中央集权，尽可能实施独裁”的前提成立，那么帝王为何有必要向贵族让步呢？不得不说，关于这一点仍留有探讨余地。

越智重明和川勝義雄继承宫崎氏的研究，推进了南朝政治史研究。首先，越智重明《劉裕政権と義熙土断》[3]试图界定“贵族”政权的特

1.《魏晋南北朝通史》，弘文堂，1932年。此处引用的是《魏晋南北朝通史　内编》，平凡社“东洋文库”，1989年，第241—250页。

2.《九品官人法の研究—科挙前史—》，原刊于1956年，收入《宫崎市定全集6　九品官人法》，岩波书店，1992年，第35—37页（中文版见《九品官人法研究——科举前史》，韩昇、刘建英译，中华书局，2008年，第16—17页）。

3.《劉裕政権と義熙土断》（前揭），《重松先生古稀記念九州大学東洋史論叢》，1957年。

征。在这篇论文中，越智氏还对刘裕在位时担任将相大臣的人物加以考察，认为从其构成来看，“可以说刘裕即位后的宋（中央）政权具有极强的‘贵族’政权特征。这里所谓的‘贵族’政权，意味着‘贵族’作为其首领——皇帝大幅倚重的阶层，处于其政权的中枢。这同时也意味着宋政权是代表‘贵族’利益的政权”（第63页）。他因而得出这样的结论，即“虽然刘裕政权原本是由纯粹的‘武人’政权发迹而来的，但当它发展成宋政权后，就变质成了‘贵族’政权”（第42页）。这篇论文中所谓的“贵族”，是“北人贵族中最高层”的“具有寄生性的一部分特定官僚贵族”（第53页），可以称之为北来侨姓名族。虽然越智氏认定刘裕政权具有“贵族”政权的特征，但是后来他也强调刘宋皇帝成为绝对支配者来统治贵族[1]，“贵族”政权说并没有充分展开。

在越智氏以后，日本便未再见到明确提出贵族政权说的见解。而在中国，陈长琦《两晋南朝政治史稿》[2]公开提出了贵族（世族）政权说：

> 一部分寒门出身的军人，以武装力量为基础，取皇权而代之，掌握了国家最高权力，打破了世族与旧皇权之间那种权力分配关系，重新确立了皇权与世族之间权力分配的格局。我们要看到，这种寒人出身的皇帝所建立起来的新皇权，有两个特点。第一，他不代表寒人的利益。寒人出身的军人，一旦成为皇帝，执掌国家政权，他本身就贵族化了。寒人从来没有统一的阶层意识和统一的阶层力量，做了皇帝的寒人，更没有代表寒人利益的愿望和理想。因此，他的政策出发点和归宿，也从来不考虑寒人的利益。第二，它承认世族阶层的既得利益，维护世族阶层的既得利益。在政治上和社会生活中，它制定了一系列维护世族利益的制度和法律条款。同时，在权力分配中，它力图加强皇权，集中国家权力，削弱世族在国家权力分配中

1.《魏晋南朝の政治と社会》（吉川弘文馆，1963年）认为，“刘氏内心自认居于统治地位，从而与士人阶层保持了一定的距离。从这种意义上来看，可以说宋的皇帝权力与晋的皇帝权力具有本质上的不同。这种趋势贯彻南朝而未曾改变”（第377页）。

2.《两晋南朝政治史稿》，河南大学出版社，1992年。

> 的比重，削弱世族的政治作用和影响，与世族存在着权力分配问题上的矛盾斗争和冲突。这些特点，决定了南朝政权的性质，它仍然是世族政权，而不是寒人政权。（第233—234页）

陈长琦认为，即使是寒门武人出身的皇帝，也不代表寒门武人阶层的利益，因为寒门武人（寒人）阶层没有统一的阶层意识。这些都是十分重要的观点。不过，既然如此，那么贵族（世族）方面是否具有统一的阶层意识来干预政治呢？这一点便是问题所在。因为并没有看到南朝贵族为对抗寒门武人的兴起和皇帝的专权而采取统一政治行动的事例，所以如果不论证“一系列维护世族利益的制度和法律条款”中的所谓“世族利益”的话，那么贵族政权这种界定就讲不通了。

相对的，川勝義雄将刘宋政权的成立理解为寒门武人掌握军权，贵族丧失军权，把刘宋政权界定为军事政权。而且，从中央政府的要职依然由贵族掌握这一点来看，刘宋的皇帝权力是在贵族与寒门武人之间微妙的平衡上成立的，并在两者之间摇摆不定。川勝氏认为“在宋齐军事政权中，掌握强大军团的大体上是皇族。与其他皇族相比，皇帝不过是掌握了比较强大的武力而已”，这在说明皇帝权力不稳定的主要原因上颇具启发性。另外，他认为在皇帝对恩幸寒人的信任成为显著现象的孝武帝以降，“中央政界逐渐变成了有着支持后盾的、较低身份的恩幸和贵族们的角逐场”，在这种恩幸兴起的背景中，可以看到商业活动的盛行。[1]川勝氏通过鲜明对照的形式，来叙述寒门、寒人的兴起与贵族军事、经济上的没落，其论旨条理清晰，但在贵族与政权之间的关系方面

1.《劉宋政権の成立と寒門武人—貴族制との関連において—》，收入《六朝貴族制社会の研究》，岩波书店，1982年（中译本见《刘宋政权的成立与寒门武人——从与贵族制的关联来看》，收入《六朝贵族制社会研究》，徐谷芃、李济沧译，上海古籍出版社，2007年）。不过，这篇论文并未使用“军事政权”这一用语，该词见于《『世説新語』の編纂—元嘉の治の一面—》（收入《六朝貴族制社会の研究》；中译本见《〈世说新语〉的编纂——元嘉之治的一个侧面》，收入《六朝贵族制社会研究》）第344页（中译本第251页）。而且，同氏著《中国の歴史3　魏晋南北朝》（讲谈社学术文库，1974年）有这样的详细说明：“当武力被委托于皇族与从底层磨砺起来的武人，贵族便最终不能直接掌控武力了。这是与到4世纪为止不同的一个情况。5世纪的宋、齐两政权，在这种意义上可以说是军事政权。”（第213页）此外，正文所引用的是该书第222、224页。

仍有不甚明了的地方。尽管刘宋政权是军事政权，可是中央政府的要职若由贵族来掌握的话，我们就必须要探明其中的原因。

如上所述，不管是贵族政权说，还是军事政权说，都难以说充分阐明了刘宋政权的特征。越智氏弃置贵族政权说以后，虽然对刘宋政权中皇帝、贵族、非贵族官僚阶层（恩幸寒人等）各自的关系提出了种种具有启发性的观点[1]，但并没有做出明确的特征界定，这也反映了该课题的困难程度。在此，笔者想根据上一节探讨所得的《宋书》观点的相关见解，提出关于刘宋政权特征的具体论点。

《宋书》中强调刘裕为确保禅让革命的正当性，有必要实施北伐。刘裕原本不过是寒门武人的领袖之一，而且在东晋王朝下运作政权，依然无法忽视北来名族阶层的势力。为此，他需要通过北伐来展现自己成为皇帝的正当性，这是事实。凭借刘裕的北伐功绩而成立的宋王朝，把东晋最后的皇帝——恭帝封为零陵王，但在永初二年（421）就将其杀害。这样的事情是汉魏、魏晋禅让之际所未见的，它反映出在王朝创建后，刘裕的权力仍不稳定。刘裕死后所爆发的权力斗争，也是这种不稳定的佐证。甚至在被称为“元嘉之治”的文帝统治时期，政权也不能说稳定。在文帝治世的初期，存在着异姓权臣，当形成皇族独占宰相和地方军府长官等要职这种体制之后，又结成了试图将皇族拥立为皇帝的“朋党”，威胁到文帝的地位。[2]如川勝氏所指出的那样，刘宋皇帝相对其他皇族而言，不过是同辈中的最高权威而已。文帝所采取的解决方法就是凭借北伐战争的胜利，来确保自身的皇位正当性，但最终却以大败告终。[3]除了这次大败外，还有文帝被杀害事件

1. 例如，《漢六朝史の理解をめぐって》（收入《中国古代の政治と社会》，中国书店，2000年）中这样描述了南朝贵族制的特色：“正因为各王朝创业天子的发迹只是凭借军事实力，所以与司马氏的情况不同，天子提出自己作为最高统治者处于比贵族更高的地位，这可以说是在消除作为政治统治者的一体感的基础上，谋求天子、贵族、非贵族官僚三者的适当调和。”（第102页）这一点值得关注。尤其是后半部分所指出的“谋求天子、贵族、非贵族官僚三者的适当调和”颇具启发性，但我们并没有看到越智氏更多的说明，所以不得不说他对刘宋政权的特征界定比较暧昧。

2. 参见安田二郎：《元嘉時代政治史試論》，收入前揭《六朝政治史の研究》。

3. 关于北伐政策，参见本书第五章。

后的内战，这使得在内战后掌握政权的孝武帝不得不放弃了过去的北伐政策。

如上一节所述，虽然孝武帝为强化皇帝权力实行了诸多措施，但这与武帝和文帝时代试图通过北伐来确保王朝权力的正当性有着本质区别，可以说是内向型的行为。[1]也就是说，这是为削弱宰相、吏部尚书、州镇长官等臣下的权力，或是为装饰皇帝权威而采取的制度与设施的完善。《宋书》将这种孝武帝的政治看作独断专行、奢侈而予以严厉谴责。而且，这种谴责的矛头特意指向皇帝所重用的恩幸寒人。《宋书》中所指出的在孝武帝时期存在政治转型这一点较为合理，但将其政治上的负面性只归结于皇帝的态度和恩幸寒人则是沈约的政治主张，我们不能原封不动地接受。更进一步来说，为印证这样的主张，沈约过度强调了皇帝的独断专行和恩幸寒人的专权，这一点是应该留意的。尽管如此，但不得不说，以往研究在叙述孝武帝以后的政治时，大体上都原封不动地采纳了沈约的见解。

以“恩幸寒人专权”的问题为思考线索，笔者想要关注的是从孝武帝到前废帝时期，在皇位继承之际顾命大臣的构成。如在下一节将要详细展开的那样，顾命大臣中并不包括恩幸寒人。注意到这一点的是越智重明《宋の孝武帝とその時代》[2]，他指出，孝武帝“虽然让身边的寒人发挥了巨大作用……但国政的根本并没有依靠那些人。也就是说，孝武帝清楚存在至多能将这些人作为自己的部下这样的界限”，“我们可以看到，孝武帝很清楚他不得不重视士人”（第176页）。虽然这一点颇具启发性，但越智氏并没有做进一步的探讨。与孝武帝相

1. 越智重明《魏晋南朝の政治と社会》（前揭）所指出的如下这一点颇具启发性：“元嘉时代以二十七年为分水岭而大为改观。宋王朝为防止同年的北魏南下而耗尽国力，在此之后国势迅速衰败。以后的防范对策虽被视作理所当然，但在此时期，提振皇帝作为绝对统治者的尊严也成了该对策的一环。”（第392页）同氏《劉宋の官界における皇親》（《史淵》74，1957年）中也指出：“皇帝权力大致可以分为作为个人的皇帝权力和作为一个组织、机构的皇帝权力。武帝、（到元嘉二十六年为止的）文帝所拥有的强大皇帝权力，当然是两者相结合的。可以预想到，其衰退当然也是两者共同作用的结果。不过，当时急速衰退的是作为一种组织、机构的皇帝权力，孝武帝依然在中央政界拥有相当强大的个人的皇帝权力。……于是，孝武帝的亲政变成了一种带有浓厚的皇帝个人专制政治特征的亲政。”（第30—31页）

2.《宋の孝武帝とその時代》，收入《魏晋南北朝の人と社会》，研文出版，1985年。

同，被视作依靠恩幸寒人的明帝，在后废帝继承帝位之际，也任用袁粲（侨姓名族）、褚渊（侨姓名族）、刘勔（准皇族）、蔡兴宗（侨姓名族）、沈攸之（吴姓寒门武人）为顾命大臣，仍然没有选任恩幸寒人。这一事实充分表明《宋书》所强调的“恩幸寒人专权”可能未必是实际情况[1]，因此我们有必要探讨一下前废帝和后废帝即位最初时期的政治史。在下一节中，笔者特意选取《宋书》中记载丰富的前废帝时期的政治史，试图阐明刘宋政权的构造特质。

第三节　前废帝时期的政治史

本节将前废帝时期的政治史分为两个时期进行考察，即依靠前代孝武帝顾命之臣的辅政体制时期，以及前废帝自己凭借政变而开始的亲政时期。

一、辅政体制时期

大明八年（464）闰五月，孝武帝去世，在进入前废帝（当时16岁）时代的同时，朝廷根据孝武帝遗诏，成立了以皇族长老（孝武帝叔父）刘义恭为中心的辅政体制。据《宋书》卷六一《武三王·江夏王义恭传》所载，该遗诏内容如下：

> 义恭解尚书令，加中书监，柳元景领尚书令，入住城内。事无巨细，悉关二公。大事与沈庆之参决，若有军旅，可为总统。尚书中事委颜师伯，外监所统委王玄谟。

据此遗诏，义恭为中书监，柳元景（寒门武人）为尚书令总揽政务，沈庆之（吴姓寒门武人）在担任政务最高顾问职责的同时，又肩负在

1. 王铿《论南朝宋齐时期的“寒人典掌机要”》（《北京大学学报（哲学社会科学版）》1995年第1期）论证南朝寒人专权充其量不过是前废帝和后废帝即位当初所出现的特殊现象，并提出了对以往理解进行大幅修正的论点。然而，如果充分考虑到《宋书》的记述存在偏颇的话，那么就连王铿所谓的作为特例而存在的事例也应受到质疑。

有事之际统辖军事的重任，尚书省的政务，即通常的政务被委任于颜师伯（侨姓名族），外监所统辖禁军的指挥被委托给王玄谟（寒门武人）。然而，在此遗诏发布的四天后，孝武帝时废除的录尚书事制度就被恢复[1]，义恭被授予该职。录尚书事的恢复，应该说是意味着与孝武帝政治诀别的重大改变。

在以录尚书事义恭为首的辅政体制下，朝廷于六月发布了要求省并御府诸署的诏书。御府是掌管宫廷御用奢侈品制造的、孝武帝时期改组成立的官署，由此看来，这一措施也表明了与孝武帝政治的决裂。[2]这种政治路线在翌月以更为明确的形式宣布。《宋书》卷七《前废帝纪》"大明八年七月乙卯"条谓：

> 罢南北二驰道。孝建以来所改制度，还依元嘉。

这明确宣言要废除以南北二驰道为代表的孝武帝所创设的诸多制度，从而恢复文帝元嘉年间的制度。关于此事，《宋书》卷五七《蔡兴宗传》也称：

> 先是大明世，奢侈无度，多所造立，赋调烦严，征役过苦。至是发诏，悉皆削除，由此紫极殿、南北驰道之属，皆被毁坏，自孝建以来至大明末，凡诸制度，无或存者。兴宗于都坐慨然谓颜师伯曰："先帝虽非盛德主，要以道始终。三年无改，古典所贵。今殡宫始彻，山陵未远，而凡诸制度兴造，不论是非，一皆刊削。虽复禅代，亦不至尔。天下有识，当以此窥人。"师伯不能用。

1. 据《宋书》卷七《前废帝纪》，孝武帝之死在闰五月庚申，在那四天后的甲子日，录尚书事制度便得到恢复。

2.《宋书》卷七《前废帝纪》"大明八年六月辛未"条诏曰："御府诸署，事不须广，雕文篆刻，无施于今。悉宜并省，以酬氓愿。"关于御府在孝武帝时期的成立，《宋书》卷六《孝武帝纪》"大明四年十一月戊辰"条谓："改细作署令为左右御府令。"

这表明孝武帝的政治路线——尤其是颂扬皇帝威信的建设事业都被彻底地否定了。不过，《蔡兴宗传》的记载中称，蔡兴宗向颜师伯进谏说，对孝武帝政治的否定有些过度，对此，颜师伯未能采纳他的谏言，这意味着本应执掌一切通常政务的颜师伯，并不是前废帝初期政策的积极推行者。此则记载中虽然并未言及真正的政策推行者，但《宋书》卷九四《恩幸·戴法兴传》谓：

世祖崩，前废帝即位，法兴迁越骑校尉。时太宰江夏王义恭录尚书事，任同总己，而法兴、尚之执权日久，威行内外，义恭积相畏服，至是慑惮尤甚。废帝未亲万机，凡诏敕施为，悉决法兴之手，尚书中事无大小，专断之，颜师伯、义恭守空名而已。

而且，前揭《蔡兴宗传》记载的前文也称：

时义恭录尚书事，受遗辅政，阿衡幼主，而引身避事，政归近习。越骑校尉戴法兴、中书舍人巢尚之专制朝权，威行近远。兴宗职管九流，铨衡所寄，每至上朝，辄与令录以下，陈欲登贤进士之意，又箴规得失，博论朝政。义恭素性恇桡，阿顺法兴，常虑失旨，闻兴宗言，辄战惧无计。

这里指出戴法兴、巢尚之等人作为前代皇帝孝武帝的亲信，积极实行恩幸寒人专权，并说担任宰相的刘义恭、颜师伯等人不过是名义上的存在而已。

吕思勉《两晋南北朝史》对《宋书》的这种记述提出了不同见解，他注意到紧接着前揭《戴法兴传》有如下记载：

所爱幸阉人华愿儿有盛宠，赐与金帛无算，法兴常加裁减，愿儿甚恨之。帝常使愿儿出入市里，察听风谣，而道路之言，谓法兴为真天子，帝为赝天子。愿儿因此告帝曰："外间云宫中有两天子，官是一人，戴法兴是一人。官在深宫中，人物不相接，法兴与太宰、颜、柳一体，吸习往来，门客恒有数百，内外士庶，莫不畏服之。法兴是孝武左右，复久在宫闱，今将他人作一家，深恐此坐席非复官许。”

上述记载称，宦官华愿儿的发言提到戴法兴和刘义恭、颜师伯、柳元景等人是“一体”的关系，吕氏以该记载和后来赐死戴法兴后，前废帝很快又杀害了义恭等人为根据，指出义恭等人和戴法兴等人之间有着密切联系。[1]从后述《蔡兴宗传》的记载中也能看出，义恭等人与戴法兴等人之间有着密切关系这种情况本身并没有改变。可是，在上述记载的前半部分，前废帝宠爱的宦官华愿儿也强调了戴法兴的专权，而且从戴法兴在义恭等人之前就被赐死这一点出发，在承认他们具有“一体”关系为事实的基础上，也可以看出戴法兴曾握有主导权。所以，我们有必要探究这种“一体”关系的具体内容。前揭《蔡兴宗传》记述中紧接着的如下记载为此提供了线索。

时薛安都为散骑常侍、征虏将军、太子左率，殷恒为中庶子。兴宗先选安都为左卫将军，常侍如故，殷恒为黄门、领校。太宰嫌安都为多，欲单为左卫，兴宗曰:“率卫相去，唯阿之间。且已失征虏，非乃超越，复夺常侍，顿为降贬。若谓安都晚达微人，本宜裁抑，令名器不轻，宜有贯序。谨依选体，非私安都。”义恭曰:“若宫官宜加超授者，殷恒便应侍中，那得为黄门而已。”兴宗又曰:“中庶、侍中，相去实远。且安都作率十年，殷恒中庶百日，今又领校，不为少也。”使选令史颜袆之、薛庆先等往复论执，义恭然后署案。既中旨以安都为右卫，加给事中，由是大忤义恭及法兴等。

1.《两晋南北朝史》，开明书店，1948年，第410页（译者按：为便于读者查阅，现亦注明常见上海古籍出版社2005年版的页码，第363页，以下径称新版）。该书提醒人们注意，《宋书》的记述强调了前废帝的异常性格。正如吕思勉所指出的那样，对于宋齐时代频出不良少年型天子的相关记述，我们不能直接当作事实来接受。

这里围绕散骑常侍、征虏将军、太子左卫率薛安都（寒门武人）的提拔人事工作，叙述了吏部尚书蔡兴宗和录尚书事刘义恭之间的激烈对立。[1]在上述记载前的记述（前引）中，描述了蔡兴宗和戴法兴之间的对立是主要的，刘义恭等人只不过是无法反对戴法兴而已，上述记载结尾也称“大忤义恭及法兴等”，义恭等人不过只是遵从戴法兴的意向。这些就是《宋书》的叙述所阐释的内容。然而，第一，上述记载中的刘义恭似乎是主动且积极地与蔡兴宗争论的。第二，这次争论是围绕“宫官”即前废帝在皇太子时代的东宫官员的待遇问题而展开的，从中可以看到存在义恭等先帝旧臣势力和蔡兴宗等新兴势力之间的对立。将蔡兴宗看作积极地加入前废帝派可能不大合适，但我们完全可以认为，新任吏部尚书蔡兴宗开展的人事工作是与东宫官相关的，这件事会格外地刺激到义恭等旧臣势力，很有可能招致他们的过度反应。从这第二点来看，义恭并不只是遵从戴法兴的意向，而应被视作主动地参与了此次人事问题。[2]实际上，虽然《蔡兴宗传》进一步记述了后来义恭等人要把蔡兴宗调到地方时，遭到蔡兴宗执拗反抗之事，但这

---

1. 太子左卫率在东宫府，与左卫将军相当，太子中庶子又与侍中相当。义恭的发言就是基于这一点。与此同时，虽然太子左卫率与太子中庶子都是五品，但左卫将军是四品，侍中为三品。根据这一点，蔡兴宗的发言称太子左卫率与左卫将军间的差距较小，而太子中庶子与侍中间的差距则过大。所谓的梁十八班是根据宋齐时代的实际情况而制定的，即便从这一点来看，从十一班第五位的太子左卫率到十二班第三位的左卫将军间的距离，也比十一班第十一位的太子中庶子与十二班第一位的侍中间的距离要小得多。但是，黄门侍郎为五品，让其领职四品校尉是蔡兴宗的看法，而义恭则拘泥于黄门侍郎的低微。就十八班而言，相对于十一班的太子中庶子，黄门侍郎看上去像是降到了十班，但黄门侍郎为十班的第一位，让其领职七班的第一位校尉也不是不好的条件。薛安都最终从左卫将军降级为右卫将军，加官散骑常侍（三品、十二班）也被降为给事中（五品、四班）。尤其是加官的大幅下降，可以说反映了义恭等人的不快。另外，关于这种官职的组合，参见岡部毅史：《晋南朝の免官について》，《東方学》101，2001年。
2. 另外，对于《宋书》记载的恩幸寒人不当介入吏部人事工作，窪添慶文《国家と政治》（收入《魏晋南北朝官僚制研究》，汲古书院，2003年；中译本见《国家与政治》，收入《魏晋南北朝官僚制研究》，赵立新等译，复旦大学出版社，2017年）注23称：“对于这个问题，中村圭爾谈到，宋、齐时期，相较于侍中，寒人更多地通过给事中或散骑的职务来修正上奏。换句话说，寒人不是在制度的架构外活动，而是制度性地参与决定政策的过程。”（第385页；中译本第336页注3）这里从与本章不同的角度指出《宋书》的记述存在偏颇。即便从这种观点来看，《宋书》也过度强调了恩幸寒人活动的不当性，这与本章的趣旨一致。

里义恭的态度为“大怒”，是最为强硬的。此次蔡兴宗的调任问题，发展到了将蔡兴宗左迁为新昌太守（交州所属）的地步。《蔡兴宗传》对当时的情况记载如下：

> 朝廷莫不嗟骇。先是，兴宗纳何后寺尼智妃为妾，姿貌甚美，有名京师，迎车已去，而师伯密遣人诱之，潜往载取，兴宗迎人不觉。及兴宗被徙，论者并云由师伯，师伯甚病之。法兴等既不欲以徙大臣为名，师伯又欲止息物议，由此停行。

我们可以看到，与其说是戴法兴等人专权，倒不如说是颜师伯和戴法兴等人保持着各自的独立性，而结成“一体”关系才是实情。当然，在这种“一体”关系中，虽然无法否定戴法兴在某种程度上占据主导作用的可能性，但正如第一节所述，沈约《宋书》是从尖锐批判恩幸寒人的专权这种观点来叙述的。从这一观点来看，沈约过度强调戴法兴的作用几乎是毫无疑问的。

如上所述，即便无法否定在辅政体制之下，戴法兴等人在某种程度上有行使突出影响力的可能性，但义恭等辅政大臣与戴法兴等恩幸寒人联合起来推动了前废帝前半期的政治这一事实本身并没有改变。然而，这一辅政集团并非完全坚如磐石也是事实，这一点需要注意。《南史》卷一六《王玄谟传》谓：

> 时朝政多门，玄谟以严直不容，徙青、冀二州刺史，加都督。

这里叙述了王玄谟从辅政体制的构成成员中脱离的情况。据《宋书·前废帝纪》，这是大明八年八月的事情。一方面，王玄谟被排挤走，而另一方面，在同年十二月，尚书右仆射颜师伯升任尚书仆射，领负责首都行政的丹阳尹之职，其权势进一步强化。

如上所述，在前废帝即位当初的大明八年阶段，由义恭、柳元景、颜师伯、戴法兴等人所构成的孝武帝时代政权中枢的势力，在淡化孝武帝色彩的方向上探索着政治革新。作为孝武帝政治的核心人物，他们并没有坚守孝武帝的政治路线，反而转向革新，这应是考虑到官僚阶层的舆论强烈要求政治革新的结果。[1]可是，尽管有这场政治革新，但政权的基础仍不稳定。《宋书》卷七《前废帝纪》“大明八年”条的结尾称：

> 去岁及是岁，东诸郡大旱，甚者米一升数百，京邑亦至百余，饿死者十有六七。孝建以来，又立钱署铸钱，百姓因此盗铸，钱转伪小，商货不行。

这里特意写到，作为朝廷经济基础的三吴地区发生旱灾，导致大饥荒，以及铸钱政策的失败致使商品与货币流转出现了混乱。

这样，义恭等人领导的政权在还没有达到确保政治稳定的情况下，就产生了前废帝与辅政大臣们之间的对立。这次对立最初的表面化体现是永光元年（465）八月戴法兴的失势（赐死）。前引《戴法兴传》中记载了其原因，说是戴法兴等人和前废帝宠爱的宦官华愿儿之间的对立；而同传后文中则记载了戴法兴死后，前废帝给巢尚之的敕文，谓：

> 吾纂承洪基，君临万国，推心勋旧，著于遐迩。不谓戴法兴恃遇负恩，专作威福，冒宪黩货，号令自由，积衅累愆，遂至于此。卿等忠勤在事，吾乃具悉，但道路之言，异同纷纠，非唯人情骇愕，亦玄象违度，委付之旨，良失本怀。吾今自亲览万机，留心庶事，卿等宜竭诚尽力，以副所期。

这里表明戴法兴失势的原因是前废帝自己希求亲政。实际上，前废帝攻击的矛头，不久便指向了辅政大臣。《宋书》卷七七《颜师伯

---

1. 岡崎文夫《魏晋南北朝通史　内編》（前揭）认为，“孝武帝的独断方针对于以世族为中心的官僚整体而言，都是令人反感的，这一点毋庸置疑。尤其是孝武帝有着肆无忌惮地愚弄朝臣的癖好，这是最会招致名流厌恶的”（第244页）。

传》谓：

> 废帝欲亲朝政，发诏转师伯为左仆射，加散骑常侍，以吏部尚书王景文为右仆射。夺其京尹，又分台任，师伯至是始惧。

颜师伯作为尚书仆射，有关行政中枢尚书省的一切政务都被委任于他，而且他还领职首都行政长官丹阳尹。不过，由于他升任左仆射，因此与新任右仆射王景文共同分担尚书省的政务，并且还被解除了丹阳尹一职，其实权被极大地削弱。据《宋书·前废帝纪》"永光元年八月"条，赐死戴法兴在辛酉（一日），提升颜师伯为左仆射在庚午（十日），然后在癸酉（十三日），前废帝便亲自断然发动了政变。《前废帝纪》谓：

> 帝自率宿卫兵，诛太宰江夏王义恭、尚书令骠骑大将军柳元景、尚书左仆射颜师伯、廷尉刘德愿，改元为景和元年。

前废帝亲自率领宿卫兵士，诛杀义恭、柳元景、颜师伯等辅政大臣。据说廷尉刘德愿因与柳元景关系要好也被诛杀。[1]关于此次政变，《宋书》卷七七《柳元景传》谓：

> 前废帝少有凶德，内不能平，杀戴法兴后，悖情转露，义恭、元景等忧惧无计，乃与师伯等谋废帝立义恭，日夜聚谋，而持疑不能速决。永光〔元〕年夏，元景迁使持节、督南豫之宣城诸军事、即本号开府仪同三司、南豫州刺史，侍中、令如故。未拜，发觉，帝亲率宿卫兵自出讨之。

这里虽然记载了辅政大臣一方也有拥立义恭的计划[2]，但此事原本就真

1.《宋书》卷四五《刘怀慎传附子德愿传》："永光中，为廷尉，与柳元景厚善。元景败，下狱诛。"
2.《宋书》卷六一《武三王·江夏王义恭传》亦谓："前废帝狂悖无道，义恭、元景等谋欲废立。永光元年八月，废帝率羽林兵于第害之，并其四子。"

伪难辨。

二、亲政体制时期

这次政变后，除前废帝之弟刘子尚（孝武帝第二子）领职尚书令外，已是引退之身的沈庆之被任命为太尉，调任青冀二州刺史的王玄谟被任命为领军将军。《宋书》卷七七《沈庆之传》称：

废帝狂悖无道，众并劝庆之废立，及柳元景等连谋，以告庆之。庆之与江夏王义恭素不厚，发其事，帝诛义恭、元景等，以庆之为侍中、太尉。

即使告发义恭等人的计划这一点真假不明，我们也可以看到，前废帝任用的都是元老，而且还是和义恭等人保持距离的人物。和义恭等人划清界限这一点，在王玄谟身上表现得更为明显。虽然元老中的沈庆之、王玄谟得到起用，但政变后得势的却是袁顗（侨姓名族）与徐爰（恩幸寒人）两人。《宋书》卷八四《袁顗传》说：

大明末，新安王子鸾以母嬖有盛宠，太子在东宫多过失，上微有废太子、立子鸾之意，从容颇言之。顗盛称太子好学，有日新之美。世祖又以沈庆之才用不多，言论颇相蚩毁，顗又陈庆之忠勤有干略，堪当重任。由是前废帝深感顗，庆之亦怀其德。景和元年，诛群公，欲引进顗，任以朝政，迁为吏部尚书。

这里描述了前废帝、袁顗、沈庆之的关系，叙述了政变后，袁顗被任命为吏部尚书的情况。紧随此则记载之后，《宋书》录有授予袁顗和徐爰封爵的诏书，谓：

宗社多故，衅因冢司，景命未沦，神祚再乂，自非忠谋密契，岂伊克殄。侍中祭酒、领前军将军、新除吏部尚书顗，游击将军、领著作郎、兼尚书左丞徐爰，诚心内款，参闻嘉策，匡赞之效，实监朕怀。宜甄茅社，以奖义概。觊可封新淦县子，爰可封吴平县子，食邑各五百户。

《宋书》卷九四《恩幸·徐爰传》称：

前废帝凶暴无道，殿省旧人，多见罪黜，唯爰巧于将迎，始终无迕。诛群公后，以爰为黄门侍郎、领射声校尉，著作如故。封吴平县子，食邑五百户。宠待隆密，群臣莫二。帝每出行，常与沈庆之、山阴公主同辇，爰亦预焉。

不过，在袁觊和徐爰两人中，关于袁觊，其本传谓：

俄而意趣乖异，宠待顿衰。始令觊与沈庆之、徐爰参知选事，寻复反以为罪，使有司纠奏，坐白衣领职。从幸湖熟，往反数日，不被唤召。

《袁觊传》称他很快就失去了前废帝的信赖。[1]

除了袁觊和徐爰以外，先前提到的薛安都也很重要。薛安都从永光元年开始担任前将军、兖州刺史，而在政变后的九月，他被任命为平北将军、徐州刺史。这是前废帝亲自率兵征讨担任平北将军、徐州刺史的叔父刘昶之际的人事安排，薛安都作为受到前废帝信赖的人物被起用。

明确表明政变后前废帝亲政体制特征的事件，是八月己丑（二十九日）恢复南北二驰道之举。这是回归孝武帝政治路线的体现，意味着施行各种政策以提高皇帝的威信。在恢复南北二驰道之前，前废帝还分别把石头城改称长乐宫、东府城改称未央宫、北邸改称建章

1. 吕思勉《两晋南北朝史》提出，此次政变是袁觊和徐爰两人密谋参与的（第413页，新版第366页）。而且，同书也对《宋书》关于袁觊不久就失去前废帝信赖的记述持有疑问（第414页，新版第366—367页）。不过，关于这一点并没有确凿的论据，所以本章暂从《宋书》。

宫、南第改称长杨宫，这也可以被解释为其政策的一环。九月行幸湖熟和瓜步也是同样的。

这种向孝武帝政治路线的回归，在官僚之间难以获得广泛支持，这一点从先前义恭等人否定孝武帝型政治的经过来看也是很明显的。事实上，政变后的体制完全缺乏稳定性，在十一月，就连沈庆之也被赐死，恐怖政治的形势愈演愈烈。叔父刘彧（后来的明帝）等诸王也被拘禁于宫中。至此，刘彧的亲信与前废帝的恩幸寒人开始计划发动政变。《宋书·前废帝纪》称：

> 太宗与左右阮佃夫、王道隆、李道儿密结帝左右寿寂之、姜产之等十一人，谋共废帝。

详细情况在《宋书》卷九四《恩幸·阮佃夫传》中有所记载。据此可知，政变首先是由刘彧的近臣阮佃夫、王道隆、李道儿与前废帝的近臣淳于文祖所计划的。除此之外，直阁将军柳光世（柳元景堂弟）与前废帝的近臣缪法盛、周登之也有密谋，但他们并未确定在成功后拥戴谁为皇帝。周登之是刘彧的熟人，两个集团通过周登之联合起来。前废帝在十一月册立皇后之际，临时召集诸王的宦官，刘彧的宦官钱蓝生也在其中，因为立后之事结束后还被留在前废帝身边，所以钱蓝生可以探得前废帝的动静，通过淳于文祖把情报传给阮佃夫。十一月二十九日，前废帝出幸华林园，叔父刘休仁、刘休祐与山阴公主随行。当阮佃夫告知外监典事朱幼、主衣寿寂之、细铠主姜产之，姜产之告诉部下细铠将王敬则，朱幼又告知中书舍人戴明宝后，大家都对此事做出了响应。钱蓝生悄悄地把计划告诉了刘休仁等人。当时，前废帝正计划征讨其弟刘子勋，前废帝的心腹直阁将军宗越等人为置备军装而正在外出中。虽然有队主樊僧整负责华林阁的防卫，但因此人是柳光世的同乡，柳光世一邀请，他便立刻答应了对方。姜产之又叫了队副聂庆及其手下的壮士富灵符、俞道龙、宋逵之、田嗣，全员于聂庆值班的建筑物集合。计划当夜就付诸实施，前废帝被杀死。以上是《阮佃夫传》所记述的直到政变前的情况，是前废帝的侧近与刘彧心腹中的极少数人计划实施的。

不过，在《宋书》卷五七《蔡兴宗传》中，记述有与这些侧近寒人政变计划完全不同的、蔡兴宗的政变计划。据此，辅政体制下失势的蔡兴宗在前废帝亲政时重任吏部尚书，反而做出了发动太尉沈庆之、领军将军王玄谟、右卫将军刘道隆三人谋杀前废帝的行动。虽然这三人都认可蔡兴宗意见的正当性，但并没有行动起来。关于在阮佃夫等人发动政变之际蔡兴宗的动静，《蔡兴宗传》中全然没有提及。正因为阮佃夫等人的政变是在宫廷内秘密实行的计划，所以很难探究蔡兴宗的行动与政变之间的直接关系。[1]不过，《蔡兴宗传》的记述表明前废帝的亲政使其失去了有势力官僚的支持这一点准确无误。正如祝总斌《从〈宋书·蔡兴宗传〉看封建王朝的"废昏立明"》[2]所指出的那样，我们可以看出，即使是皇帝权力，也是无法孤立于其支持基础而存在的。

最终，前废帝陷入孤立，遭到杀害，宫廷政变的结果是刘彧被拥立为帝（明帝）。然而，明帝的即位也没有使得政局安定。明帝政权与拥立前废帝之弟（孝武帝第三子）刘子勋的势力之间经历了持续一年的激烈内战，才总算得以确保大致的安定。

以上考察了前废帝时期的政治史。以义恭为首的辅政体制，促使其前半期从孝武帝型政治中摆脱出来，虽然这是在考虑官僚舆论后所进行的，但并不能说是获得了官僚阶层的广泛支持——例如蔡兴宗对此的批判与王玄谟的从中脱离。而且，饥馑和铸钱政策的失败所引发的经济混乱也成为政权稳定的障碍。虽然在这样的情况下，希望亲政的前废帝所发动的政变得以成功，但就像袁觊的离开所反映出来的，前废帝亲政体制也无法充分地集结反对辅政体制的官僚阶层。前废帝身陷孤立，这种不安和焦躁使他走向恐怖政治，最终

1. 吕思勉《两晋南北朝史》认为"蔡兴宗历说沈庆之、王玄谟、刘道隆，皆欲借重于兵力，逮三人皆不见听，乃不得已而用寿寂之等，为铤而走险之计，其成亦幸矣"（第420页，新版第372页），但并没有论据。

2.《从〈宋书·蔡兴宗传〉看封建王朝的"废昏立明"》，《北京大学学报（哲学社会科学版）》1987年第2期。

导致宫廷政变。

致使政局不稳的主要原因，首先是皇位的不稳定。正如上一节所确认的那样，原本刘宋皇帝不过是皇族中的最高权威而已。前废帝在后半期迈向恐怖政治，也与这种皇位的不稳定性互为表里关系。其次是官僚之间的党争。这并不是围绕恩幸寒人专权的对立，也未见到“恩幸寒人VS贵族”的模式，对立党派的双方都包括贵族，寒门、寒人等各阶层出身之人。而且，若比较前半期的辅政体制与后半期的亲政体制的话，虽然能看出官僚阶层对于孝武帝型提高皇帝威信的政策的态度有所不同，但围绕是否赞成孝武帝型政治，官僚阶层并没有分裂。既然这样，那么党争的主要原因是什么呢？官僚间的党争本身就是任何时期都能看到的现象，不过，与东晋时代的党争相比，在刘宋时代，寒门、寒人阶层的显著兴起对此产生了影响。虽然寒门、寒人阶层并没有集结成一个统一的政治势力，但在皇族的叛乱等事件中，他们经常发挥积极作用[1]，政界中寒门、寒人阶层的影响力增大，也确实起到了加剧党争的作用。相对的，在《宋书》中，如果排除蔡兴宗等[2]，几乎见不到名族出身的官僚的政治活动。《宋书》将刘宋后半期政局不稳的责任主要归于皇帝和恩幸寒人，从该基本观点来看，这也是理所应当的结果，并不意味着名族出身的官僚就置身于党争之外。总之，毋庸置疑的是，把握包括名族出身者在内的官僚之间党争的整体情况是困难的，我们可以描绘出这样一种刘宋政治史模式，即官僚之间的党争与皇位的不稳定起着相互促进作用，从而导致了政局的不稳。

---

1. 安田二郎：《晋安王劉子勛の反乱と豪族·土豪層》《元嘉時代政治史試論》，均收入前揭《六朝政治史の研究》。

2. 虽然蔡兴宗在《宋书》中被描绘成士大夫的理想形象，但这也可以认为是受到了蔡兴宗为沈约恩人的影响。关于沈约和蔡兴宗的关系，参见吉川忠夫：《沈約の伝記と生活》，收入《六朝精神史研究》，同朋舍，1984年（中译本见《沈约的传记与生活》，收入《六朝精神史研究》，王启发译，江苏人民出版社，2010年）。此外，虽然稀代麻也子《蔡興宗像の構築—袁粲像との比較を通して—》（收入《『宋書』のなかの沈約—生きるということ—》，汲古书院，2004年）与本章的关注点不同，但阐述了沈约“把蔡兴宗描绘成自己所憧憬的悠悠生活方式的具体形象”（第149页），这一点也对我们有所助益。

结　语

刘宋的皇帝不过是皇族中的最高权威而已，以往研究中强调的所谓皇帝权力的强化，准确地说应是为确立皇帝权力所做的努力。在刘宋前半期，其方式是为了达成北伐——收复中原的伟大目标，而朝着集结官僚支持的方向努力。与此相对，孝武帝以降便已经不再设定宏大目标，一边削弱官僚势力，一边局限在以在皇帝与官僚之间设置绝对等级差距为目的而完善礼制的方向上行动。[1]这种不稳定的皇帝权力，以及不断重复党争的官僚阶层的动向，导致了刘宋王朝的政局不稳。《宋书》中可以看到用“皇帝、恩幸寒人VS贵族”的模式来解释政局不稳原因的意图。本章在注意到《宋书》是在这种意图下撰写的同时，努力分析《宋书》，最终得出了上述模式难以说是掌握了实情的结论。皇帝权力与官僚阶层（包括贵族，寒门、寒人出身者）在整体上倒不如说是一体的，皇帝地位的不稳定促使官僚党争，同时官僚的党争又影响到了皇位的不稳定。我认为，以这种相互作用来解释，是把握刘宋政权构造特质的有效方法。[2]

---

1. 孝武帝时期禁止虎贲班剑的入殿即是其中一例。参见石井仁：《虎賁班剣考—漢六朝の恩賜·殊禮と故事—》,《東洋史研究》59-4，2001年。
2. 这种刘宋政权的构造与甘怀真《中国中古士族与国家的关系》(《新史学》2-3，1991年）所分析的六朝隋唐时期皇帝与士族之间关系的基本状态一致。甘怀真认为：“皇权只要能够转化成士族集体性的象征，成为士族行使政治权力的法源，并作为维护士族集体性的仲裁者，就能得到士族的支持。就皇帝本人而言，由于他没有办法完全控制官僚组织，所以个人的权力相对的被削弱，并受到士族的制衡。但士族在行使权力时，仍是用皇权的名义，更进一步说，仍是诉诸皇帝的意志。整个士族政治的时期，都没有创造出其他的法源与政体。代表国家官僚组织的皇权，在中古时期，得以继续发展。”（第113页）如果把这里所谓的“士族”换成本章中的官僚来理解的话，那么的确可以说刘宋的皇帝权力最终也无法真正成为士族集团的象征。

第七章

唐寓之之乱与士大夫

前　言

南齐永明三年（485）冬，在浙江（钱塘江）西岸发生的唐寓之之乱，于翌年正月被镇压。有关此次叛乱的专论较少，管见所及，仅有赖家度《南朝唐寓之所领导的农民起义》（收入《中国农民起义论集》，生活·读书·新知三联书店，1958年）与朱大渭《关于唐寓之起兵的性质》（收入《六朝史论》，中华书局，1998年）可供参考。赖家度从被称为“白贼”的唐寓之之乱的参加者入手[1]，认为这次叛乱是由登记在白籍上的“自由”农民所发动的农民起义。赖氏将“白贼”与白籍相结合的说法，是在对白籍误解的基础上所形成的，这一点朱大渭已经指出，即白籍是东晋时代所实行的侨民的临时户籍，与“白贼”无关，“白贼”的白一般是指没有官爵的庶民，其中不仅有农民，也包括庶族地主（第175页）。朱氏则提出了这样的见解，认为唐寓之之乱的参加者主要是庶族地主，这次叛乱是士族地主与庶族地主之间围绕财产与权力的再分配而进行的斗争，它既不是农民起义，也不是农民战争。[2]因为以往的研究都聚焦于叛乱的中坚力量是农民还是庶族地主这一点，所以本章首先探索叛乱的经过，考察有关核心人物的问题，继而选取作为此次叛乱背景的户籍检查政策，以及当时的皇族和官僚等

1.《南齐书》卷五六《幸臣·刘系宗传》中谓“白贼唐寓之”。

2. 唐寓之之乱不是农民起义的说法早就见于范文澜《中国通史》第二册（人民出版社，1978年，第497页）。而且，王仲荦《魏晋南北朝史》上册（上海人民出版社，1979年）虽然在将“白贼”与白籍相联系这一点上和赖家度相同，但将白籍视作侨民的户籍，把唐寓之之乱看作侨民叛乱（第436页）。朱大渭说虽是独创的见解，但对于“白贼”的理解较为妥当。与此同时，韩国磐《魏晋南北朝史纲》（人民出版社，1983年）认为，虽然叛乱中也有庶族地主参加，但更应重视多数贫苦农民也参与其中，它仍旧应被视作农民起义（第385—386页）。刘精诚《两晋南北朝史话》（中国青年出版社，1993年）也将这次叛乱作为农民起义来叙述（第125页）。此外，中国所使用的士族地主大致相当于日本所使用的贵族，是在政界拥有势力并享有免役等特权的地主；庶族地主则是进入政界较晚的地方豪族与新兴地主。关于以这种地主制度为前提的中国士族制度研究的情况，参见中村圭爾：《六朝貴族制研究》，风间书房，1987年，第25—30页。

所谓士大夫[1]对于该政策的议论，进一步考察详细记录这些议论的萧子显《南齐书》的立场，试图究明南朝政治、社会中士大夫——贵族阶层的作用。

第一节　唐寓之之乱的始末

有关唐寓之之乱最为详细的记录见于《南齐书》卷四四《沈文季传》。[2]据此，让我们从唐寓之之乱发生的过程来开始讨论。

永明四年，朝廷发布命令将吴郡太守沈文季调任为会稽太守，而叛乱就爆发于他调离之前。本传谓：

> 是时连年检籍，百姓怨望。富阳人唐寓之侨居桐庐，父祖相传图墓为业。寓之自云其家墓有王气，山中得金印，转相诳惑。三年冬，寓之聚党四百人，于新城水断商旅，党与分布近县。新城令陆赤奋、桐庐令王天愍弃县走。寓之向富阳，抄略人民，县令何洵告鱼浦子逻主从系公，发鱼浦村男丁防县。永兴遣西陵戍主夏侯昙羡率将吏及戍左右埭界人起兵赴救。寓之遂陷富阳。会稽郡丞张思祖遣台使孔矜、王万岁、张繇等配以器仗将吏白丁，防卫永兴等十属。文季亦遣器仗将吏救援钱塘。寓之至钱塘，钱塘令刘彪、戍主聂僧贵

1. 就像谷川道雄《中国中世社会と共同体》（国书刊行会，1976年；中译本见《中国中世社会与共同体》，马彪译，中华书局，2004年）所指出的那样，六朝贵族的“学问本身是以在中国社会建立道德共同体世界为目标，不断积累而形成的。作为这种学问与现实社会的媒介的，即士大夫，也就是当时的贵族”（第109页；中译本第99页），当时的士大夫大致相当于贵族阶层。据村上哲見《文人·士大夫·讀書人》（收入《中国文人論》，汲古书院，1994年），士大夫的必要条件是“对天下国家经营的使命感”，与“为实现此使命必要的聪明文雅或是人文教养”（第35页）。士大夫不过是山田勝芳所谓的“非专门性的有教养者”（《中国古代の士人·庶人関係》，《中国社会における士人庶民関係の総合研究》科研费报告书，1991年，第7页）。这种人文教养的承担者在六朝主要是贵族，实际工作所必需的法令和政府文书相关的非士大夫知识则主要由新兴豪族和商人等所谓的寒人来承担。
2. 张泽咸、朱大渭编《魏晋南北朝农民战争史料汇编》上册（中华书局，1980年）收集有唐寓之之乱的相关史料（第394—401页）。

> 遣队主张玗于小山拒之，力不敌，战败。寓之进抑〔柳〕[1]浦登岸，焚郭邑，彪弃县走。文季又发吴、嘉兴、海盐、盐官民丁救之。贼分兵出诸县，盐官令萧元蔚、诸暨令陵琚之并逃走，余杭令乐琰战败乃奔。

整理上述记载，大致如下所述：① 叛乱的背景包括对户籍检查不满的高涨。② 唐寓之虽是吴郡富阳县人，但侨居于同郡的桐庐县，作为所谓的风水先生，利用风水说而召集同伙。[2]③ 叛乱军四百人，首先在吴郡新城县阻截往来浙江的商船，并占领新城县与桐庐县[3]，两县的县令也都逃走了。④ 叛乱军从浙江而下，前往富阳县，富阳县令采取防御对策，西陵戍主也从浙江东岸的永兴县（会稽郡）前来救援，但富阳县还是被叛乱军所占领。⑤ 会稽郡制定永兴等十县的防卫体制，吴郡太守沈文季也采取了救援钱塘县的措施。⑥ 因为叛乱军一到钱塘，就突破小山的防线，从柳浦登陆，在市区放火，所以县令便逃跑了。⑦ 虽然沈文季征发吴、嘉兴、海盐、盐官诸县民丁前去救援钱塘，但叛乱军从钱塘出击邻县，并占领了盐官县（吴郡）、诸暨县（会稽郡）、余杭县（吴兴郡）。此时盐官、诸暨的县令已不战而逃，余杭县令战败后逃走。这里叙述了包括钱塘县在内的浙江西岸一带和浙江东岸一部分地区（诸暨县）被叛乱方占领的经过，特别是明确记载了各个县令采取了怎样的应对措施。这是因为此处大概是根据御史台为追究各县令责任所作调查报告而写的。[4]这里值得注意的有如下两点：第一，叛乱的首谋者唐寓之乃是风水先生。第二，叛乱军首先截断往来浙江的商船，从浙江而下，占领富阳、钱塘县，后从柳浦登陆，由

---

1. 这里据阙维民《六朝钱塘　治设柳浦——六朝钱塘县聚落的地理分布》（收入《南北朝前古杭州》，浙江人民出版社，1992年）第363页改“抑”为“柳”。
2. 关于浙江地区的风水，尤其是“相墓”的流行，参见王志邦：《六朝浙江东、西地区的墓葬》，收入《六朝江东史论》，中国青年出版社，1989年，第146页。
3. 新城县、桐庐县都位于浙江西岸。在浙江西岸的河口有钱塘县，从此往上游则有富阳、新城、桐庐，四县依此顺序相接邻，均为吴郡属县。
4. 在关于叛乱记载的结尾，引用了御史中丞徐孝嗣弹劾郡县长官应对叛乱不当的上奏，也可以证明这种推测。

此可以清楚地看出，他们以船作为主要移动工具。[1]从这些来看，至少可以认为作为叛乱中坚力量的乃是风水先生和水上劳动者等非农民。[2]即使有因户籍检查而遭受损失的“庶族地主”和农民的响应，笔者也对于将叛乱定义为“农民起义”或是“庶族地主”与“士族地主”的斗争持保留态度。从唐寓之组建的政府构成来看，其中也未见农民或是地主政府的要素。关于唐寓之政府，紧接前引内容的记载称：

> 是春，寓之于钱塘僭号，置太子，以新城戍为天子宫，县廨为太子宫。弟绍之为扬州刺史。钱塘富人柯隆为尚书仆射、中书舍人、领太官令。献铤数千口为寓之作仗，加领尚方令。

永明四年正月，唐寓之在钱塘即位，立皇太子，以钱塘县的新城戍为天子宫殿，以钱塘县官署为东宫。[3]而且，他任命弟绍之为扬州刺史，钱塘富人柯隆为尚书仆射、中书舍人、领太官令，当柯隆提供铁料制

1. 小岩井弘光《宋代銭塘江流域の交通について》(《東北大学東洋史論集》1，1984年）论证了宋代以后该地域的交通是水路比陆路的利用率高，可以认为这种情况在南朝也是同样的。
2. 宫崎市定《大唐帝国》(河出书房“世界的历史”七，1968年）把东晋末期的孙恩、卢循叛乱作为“水上劳动者的叛乱”来叙述（第186—188页），这一点在考察唐寓之之乱时也颇具启发性。另外，川勝義雄《中国前期の異端運動》(收入《中国人の歴史意識》，平凡社选书，1986年）也指出“水上生活者”是“孙恩、卢循的巨大支持基础”(第160页），而且藤間生大《東晋時代の反乱》(《熊本商大論集》27-1，1980年）注意到“孙恩、卢循的叛乱是韧性很强的战斗”，认为“即使有一部分人从事着农业，也必须要考虑到从事渔业的渔民和与商船有关的船夫的存在”(第73页）。在考虑孙恩、卢循之乱和唐寓之之乱的时候，确实不能无视船夫与渔民等非农民的存在。網野善彦《增補　無緣·公界·楽》(平凡社选书，1987年）也提出了一种非常富有启发性的观点，即“在日本历史上，非农民之中人数最多的、足以发挥和农民相匹敌的历史作用的无疑是海民（渔民、盐民、从事水上运输的人们，等等）”(第197页）。
3. 在宫川尚志《南北朝の軍主·隊主·戍主等について》(收入《六朝史研究　政治·社会篇》，日本学术振兴会，1956年）中，认为“以新城戍为宫，以新城县廨为太子宫”(第587页），将新城戍与新城县结合起来考虑，但《南史》卷七七《恩幸·茹法亮传》中称“以新城戍为伪宫，以钱塘县为伪太子宫”，明确记载着县廨为钱塘县的建筑。据阙维民的考证，此新城戍乃是位于钱塘县的戍之名称（前揭《南北朝前古杭州》，第364—365页），本章遵从这种观点。

造武器之后，便让他领职作为武器工厂监督官的尚方令。柯隆可以被视为叛乱军的重要资金提供者，他领职掌管宫廷财务的太官令也表明了这一点，除此之外，从他还担任可以称之为宰相的尚书仆射本官，兼任皇帝的秘书中书舍人之职来看，叛乱军缺乏组建政府所必需的人才——具备行政事务所需知识的人。在这一点上，可以说并没有看到所谓“庶族地主”阶层的广泛集结。不仅如此，资金的提供和叛乱军政府的事务也都由“富人”柯隆一手负责，从他提供大量铁料来看，可以将其视为商人，从政府的构成来看，也显现出非农民所主导的叛乱的特性。

唐寓之即位后，叛乱也达到巅峰，从浙江逆流而上的位于东岸的东阳郡也落入叛乱军之手，东阳太守萧崇之与东阳郡郡治长山县的县令刘国重最终战死。叛乱方再次以占领太守不在的会稽郡（郡治山阴县）为目标进军，但途中在浦阳江遭遇首次大败。收到叛乱消息的朝廷也派出“禁兵数千人，马数百匹”，官军一抵达钱塘就与之一战，叛乱军战败，唐寓之被斩杀，叛乱就此结束。然而，在叛乱平息之际，官军对一般民众的掠夺行为又成为问题，甚至发展到要处死武帝之宠将陈天福的地步。而且，叛乱之际应对拙劣的郡、县长官也被御史中丞所弹劾，叛乱之际不战而逃的盐官县令萧元蔚等人还被罢免。

以上便是从《沈文季传》中得知的叛乱大致经过。可见，作为叛乱中坚力量的既不是农民也不是地主，而是风水先生、水上劳动者和商人等非农民。与此同时，正如以往的研究所重视的那样，对户籍检查政策的不满是叛乱扩大的背景，这也是事实。《南史》卷七七《恩幸·茹法亮传》谓：

> 三吴却籍者奔之，众至三万。

这里所见的“众三万”之中，可能也包括农民与新兴豪族。关于南齐王朝所推行的户籍检查政策，因为也有从休养民力的立场要求缓和的意见，所以我们将在下一节对围绕户籍检查的记述进行考察。

第二节　南齐武帝政权的户籍检查政策与民力休养论

刘宋末期，财政已经濒临崩溃。对于南齐的初代皇帝高帝（萧道成）而言，重新整顿财政十分迫切[1]，为此，他首先要在户籍记载的整顿上找到解决问题的头绪。即位之后，他便立刻命黄门郎虞玩之和骁骑将军傅坚意揭发户籍记载的舞弊行为。建元二年（480），他发布如下诏书，说明户籍记载中的舞弊现状，向朝臣们咨询相应对策（《南齐书》卷三四《虞玩之传》）。

> 黄籍，民之大纪，国之治端。自顷氓俗巧伪，为日已久，至乃窃注爵位，盗易年月，增损三状，贸袭万端。或户存而文书已绝，或人在而反托死叛，停私而云隶役，身强而称六疾。编户齐家，少不如此。皆政之巨蠹，教之深疵。比年虽却籍改书，终无得实。若约之以刑，则民伪已远。若绥之以德，则胜残未易。卿诸贤并深明治体，可各献嘉谋，以振浇化。又台坊访募，此制不近，优刻素定，闲剧有常。宋元嘉以前，兹役恒满，大明以后，乐补稍绝。或缘寇难频起，军荫易多，民庶从利，投坊者寡。然国经未变，朝纪恒存，相揆而言，隆替何速。此急病之洪源，晷景之切患，以何科算，革斯弊邪？

所谓户籍记载中的舞弊行为，具体而言，首先是指记载现实中不存在的官爵，更改授任官爵的年月，从而获得免除力役的特权，这种更改是针对三状（应是有关父、祖、曾祖官爵的记录[2]）而进行的。其次，还

1. 在刘宋末期，尚书右丞虞玩之对当时的财政机构做出了详细的报告（《宋书》卷九《后废帝纪》“元徽四年五月乙未”条）。虞玩之作为财务官僚的本领被当时已经掌握实权的萧道成所期待。如后所述，南齐成立后，他便开始从事户籍检查。参见拙稿《南朝財政機構の発展について》，《文化》49-3·4，1986年，第56、64页。

2. 参见池田温：《中国古代籍帳研究—概観·録文—》，东京大学出版会，1979年，第29—32页（中译本见《中国古代籍帐研究》，龚泽铣译，中华书局，2007年，第44—47页）。关于三状，池田氏提出是“父、祖、曾祖三代的资状”（第32页；中译本第47页）的见解，（转下页）

列举出将户的记载全部抹除，某人明明存在却称死亡或是逃亡，明明在私家劳作却说在从事力役，明明健康却称有病在身的事例。对于这些舞弊行为，虽然朝廷采取了“却籍”（返回本县）更正的措施[1]，但因为完全没有成效，所以希望臣下可以陈述良策。以上是诏书的前半部分，后半部分则征求了军勋获得者激增而导致“台坊”之役[2]应征者不足的对策。作为对此询问的回答，虞玩之是这样上表的：

> 宋元嘉二十七年八条取人，孝建元年书籍，众巧之所始也。……今陛下日旰忘食，未明求衣，诏逮幽愚，谨陈妄说。古之共治天下，唯良二千石，今欲求治取正，其在勤明令长。凡受籍，县不加检合，但封送州，州检得实，方却归县。吏贪其赂，民肆其奸，奸弥深而却弥多，赂愈厚而答愈缓。自

（接上页）虽然本章也遵从了池田说，但这一问题仍有诸多说法。宋昌斌《中国古代户籍制度史稿》（三秦出版社，1991年）与池田说法相同，而周一良《虞玩之传诏书及表文》（《魏晋南北朝史札记》，中华书局，1985年）则提出是指“祖、父及自身之记录”的见解（第246页）。增村宏《黄白籍の新研究》（《東洋史研究》2-4，1937年）认为是“父祖伯叔兄弟的资状”（第32页），越智重明《魏晋南朝の貴族制》（研文出版，1982年）也采纳增村说（第296页）。关于户籍的记载事项，中村圭爾《南朝戸籍に関する二問題》（收入《六朝江南地域史研究》，汲古书院，2006年）是这样说明的：“就士族而言，有引用附带祖、父、自己的官职与任免年月、干支的诏书，还包括乡论清议关系的情况。”（第586页）他采取和周一良相同的见解。

1. 前揭中村圭爾：《南朝戸籍に関する研究二問題》，第584页。
2. 参见濱口重國：《魏晋南朝の兵戸制度の研究》，收入《秦漢隋唐史の研究》上卷，东京大学出版会，1966年，第409—410页。濱口氏认为“虽然台坊（都城建康的各坊）诸吏役从以前开始就是募集制，直到宋元嘉年间为止，应征者都常处于饱和状态，但从大明年间开始，志愿者就变得很少，从而无法应对坊内的事务杂役”。越智重明《魏晋南朝の貴族制》（前揭）也将台坊注为“中央的各坊”（第297页），正是根据濱口氏的解释。对此，周一良《虞玩之传诏书及表文》（前揭）将台坊解释为“皇帝禁军羽林部队”，认为“盖为人乐于参加地方军队，因其易于在战争中立功，获得军荫，而不愿在羽林近卫军中服役”（第247页）。通过《宋书》卷九《后废帝纪》“元徽四年五月乙未”条中尚书右丞虞玩之上表所谓的“二卫台坊人力，五不余一”，可以得知禁卫左右卫与台坊的关联，所以于左右卫的指挥下在中央各政府机关从事的警备等吏役就是“台坊”之役。此外，“坊”如周一良氏所指出的那样，有“军士编制单位”和“军营”的意思，但也像宫崎市定《漢代の里制と唐代の坊制》（收入《宫崎市定全集7　六朝》，岩波书店，1992年）所说明的那样，有指代政府机构的建筑物及其周围墙垣的例子（第95页），所以这里并不限于“军营”，也可将“台坊”解释为中央的各政府机关。

泰始三年至元徽四年，扬州等九郡四号黄籍，共却七万一千余户。于今十一年矣。而所正者犹未四万。神州奥区，尚或如此，江、湘诸部，倍不可念。愚谓宜以元嘉二十七年籍为正。民惰法既久，今建元元年书籍，宜更立明科，一听首悔，迷而不反，依制必戮。使官长审自检校，必令明洗，然后上州，永以为正。若有虚昧，州县同咎。今户口多少，不减元嘉，而板籍顿阙，弊亦有以。自孝建已来，入勋者众，其中操干戈卫社稷者，三分殆无一焉。勋簿所领，而诈注辞籍，浮游世要，非官长所拘录，复为不少。寻苏峻平后，庾亮就温峤求勋簿，而峤不与，以为陶侃所上，多非实录。寻物之怀私，无世不有，宋末落纽，此巧尤多。又将位既众，举恤为禄，实润甚微，而人领数万，如此二条，天下合役之身，已据其太半矣。又有改注籍状，诈入仕流，昔为人役者，今反役人。又生不长发，便谓为道人，填街溢巷，是处皆然。或抱子并居，竟不编户，迁徙去来，公违土断。属役无满，流亡不归。宁丧终身，疾病长卧。法令必行，自然竞反。又四镇戍将，有名寡实，随才〔身〕[1]部曲，无辨勇懦，署位借给，巫媪比肩，弥山满海，皆是私役。行货求位，其涂甚易，募役卑剧，何为投补。坊吏之所以尽，百里之所以单也。今但使募制明信，满复有期，民无迳路，则坊可立表而盈矣。为治不患无制，患在不行，不患不行，患在不久。

有关检举户籍记载的舞弊这一问题，虞玩之指出，舞弊是由以往的户籍制作程序[2]造成的，即汇集到县的户籍完全不加审查就被送到州，经州审查，若确认存在舞弊，便将其驳回本县。对此，他提出了这样的意见，即应让县审查户籍后再送到州，如果查出遗漏的话，那么应该让州县双方都承担责任。与此同时，关于“台坊”之役应征者不足的

1.《南齐书》诸版本虽作“随才”，但据前揭濱口重國《魏晋南朝の兵戸制度の研究》，应作“随身”（第401页）。

2. 前揭中村圭爾：《南朝戸籍に関する二問題》，第587—588页。

问题，虞玩之认为如果明确服役期限等规则，民众没有军荫（由军功所得特权）等简单免役途径的话，那么应征者不足的问题就能够得到解决。这意味着只要能把户籍检查贯彻始终，查出军荫的不正当获得者，人们失去简单的免役途径之后，相较于一般力役待遇较好的“台坊”之役的应征者就会增加。户籍记载的舞弊和“台坊”之役的不足，从根本上来说是一个问题。虞玩之上表中值得注意的是，针对户籍记载的舞弊问题，他提出的解决方案是明确县之令长在此问题上的责任。

收到虞玩之上表后的高帝，“置校籍官[1]，置令史，限人一日得数巧，以防懈怠”，采取了在中央政府设置专门的户籍检查官，规定令史每人一天必须查出数件舞弊行为的措施。结果，“货赂因缘，籍注虽正，犹强推却，以充程限”，事态进一步恶化了。[2]《南史》卷四七《虞玩之传》在以上简化的记载后，载有唐寓之之乱的内容，并采用了强调此次户籍检查强化的结果就是叛乱的书写方式。然而，《南齐书》本传却对叛乱全然不提，如上一节所述，叛乱发生在吴郡，在吴郡长官沈文季传中有叛乱的详细记载。这与《南史》卷三七《沈文季传》全然不见叛乱的叙述形成鲜明的对照。虽然在对户籍检查的不满构成了叛乱的背景这一点上，《南齐书》与《南史》观点一致，但就是否强调虞玩之的上表和叛乱有关而言，两书之间存有差异。

若从《南史》卷七七《恩幸·茹法亮传》来看，这一点则更为明确。

> 与会稽吕文度、临海吕文显并以奸佞谄事武帝。文度为外监，专制兵权，领军将军守虚位而已。……文度既见委用，大纳财贿，广开宅宇，盛起土山，奇禽怪树，皆聚其中，后房罗绮，王侯不能及。又启上籍被却者悉充远戍，百姓嗟怨，或逃亡避咎。富阳人唐寓之因此聚党为乱，鼓行而东，乃于

1.《南齐书·虞玩之传》虽作“板籍官”，但这里据《南史》卷四七《虞玩之传》、《通典》卷三《食货三·乡党》，改作“校籍官”。

2. 参见前揭中村圭爾：《南朝戸籍に関する二問題》，第589页。

钱唐县僭号，以新城戍为伪宫，以钱唐县为伪太子宫，置百官皆备。三吴却籍者奔之，众至三万。窃称吴国，伪年号兴平。其源始于虞玩之，而成于文度。事见《虞玩之传》。

一般认为，虽然在武帝政权下推行户籍检查的是恩幸吕文度，但该政策是因高帝时期虞玩之的上表而开始的。《南史》从对户籍检查的不满导致叛乱这一事实出发，着眼于该政策的提议者虞玩之。不过，据《南齐书·虞玩之传》，虞玩之确实对推进户籍检查的方案有所阐述，其方案是由县之令长负责检查，这与实际施行且将问题恶化的、在中央政府设置校籍官的举措有着根本不同。吕文度的措施是更为严格地推行高帝着手的户籍检查，并对被查出的舞弊行为者给予严惩。不得不说，吕文度的措施与虞玩之提出的对策之间有着相当大的差距。[1]虽然《南史》的记载将虞玩之的上表明记为叛乱的远因这一点并不能被完全接受，但其中所谓的在武帝政权下推行户籍检查的是恩幸吕文度则是《南齐书》中所未见到的有用记述。[2]

既然如此，那么在没有明记虞玩之的上表与唐寓之之乱间因果关系的《南齐书》中，是如何解释叛乱原因的呢？同书卷二二《豫章文献王传》记载了在唐寓之之乱时武帝之弟萧嶷的如下启文。

此段小寇，出于凶愚，天网宏罩，理不足论。但圣明御世，幸可不尔，比藉声听，皆云有由而然。岂得不仰启所怀，少陈心款。山海崇深，臣获保安乐，公私情愿，于此可见。齐有天下，岁月未久，泽沾万民，其实未多，百姓犹险，怀恶者众。陛下曲垂流爱，每存优旨。但顷小大士庶，每以小

1. 鈴木修《南朝時代の戸籍偽濫について》(《立正史学》61，1987年）指出虞玩之对策的特征“在于主张应该严格执行法令这一点”，认为“这表明采纳上表文的对策后所施行的严格监管，引起了数量远超从前的户籍伪滥”（第43—44页），但虞玩之的对策并不是简单的严格监管，它与被实施的政策之间有着很大差距。

2. 关于《南史》中有未见于《南齐书》的有用史料，参见周一良：《增加有用史料》，收入前揭《魏晋南北朝史札记》，第478—479页。

利奉公，不顾所损者大，擿籍检工巧，督恤简小塘[1]，藏丁匿口，凡诸条制，实长怨府。此目前交利，非天下大计。一室之中，尚不可精，宇宙之内，何可周洗。公家何尝不知民多欺巧，古今政以不可细碎，故不为此，实非乖理。但识理者百不有一，陛下弟儿大臣，犹不皆能伏理，况复天下悠悠万品。怨积聚党，凶迷相类，止于一处，何足不除，脱复多所，便成纭纭。……

在这里，萧嶷表达了一种认识，即齐王朝创立以来时日尚浅，仍需休养民力，然而，“以小利奉公”的“小大士庶”却推行户籍检查和恤的督促等追求眼前小利的政策，引发了民众的不满，发展成唐寓之之乱。他还主张为“天下大计”的民力休养应该宽容户籍记载中的些许舞弊行为。就像越智重明所指出的那样，虽然“唐寓之之乱是因通常检查户籍的严格而引发的”，但恤的催缴等“纳钱的严酷”所“引起的民间反抗”[2]这一侧面也应受到重视。为克服刘宋王朝末期以来的财政赤字，武帝政权不仅强化户籍检查，还陆续实施了为使恤等货币收入增加的措施。基于这一事实，对这种财政政策整体的不满可以被视为叛乱的背景。萧嶷对于这一点的认识是正确的。如越智氏所指出的那样，萧嶷所言之恤的实际情况见于《南齐书》卷二六《王敬则传》。

寻迁为使持节、散骑常侍、都督会稽东阳新安临海永嘉五郡军事、镇东将军、会稽太守。永明二年，给鼓吹一部。会土边带湖海，民丁无士庶皆保塘役，敬则以功力有余，悉评敛为钱，送台库以为便宜，上许之。

---

1. 越智重明《宋斉時代の衈》(《東洋史研究》22-1，1963年）把“督恤简小塘”这句话解释成“以塘丁所缴纳的代替塘役的钱为恤，虽然征收恤，但塘的修理则不用此恤”（第48页）。不过，因为这句话与“擿籍检工巧”对偶，所以“简”并非忽视的意思，而应理解成检查的意思，可以将其解释为“为督促恤的征收，连小小的塘丁都要检查”。

2. 前揭《宋斉時代の衈》，第47—48页。

在唐寓之之乱前夕的永明二年前后，会稽太守王敬则提议用收钱来代替塘役，然后送交中央财库（台库），此事得到了武帝的许可。对此，武帝之子萧子良献上如下启文，阐明反对意见。

> ……顷钱贵物贱，殆欲兼倍，凡在触类，莫不如兹。稼穑难劬，斛直数十，机杼勤苦，匹裁三百。所以然者，实亦有由。年常岁调，既有定期，僮恤所上，咸是见直。东间钱多剪凿，鲜复完者，公家所受，必须员大，以两代一，困于所贸，鞭捶质系，益致无聊。
>
> 臣昔忝会稽，粗闲物俗，塘丁所上，本不入官。良由陂湖宜壅，桥路须通，均夫订直，民自为用。若甲分毁坏，则年一修改。若乙限坚完，则终岁无役。今郡通课此直，悉以还台，租赋之外，更生一调。致令塘路崩芜，湖源泄散，害民损政，实此为剧。
>
> 建元初，狡虏游魂，军用殷广。浙东五郡，丁税一千，乃有质卖妻儿，以充此限，道路愁穷，不可闻见。所逋尚多，收上事绝，臣登具启闻，即蒙蠲原。而此年租课，三分逋一，明知徒足扰民，实自弊国。愚谓塘丁一条，宜还复旧，在所逋恤，优量原除。凡应受钱，不限大小，仍令在所，折市布帛。若民有杂物，是军国所须者，听随价准直，不必一应送钱，于公不亏其用，在私实荷其渥。……
>
> 救民拯弊，莫过减赋。时和岁稔，尚尔虚乏，倘值水旱，宁可熟念。且西京炽强，实基三辅，东都全固，寔赖三河，历代所同，古今一揆。石头以外，裁足自供府州，方山以东，深关朝廷根本。夫股肱要重，不可不恤。宜蒙宽政，少加优养。略其目前小利，取其长久大益，无患民资不殷，国财不阜也。宗臣重寄，咸云利国，窃如愚管，未见可安。

萧子良对以征收钱款来替代塘役措施为代表的永明二年时期的财政政策整体展开批判。按照越智氏的看法，前述萧嶷的启文中将这个钱称为“恤”。所谓恤，就是代替原本的干僮（给官僚的役吏）之役而交纳的钱[1]，在萧子良的启文中以“僮恤”这一名称出现。萧子良批判了以征收替代塘丁之役的恤或“僮恤”为代表的政府攫取良币的政策，使得三吴地区的农民陷入贫困的现状。他还主张塘丁之役应该恢复到以往水利设施的管理方式，即“以提供劳役来修补，或是为塘役纳钱而不服劳役的形式”，“由住民全体自主参加的水利设施的直接管理”。[2]这种主张的根本逻辑就是休养民力，如果看到“救民拯弊，莫过减赋”之后的最后段落就可以很明确地理解，这与刚才所见萧嶷的主张有着共同的志向。不过，萧子良的主张并没有被武帝采纳。

从上文中我们可以明确，围绕南齐武帝政权所推行的户籍检查与恤的征收等财政政策，萧嶷、萧子良等人提出了休养民力的主张。与这些民力休养派相对立的是吕文度等恩幸寒人，还有积极提议攫取良币以迎合武帝政权的王敬则等一部分官僚。恩幸寒人自不必说，王敬则也是女巫之子，军人出身（《南齐书》本传），并非士大夫。两者的差异也体现在唐寓之之乱的应对上。如前所述，萧嶷认真地对待唐寓之之乱的发生，主张转变政策，但武帝对此的回答则如下所述（《南齐书·豫章文献王传》）：

> 欺巧那可容！宋世混乱，以为是不？蚊蚁何足为忧，已为义勇所破，官军昨至，今都应散灭。吾政恨其不办大耳。亦何时无亡命邪。

这里我们可以看出，在对待叛乱乃至户籍中的虚伪不实上，武帝的态度始终都很强硬，然而在此发言的最后却谓：

> 后乃诏听复籍注。

---

1. 前揭《宋斉時代の衂》，第40页。
2. 参见中村圭爾：《六朝時代三呉地方における開発と水利についての若干の考察》，收入前揭《六朝江南地域史研究》，第187—188页。

这表明"却籍"得到了一定程度的缓和。即便这种缓和表明政府不得不承认肃清户籍中的虚伪不实是不可能的，也不能将其视为根本性的政策转变，即民力休养论的胜利。[1]武帝政权下的财政政策与民力休养论在唐寓之之乱后仍旧继续对峙，这在《南齐书》卷四六《陆慧晓传附顾宪之传》中是很清楚的。本传中首先对顾宪之所提议论的缘由做了如下说明：

> 永明六年，为随王东中郎长史、行会稽郡事。时西陵戍主杜元懿启："吴兴无秋，会稽丰登，商旅往来，倍多常岁。西陵牛埭税，官格日三千五百，元懿如即所见，日可一倍，盈缩相兼，略计年长百万。浦阳南北津及柳浦四埭，乞为官领摄，一年格外长四百许万。西陵戍前检税，无妨戍事，余三埭自举腹心。"世祖敕示会稽郡："此讵是事宜？[2]可访察即启。"

永明六年，西陵戍主杜元懿注意到歉收的吴兴[3]与丰收的会稽之间，

1.《南齐书》卷三四《虞玩之传》也称："至世祖永明八年，谪巧者戍缘淮各十年，百姓怨望。"如果这是事实的话，那么唐寓之之乱后的户籍检查不但没有缓和，反而得到了强化。不过，就像韩国磐《南北朝经济史略》(厦门大学出版社，1990年)所指出的那样，此则记载很有可能是表明永明三年以前情况的(第81页注1)。在唐寓之之乱后，可以说户籍检查的推行确实得以缓和，但那种让步并不意味着武帝政权的根本性方针转变。除了本章所探讨的《顾宪之传》记载以外，从《南齐书》卷五六《幸臣·刘系宗传》中的如下记载也可以得知这一点："四年，白贼唐寓之起，宿卫兵东讨，遣系宗随军慰劳，遍至遭贼郡县。百姓被驱逼者，悉无所问，还复民伍。系宗还，上曰：'此段有征无战，以时平荡，百姓安怗，甚快也。'赐系宗钱帛。上欲修治白下城，难于动役。系宗启谪役东民丁随寓之为逆者，上从之。后车驾讲武，上履行白下城，曰：'刘系宗为国家得此一城。'"

2. 虽然中华书局标点本《南齐书》第807页作"此讵是事？宜可访察即启"，但是就像朱季海《南齐书校议》(中华书局，1984年)第105页所指出的那样，"事"后面的问号，应该移到"宜"的后面。《梁书》卷三八《朱异传》(中华书局标点本，第539页)中也见"讵是事宜"之句，意为"这岂不是正合适的时机吗"。《梁书·朱异传》的记载如下："高祖梦中原平，举朝称庆，旦以语异，异对曰：'此宇内方一之征。'及侯景归降，敕召群臣议，尚书仆射谢举等以为不可，高祖欲纳之，未决，尝夙兴至武德阁，自言'我国家承平若此，今便受地，讵是事宜，脱致纷纭，悔无所及'。"

3.《南齐书》卷三《武帝纪》"永明六年八月乙卯"条之诏称："吴兴、义兴水潦，被水之乡，赐痼疾笃癃口二斛，老疾一斛，小口五斗。"另外，同卷"永明五年八月乙亥"条之诏谓："今夏雨水，吴兴、义兴二郡田农多伤，详蠲租调。"可以明确吴兴、义兴两郡在永明五年、六年连续两年都歉收。

商人往来激增，提议如果西陵等四个牛埭的通行税由自己承揽的话，就可以达成增收四百万钱的目的。对于该提案，武帝认为这岂不是正合适的时机（“事宜”“便宜”）吗？他于是命令顾宪之负责调查报告，后者当时在随郡王子隆[1]手下担任东中郎长史、行会稽郡事，处于代理会稽郡长官的立场。对此，顾宪之献“议”作答，其前半部分如下所述：

> 寻始立牛埭之意，非苟逼僦以纳税也。当以风涛迅险，人力不捷，屡致胶溺，济急利物耳。既公私是乐，所以输直无怨。京师航渡，即其例也。而后之监领者，不达其本，各务己功，互生理外。或禁遏别道，或空税江行，或扑船倍价，或力周而犹责，凡如此类，不经埭烦牛者上详，被报格外十条，并蒙停寝。从来喧诉，始得暂弭。案吴兴频岁失稔，今兹尤馑，去之从丰，良由饥棘。或征货贸粒，还拯亲累。或提携老弱，陈力糊口，埭司责税，依格弗降。旧格新减，尚未议登，格外加倍，将以何术？皇慈恤隐，振廪蠲调，而元懿幸灾榷利，重增困瘼，人而不仁，古今共疾。且比见加格置市者，前后相属，非惟新加无赢，并皆旧格犹阙。愚恐元懿今启，亦当不殊。若事不副言，惧贻谴诘，便百方侵苦，为公贾怨。元懿禀性苛刻，已彰往效，任以物土，譬以狼将羊，其所欲举腹心，亦当虎而冠耳。书云：“与其有聚敛之臣，宁有盗臣。”此言盗公为损盖微，敛民所害乃大也。今雍熙在运，草木含泽，其非事宜，仰如圣旨。[2]然掌斯任者，应简廉平，廉则不窃于公，平则无害于民矣。愚又以便宜者，盖谓便于公，宜于民也。窃见顷之言便宜者，非能于民力之外，

1.《南齐书》卷四〇《武十七王·随郡王子隆传》谓：“唐寓之贼平，迁为持节、督会稽东阳新安临海永嘉五郡、东中郎将、会稽太守。”

2. 虽然从顾宪之议论中的“其非事宜，仰如圣旨”来看，似乎应理解成武帝也认为此事并非“事宜”。但“讵是事宜”如本章第157页注2所述，正确的理解是“这岂不是‘事宜’吗”，武帝已将这是“事宜”的想法明确地表达了出来。但即便如此，顾宪之仍然故意曲解了武帝的话，没有顺着武帝的意思进行议论。

用天分地者也。率皆即日不宜于民，方来不便于公。名与实反，有乖政体。凡如此等，诚宜深察。

顾宪之是这样说明理由的：所谓牛埭，原本就是为交通之便所设，并非增税手段，趁吴兴歉收之机设法增税，是违反人道的；虽然接连有人要承揽征收比以往规定税额更高的通行税等的职责，但要达成该目的则很困难，最终的现状不过是将负担转嫁给民众。他还引用《大学》中的一节，认定杜元懿为“聚敛之臣”[1]，认为杜元懿的提议绝非真正意义上的“便宜”，除了使民力疲敝之外毫无用处。顾宪之进而表述了如下内容：

山阴一县，课户二万，其民资不满三千者，殆将居半，刻又刻之，犹且三分余一。凡有资者，多是士人复除，其贫极者，悉皆露户役民。三五属官[2]，盖惟分定，百端输调，又则常然。比众局检校，首尾寻续，横相质累者，亦复不少。一

1. 关于《大学》中对“聚敛之臣”的批判之文，山田勝芳《均の理念の展開》(《集刊東洋学》54，1985年）认为，“这可能是盐铁议论（前81年）以后，通过反对桑弘羊之流财政政策的儒家之手所做的，激烈排斥这种道德主义之下的‘聚敛之臣’‘小人’的文章”，“汉代以来不受重视的《礼记》中的《大学》，突然变得备受重视”是在唐代的两税法制定以后、韩愈的时代，“立足于儒学、诗文教养的科举官僚们，在批判、辱骂事实上支撑着财政国家的财政专家之时，所用之词便是‘聚敛之臣’”（第173—174页）。而且，他还指出在东晋时代并没有那么重视《大学》，当时属于“《周礼》的时代”，不过，“反映晋以前《周礼》性制度是以怎样的形式来实施的事例却很少”（第169页）。从整体来看，即使山田氏的见解是准确的，但至少在南齐时代，对推进检查户籍与吸收钱货等财政优先政策的恩幸寒人们进行批判的观念，也根深蒂固地存在于顾宪之等“立足于儒学、诗文教养”的士大夫们的思想中，其中引用《大学》中批判“聚敛之臣”之文也与盐铁会议和韩愈时代的状况类似，这一点值得关注。

2. 所谓“三五属官”，是按照每三丁中抽一至二丁、每五丁中抽二至三丁的比例来征发民丁，登记在政府机关的状态。参见韩国磐：《魏晋南北朝史纲》（前揭），第378—379页，等等。关于这种兵役、力役的征发方式，渡辺信一郎《三五発卒攷実》（收入《中国古代の財政と国家》，汲古书院，2010年）提出新的意见，认为实施了“从编户百姓中，按照十五丁中抽一兵的比例来征发兵役、力役……在更为紧急的时候，则以富豪阶层为对象，按照五丁二兵、三丁一兵等更高的比例来征发”等（第338页）。三五是十五的意思还是三丁、五丁的意思这一点仍有待商榷，所以将两种说法一并记载于此，但无论如何都是征发兵役、力役，登记在政府机关的状态。

> 人被摄，十人相追，一绪裁萌，千蘖互起。蚕事弛而农业废，贱取庸而贵举责，应公赡私，日不暇给，欲无为非，其可得乎？死且不惮，矧伊刑罚。身且不爱，何况妻子。是以前检未穷，后巧复滋，网辟徒峻，犹不能悛。窃寻民之多伪，实由宋季军旅繁兴，役赋殷重，不堪勤剧，倚巧祈优，积习生常，遂迷忘反。四海之大，黎庶之众，心用参差，难卒澄一。化宜以渐，不可疾责，诚存不扰，藏疾纳污，实增崇旷，务详宽简，则稍自归淳。又被符简，病前后年月久远，具事不存，符旨既严，不敢暗信。县简送郡，郡简呈使，殊形诡状，千变万源。闻者忽不经怀，见者实足伤骇。兼亲属里伍，流离道路，时转寒涸，事方未已。其士人妇女，弥难厝衷。不简则疑其有巧，欲简复未知所安。愚谓此条，宜委县简保。举其纲领，略其毛目，乃囊漏，不出贮中，庶婴疾沉痼者，重荷生造之恩也。

这段引文说明了承担会稽郡郡治山阴县力役的人家的悲惨状况，并指出这样两点，即户籍记载中的虚伪不实（“巧”）也是不得已的情况所致；户籍检查要经过县、郡、（台）使等几个阶段（“众局检校”）是产生新型舞弊的原因。他提议将户籍检查完全委托于县，涉及细节的检查则省去。这种将户籍检查放在县里进行的提议，与虞玩之的意见相同。将户籍检查交由县里负责实施这一点，正是针对恩幸寒人所推行的派遣台使对郡、县严加监督的反对方案。而且，根据顾宪之的议论，当时会稽郡的户籍检查是从县移交到郡，台使在郡的阶段介入而进行监查的。[1]顾宪之又做出了如下说明，以结束议论。

> 又永兴、诸暨离唐寓之寇扰，公私残尽，弥复特甚。倘

1. 前引《南齐书·沈文季传》中所见的“会稽郡丞张思祖遣台使孔矜、王万岁、张繇等配以器仗将吏白丁，防卫永兴等十属”这种记载也表明台使介入了郡的阶段。说到台使，会给人一种借着皇帝的威势而飞扬跋扈的强烈印象，但在叛乱之际等时候，就像这里所看到的那样，他们会服从兼任相应地区都督的郡太守（代理）的指挥。

> 值水旱，实不易念。俗谚云："会稽打鼓送恤，吴兴步担[1]令史。"会稽旧称沃壤，今犹若此。吴兴本是塉土，事在可知。因循余弊，诚宜改张。沿元懿今启，敢陈管见。

这里说明了会稽郡辖区内的永兴、诸暨两县已经遭受唐寓之之乱的危害，如果再加上天灾的话，恐怕会招致难以想象的惨案，并且诉说就连原本号称土地肥沃的会稽郡也处于这种状况之下，那么贫瘠的吴兴郡的穷困则会更为严重，从而迫使武帝重新审视目前的政策，转变方针以休养民力。

以上针对物资流通激增的状况，顾宪之将希望按照以往两倍的额度来征收牛埭通行税的西陵戍主杜元懿作为直接目标，批判武帝政权的整个财政政策。杜元懿提案中所见的从会稽到吴兴的物资流通激增虽然是吴兴郡歉收这种特殊状况下的现象，但考虑到所谓"比见加格置市者，前后相属"，这种物资流通激增可以被看作在长江下游三吴地区的物资流通总体上呈现盛况[2]的情况下更为显著的现象。武帝政权在户籍检查之外，还顺应这种物资流通的盛况，推行政策以确保从中获得更多的税收，这种政策的推行需要有像杜元懿那样在现场掌握流通实情的人。与此相对，顾宪之从休养民力的立场出发提出反对议论，也将唐寓之之乱作为例证提出，迫使武帝改变方针。顾宪之的议论与先前所见萧子良的议论一样，都展现出对

---

1. "步担"在百衲本和中华书局标点本中虽作"步檐"，但此处从殿本、南监本等。正如尚恒元、彭善俊编《二十五史谣谚通检》（山西人民出版社，1986年）所指出的那样，此处不能用"步檐"来解释（第173页）。关于"会稽打鼓送恤，吴兴步担令史"的俗谚，越智重明《宋斉時代の卹》（前揭）认为，"这意味着在富饶的会稽郡，应该承担干僮之役的人实际上可通过送恤来免除此役；而在贫困的吴兴郡，则实际上要承担干僮之役"（第41页），他基本上按照这个理解做出了如下解释，即"在会稽郡通过打鼓（令船起航）送恤，而在吴兴则根据令史的指示服干僮之役，被迫从事步担（体力劳动）"。正如《世说新语·豪爽篇》开头逸闻的注中所说的那样："（王）敦尝坐武昌钓台，闻行船打鼓，嗟称其能。""打鼓"的鼓是船上发信号所使用的鼓。
2. 言及南朝三吴地区经济发展的论著，有中村圭爾《建康と三呉地方》（收入前揭《六朝江南地域史研究》）等，不胜枚举。

现状的深邃洞察力。[1]

如上所述，在唐寓之之乱后，武帝政权的财政政策与民力休养论对立的模式也未见改变。武帝政权的财政政策以恩幸寒人为主要核心人物，与之相对，民力休养论的核心人物则以应称为皇族内部良识派的萧嶷、萧子良为首，还包括顾宪之（吴郡吴人）等南北名门出身者在内的士大夫。[2]从这一点来说，将永明年间的政治史置于“恩幸寒人VS士大夫”的模式下来描写，可以说符合萧子显《南齐书》的立场。我们另起一节来对《南齐书》的立场进行考察。

第三节　萧子显《南齐书》的立场

《南齐书》的作者萧子显（487—537[3]）为父萧嶷立传，以“表彰其父”之事为人所熟知。[4]正因为此，我们首先要确认一点，即萧嶷等人所主张的民力休养论，是可以被认为能够直接表明萧子显自身立场的。齐梁革命后，出仕梁王朝的萧子显大概是想要通过在《南齐书》中详述萧嶷、萧子良等人的议论，来诉说即使在失德而亡的南齐王朝中，也有良识派的存在。

一般认为，萧子显创作《南齐书》的动机，不但有彰显其父，还有彰显南齐王朝的因素。然而，对萧子显的历史叙述产生巨大影响的，还有沈约《宋书》。《宋书》卷九四《恩幸传》序文中对刘宋后半期的

---

1. 萧子良对“作为生产者的农民”“既苦于慢性的农村萧条，又受到通货不足导致的货币二重构造带来的更大损害”的“事态有深刻的洞察力”，从而对“现状”进行了“尖锐分析”。这种说法见于川勝義雄：《貨幣経済の進展と侯景の乱》，收入《六朝貴族制社会の研究》，岩波书店，1982年，第370页（中译本见《货币经济的进展与侯景之乱》，收入《六朝贵族制社会研究》，徐谷芃、李济沧译，上海古籍出版社，2007年，第268页）。
2. 参见安田二郎《梁武帝の革命と南朝門閥貴族体制》（收入《六朝政治史の研究》，京都大学学术出版会，2003年）所指出的萧子良“西邸沙龙”是“士大夫的文化集团”（第371页）。
3. 《梁书》卷三五《萧子显传》称：“大同三年，出为仁威将军、吴兴太守，至郡未几，卒，时年四十九。”据此，萧子显的生卒年为489—537，但这里遵从詹秀惠《萧子显及其文学批评》（文史哲出版社，1994年）的考证（第36—44页）。
4. 赵翼：《廿二史札记》卷九“萧子显、姚思廉皆为父作传入正史”。亦参见王鸣盛：《十七史商榷》卷六二“豫章王嶷传与齐书微异”，等等。

恩幸政治予以的尖锐批判[1]，被原封不动地用于对永明时代的政治批判，其要点被《南齐书》卷五六《幸臣传》的“史臣曰”条所继承。而且，在《宋书》卷九二《良吏传》的序文、同传的“史臣曰”条、卷六五《吉翰传》等的“史臣曰”条中，严厉地批判了刘宋后半期地方长官的任期缩短，以及中央政府对地方政治的过度干涉[2]，沈约的这种主张与《南齐书》卷四〇《武十七王·竟陵文宣王子良传》中的如下叙述如出一辙：

> 宋世元嘉中，皆责成郡县，孝武征求急速，以郡县迟缓，始遣台使，自此公役劳扰。

也就是说，在刘宋文帝元嘉年间以前，地方政治被委任于郡县长官，在孝武帝的治世以降，为强化征税，中央开始派遣台使，随着台使的派遣征发了大量的力役。紧接上述记载，该传还引用了南齐王朝创业时萧子良对台使弊害的批判。上一节所述虞玩之和顾宪之要求县令负责实施户籍检查的主张，也是和批判台使有着同样意图的议论。更进一步来说的话，因为《沈文季传》中有关唐寓之叛乱的记述也是有关对县令处分的记录，所以能够从中推测出，这似乎是在暗中诉说没有被给予确定权限的县令却要在唐寓之叛乱之际受到严厉处罚的不合理性。至少，这是在对县令权限与责任深切关心基础上的叙述，这一点毋庸置疑。

沈约《宋书》的本纪、列传写于永明五年到六年间，《宋书》史论的主张也把永明年间的士大夫思潮反映得淋漓尽致。沈约是萧子良八友之一，乃是众所周知的事实。[3]而且，沈约在建武年间（494—498）

1. 参见拙稿《沈約『宋書』の史論（四）》，《北海道大学文学部紀要》44-1，1995年，第39—44页。
2. 参见拙稿《沈約の地方政治改革論》，收入中国中世史研究会编：《中国中世史研究続编》，京都大学学术出版会，1995年。
3. 吉川忠夫：《沈約の伝記と生活》，收入《六朝精神史研究》，同朋舍，1984年，第210—213页（中译本见《沈约的传记与生活》，收入《六朝精神史研究》，王启发译，江苏人民出版社，2010年，第164—167页）；安田二郎：《梁武帝の革命と南朝門閥貴族体制》（前揭），第370页。

受萧子显兄子恪的请求撰写萧嶷碑文（《南齐书》卷二二《豫章文献王传》）之事，也可以表明萧子显兄弟与沈约之间的密切关系。[1]考察《南齐书》中基于士大夫立场的历史叙述，必须要考虑到沈约的影响。

虽然不太清楚《南齐书》的编纂年代，但可以认为应是在梁武帝天监年间（502—519）后期到普通七年（526）这段时期。[2]正如川勝義雄所指出的那样，梁武帝萧衍也是萧子良的八友之一，"即位之后，屡次颁布有关安置流民、减免租税、保护农事等敕令，并结合发行五铢钱这种良币"，他对以前萧子良曾敏锐分析过的"慢性的农村萧条""有着清醒的认识"。[3]萧衍的这种政治态度也一定会反映在《南齐书》的叙述中。不过，关于《南齐书》的撰述时期，正如榎本あゆち所指出的那样，是在武帝对政治失去热情，沉迷于信仰世界的时期[4]，虽然这是萧衍的政治态度正在发生微妙变化的时期，但这与《南齐书》之间的关系（例如《南齐书》是不是认识到这种变化而撰写的）等问题并不是十分清楚。

如上所述，《南齐书》的叙述受到沈约《宋书》的叙述与梁武帝政治态度的强烈影响，是基于士大夫立场的叙述。虽然被置于士大夫对立面的是恩幸寒人，但关于恩幸寒人在武帝政权中所发挥的作用，《南齐书》却没有怎么涉及。《南齐书》确实是在"恩幸寒人VS士大夫"这种模式下描写永明时代政治史的，然而，关于另一方的当事人恩幸寒人的记述，《南史》的记载要更为详细。例如，如前所述，《南齐书》详细地引用了萧子良等人对户籍检查的批判，但对户籍检查是谁来推行的则没有明确记载，从《南史》卷七七《恩幸·茹法亮传》的记述中，我们可以得知是吕文度等恩幸寒人所推行的。而且，同卷的《吕

1. 詹秀惠：《萧子显及其文学批评》（前揭），第78页。
2. 赵吉惠：《南齐书》，收入《中国史学名著评介》一，山东教育出版社，1990年，第291页。王永红《南齐书》（收入《二十五史导读辞典》，华龄出版社，1991年）认为是在天监十三年（514）以后，普通七年以前（第314页）。
3.《貨幣経済の進展と侯景の乱》（前揭），第370页（中译本见《货币经济的进展与侯景之乱》，第268页）。关于武帝即位当初的民政，参见安田二郎：《梁武帝の革命と南朝門閥貴族体制》（前揭），第359—360页。
4.《梁の中書舎人と南朝賢才主義》，《名古屋大学東洋史研究報告》10，1985年，第54页。

文显传》谓：

> 时中书舍人四人各住一省，世谓之四户。既总重权，势倾天下。……其后玄象失度，史官奏宜修祈禳之礼。王俭闻之，谓上曰："天文乖忤，此祸由四户。"仍奏文显等专擅愆和，极言其事。上虽纳之而不能改也。

这段引文清晰地记述着在永明年间，恩幸寒人担任中书舍人掌握实权，与超一流名门出身的宰相（尚书令）王俭[1]之间存在对立关系。而且，同卷《刘系宗传》称：

> 武帝常云："学士辈不堪经国，唯大读书耳。经国，一刘系宗足矣。沈约、王融数百人，于事何用。"其重吏事如此。

其中也有明确表示沈约、王融等士大夫与恩幸寒人之间对抗关系的记述。关于这一点，虽然《南齐书》卷五六《幸臣·刘系宗传》中也有类似的记述，但是除了从武帝变成明帝之外，并没有记载沈约、王融的姓名，而是换成"此辈"和"学士"等一般性词汇。首先，因为刘系宗是活跃于武帝时代的人物，可以说《南史》的记载是正确的。其次，关于没有列举沈约、王融的姓名这一点，周一良《魏晋南北朝史札记》谓：

> 盖萧子显贵族文人，为维护贵族文人沈约之形象，不至为寒门刘系宗所掩，因此用此辈二字代替具体姓名。[2]

如其所说，改动是萧子显为了维护沈约等士大夫的立场而做出的。明明是在士大夫与恩幸寒人的对抗关系中描写永明时代，可是作为一方当事人的恩幸寒人的记述很少，而士大夫方面的主张却被大段引用。

1. 关于王俭，参见狩野直禎：《王倹伝の一考察》，收入川勝義雄、礪波護编：《中国貴族制社会の研究》，京都大学人文科学研究所，1987年。
2. 前揭《增加有用史料》，第479页。

《南齐书》的这种叙述特质是由于萧子显的主观意识过于强烈，他是站在士大夫的立场上的。不过，这一点是南齐王朝当事人萧子显的历史叙述的宿命，是不得已的。既然《南齐书》的视点是这样的，那么《南齐书》所描绘的“士大夫VS恩幸寒人”的模式也就不能全都原封不动地当作事实来接受。

那么，永明时代政治史的实际情况应该如何把握才好呢？让我们以《南齐书·豫章文献王传》为线索来考察一下。本传是萧子显为彰显其父萧嶷所写，但并非只写好的事情，还特别记载了他遭到责难的情况。虽然本传基本上将萧嶷描写成有德者确是事实，但长达“七千余字”[1]的详细记述也并不尽是经历和溢美之词。因为传中有详细收录萧嶷与武帝间的往来书信，所以反而可以看到永明时代宫廷周边情况的记述。其中就有萧嶷请示包括自己在内的诸王所率仪仗兵的适当人数等问题的书信，对此，武帝回信说要和详于礼制的王俭等人商议。在萧嶷反复请示武帝意向的书信中称“又因王俭备宣下情”，书信以外也能看到通过王俭向武帝传达自己意向的情况，武帝对此的回信中谓“俭已道，吾即令答，不烦有此启”，回答说已通过王俭来请示，就无须再特意以书信来禀告。

以上虽然省略了详情，但在萧嶷向武帝请示的书信中，也有自己新建的房屋太过奢侈是否应该拆毁等问题，涉及日常生活的细枝末节，这些都表明萧嶷非常谦虚地侍奉武帝。萧嶷的请示除了书信以外，也会通过王俭和茹亮传达给武帝。茹亮应是指茹法亮[2]。武帝与萧嶷的密切沟通中有名门王俭和恩幸寒人茹法亮的存在，可见南齐武帝政权的决策[3]是在这种由皇族、名门、恩幸寒人所构成的，武帝周边的特定集

---

1. 赵翼：《廿二史札记》卷九“萧子显、姚思廉皆为父作传入正史”。
2. 《南齐书》卷五六《幸臣·茹法亮传》谓：“宋大明世，出身为小史，历斋干扶。孝武末年，作酒法，鞭罚过度，校猎江右，选白衣左右百八十人，皆面首富室，从至南州，得鞭者过半。法亮忧惧，因缘启出家得为道人。明帝初，罢道。”刘宋时代，其人因一时出家而被称作“法亮”，所以他的名字原来应是“亮”。关于“法”与佛教的关系，参见宫川尚志：《六朝人名に現われたる仏教語（四、完）》，《東洋史研究》4-6，1939年，第79页。
3. 关于南朝国家决策的正式制度——“议”，参见中村圭爾：《南朝における議》，收入《六朝政治社会史研究》，汲古书院，2013年。

团中进行的，这种看法应该比较接近实情。

然而，萧子良、顾宪之等人对民政实际情况的分析中有着非常敏锐的见解，也无法否定他们正确地指出了武帝政权政策的问题，不能说《南齐书》所描绘的“恩幸寒人VS士大夫”的模式整个都是虚构的。这种对抗的模式确实是实际存在的。萧子良等人的主张不光是从主张休养民力的正当性这一点出发的，也顺应了名门出身而不谙实务的地方长官们排斥台使监督的意向。这一点体现在萧子良阐述台使弊害时：

> 凡预衣冠，荷恩盛世，多以暗缓贻譽，少为欺猾入罪。

据此可知，该主张不仅具有正当性，还得到了名门出身官僚的保守性倾向的支持，对武帝政权的政策发挥了一定的抑制作用。即使将顾宪之的议论考虑在内，这一点也同样是清晰可见的。不过，这种对抗局面倒不如说是特殊情况，从整体上来看，士大夫也肯定和武帝政权是一体的存在。《南齐书》通过对特殊对抗局面的强调，使得“恩幸寒人VS士大夫”的模式呈现出来，武帝与萧嶷等人对唐寓之之乱意见的不同，也是作为这种对立模式的一环来加以描写的。

结　语

在南齐武帝政权之下，为重建刘宋末期崩溃的财政，于强化户籍检查的同时，展开了应对物资流通增加的攫取钱货政策。虽然朝廷努力将尽可能多的户口登记在户籍上，可能也会涉及水上劳动者与商人等，但掌握这些非农民一定很困难。不过，对物资流通的课税也确实会压迫非农民的生活，这可以被认为是构成唐寓之之乱核心的水上劳动者与商人走向叛乱的重要原因。当然，也有对过于苛刻的户籍检查不满的农民以及新兴豪族阶层趁机参与其中。这次叛乱最初不过是四百人的极少数集团发动的，然而浙江西岸诸县不能将其镇压，所以趁吴、会稽两郡也对镇压束手无策之际，它便扩展到三万人的规模，后因中央禁军的出动才得以镇压。叛乱在中央军出动后，短期内便被镇压，但这对于辈出地方长官的士大夫家族来说，无疑是一次冲击。萧子良等士大夫与武帝政权在如何招架叛乱方面也呈现出显著的认识差异。以上就是从《南齐书》中可以得知的唐寓之之乱。构成叛乱中坚力量的水上劳动者与商人的实际状况并不清楚。首谋者唐寓之可以说是与社会底层有接触的极下层知识分子（风水先生），但他的主张或构想是怎样的也不清楚。

第二篇　南朝贵族制社会研究

第八章

南朝贵族的门第

前　言

在被称为贵族制时代的魏晋南北朝时代中，尤其是南朝时代，一直被视作门第固化的典型门阀贵族社会。早在岡崎文夫《南朝貴族制の一面》中，就提出了在东晋末期形成了“作为势族的团体”这种看法[1]，后来，宫崎市定《九品官人法の研究—科挙前史—》也认为，几乎在同一时期，贵族社会得以稳定、固化[2]。虽然在东晋末期门第固化的看法早就为人熟知，但门第结构的具体形态还不能说是那么清楚。基于这种研究史的状况，越智重明《魏晋南朝の貴族制》就曾试图阐明南朝时期门第构造的整体情况。

越智氏的研究作为首次系统地把握南朝贵族制社会构造的学说而闻名，被称作“族门制”论或“族门制”说。[3]不过，早就有学者指出

1. 岡崎文夫：《南朝貴族制の一面》，收入《南北朝に於ける社会経済制度》，弘文堂，1935年，第271页。作为其论据，岡崎氏列举了《宋书》卷六五《杜骥传》的如下记载：“晚渡北人，朝廷常以伧荒遇之，虽复人才可施，每为清涂所隔，（骥兄）坦以此慨然。尝与太祖言及史籍，上曰：‘金日磾忠孝淳深，汉朝莫及，恨今世无复如此辈人。’坦曰：‘日磾之美，诚如圣诏。假使生乎今世，养马不暇，岂办见知。’上变色曰：‘卿何量朝廷之薄也。’坦曰：‘请以臣言之。臣本中华高族，亡曾祖晋氏丧乱，播迁凉土，世叶相承，不殒其旧。直以南度不早，便以荒伧赐隔。……’”

2. 宫崎市定：《九品官人法の研究—科挙前史—》，原刊于1956年，收入《宮崎市定全集6　九品官人法》，岩波书店，1992年，第31页（中译本见《九品官人法研究——科举前史》，韩昇、刘建英译，中华书局，2008年，第13页）。宫崎氏认为，“在北方流寓贵族中，尤为杰出的是琅邪王氏。接着谢氏崛起，并称王谢。第一、二位的贵族确定之后，其他家族就有了大致的标准，可以自然而然地划定，如此，南方贵族社会便出现了强烈的安定乃至固定的趋势”，因为谢氏的兴起在于淝水之战（383年）的胜利，这几乎和岡崎氏的说法是在同一时期。

3. 关于“族门制”论，自越智重明《魏晋南朝の最下級官僚層について》（《史学雑誌》74-7，1965年）以后就有许多论文，而将这些成果整理并系统化的则是越智重明《魏晋南朝の貴族制》（研文出版，1982年）第五章《制度的身分＝族門制をめぐって》。另外，越智重明的《東晋南朝の貴族政治—権勢の裏とおもて—》（《日本と世界の歴史》三，学习研究社，1969年）也是关于“族门制”论通俗易懂的说明。

其论据有难以说通的地方。[1]然而，是什么样的地方有问题呢？而且，如果说他的观点有问题的话，那应该如何看待南朝时期门第的构造呢？除了继承“族门制”论的野田俊昭的《南朝の清議·郷論》等[2]之外，至今尚未见到具体论及这一点的研究。本章将试图就这一点进行具体探讨。

第一节　“族门制”论的概要

本章的目的虽说是要批判性地探讨“族门制”论，但为此有必要先对有关“族门制”论学说成立的过程进行说明。

与其说越智氏当初是由贵族制这一用语联想到有关政治统治者阶层的世袭性特征的，倒不如说他对此阐述了否定见解。例如，他在《魏西晋貴族制論》(《東洋学報》45-1，1962年）中就认为：

> 在使用贵族制这种概念来表示中国历史潮流中魏晋南北朝的时代特征的时候，这种提法便将自身限制在了一个框架之中。换言之，成为（所谓贵族制）概念根本的“政治统治者阶层所具有的世袭性特征”这一点，从宏观角度上来看，并不一定局限于这个时代的政治统治者阶层，而且那种世袭性特征也未必是以这个时代为开端的。因此，与其他时代的政治统治者阶层所具有的世袭性特征相比，这个时代的世袭

1. 虽然中村圭爾的《九品中正法における起家について》(《人文研究》25-10，1973年，其后改题为《九品官人法における起家》，收入《六朝貴族制研究》，风间书房，1978年）作为对“族门制”论的批判很重要，但这个重要的观点在其后也没有逐渐发展成有建设性的论争。关于中村氏的学说，本章随后会有讨论。另外，在周一良的《评介三部魏晋南北朝史著作》(《北京大学学报（哲学社会科学版）》1985年第2期，后收入《周一良集》第一卷《魏晋南北朝史论》，辽宁教育出版社，1998年）中，对越智重明《魏晋南朝の貴族制》写了书评，虽然评价说从零散的史料中把南朝社会的身份构成描绘成“整齐划一”的制度这一点是很有意思的尝试，但也表达了这样会不会混淆了不同时期的现象的担心。不过，对于其所担心的这一点，周氏并没有做具体说明。
2. 正如本书第二章所说的那样，尤其是在最近的《南朝の清議·郷論》(《産業経済研究》50-1, 2009年）中，野田氏对“族门制”论提出了大幅修正。

性更加浓重，这是一个“程度”的问题。（第93页）

如果从这种见解出发，我们就不得不否定用贵族制这种概念将魏晋南北朝时代和其他时代进行本质性区别的做法。实际上，越智氏也在《晋南朝の士大夫》（《歴史学研究》238，1960年）中提出了要重新审视贵族制概念，具体如下：

> 现在我们研究魏晋南北朝时所使用的贵族概念大致分为三种。第一种是随着近代史学的发展而引入的、在中国以外地方的“贵族”概念。第二种是在研究魏晋南北朝时所使用的贵族（=官僚）概念。第三种就是把前两种混用的贵族概念。不过，当时基础性的统治“阶级”，若以当时的概念、用语来说的话，那就是士大夫（=士）。当然，这与前三种说法有着很大的分歧。从这种意义上而言，将我们想要阐明的贵族制称为士族制可能更为恰当。即使在以此问题为主题的晋南朝，当时的政治体制研究也已经过了（西欧的）“贵族”概念可以随便应用的时期。（第12页）

虽然越智氏当初的这种构想与《魏晋南朝の最下級官僚層について》（《史学雑誌》74-7，1965年）以后的诸多论文中所提出的“族门制”论[1]之间的关联并不是非常清楚，但若不怕被误解而略陈管见的话，那就是20世纪60年代后半期以降，越智氏的看法已和当初的构想有所不同。他开始认为在西晋末期以降的东晋南朝时代，政治统治者阶层被门第严格地限制着，出现了与其他时代有着本质性不同的政治社会体制。

那么接下来，我们看一下“族门制”的概要。魏晋时代九品官人法的运用促进了门第的固化，在西晋末期就形成了甲族（高级士人阶层）、次门（低级士人阶层）、后门（高级庶民阶层）和三五门（低级

1. 参见本章第172页注3。

庶民阶层）这样的身份制度。[1]越智氏把这种身份制度称作族门制。相较于岡崎氏和宮崎氏，越智氏设想门第的固化发生在更早的时期，而且界定了由四种身份所构成的明确的阶层结构，这一点正是“族门制”论的特征。此外，所谓族门制的“族门”，在作为指代甲族、次门、后门和三五门这种门第用语的同时，也是指代被判定为那种门第之“家”本身的用语。

再来看一下有关甲族以下门第的具体内容：甲族是获得乡品一、二品者，在20—24岁时，分别从官品五、六品起家（初次成为官吏），最高可以做到第一品官。次门是获得乡品三、四、五品者，在25—29岁时，分别从官品七、八、九品起家，最高可以做到第五品官。后门是获得乡品六、七、八、九品者，在30岁以上时，分别从流外的一、二、三、四品起家，最高官可以做到第七品中的二品勋位。总之，在族门制之下，起家的官品、最高可以做到的官都是由自己所属的族门而自动决定的。

族门制中的各个族门是由夫妇（与未成年之子）所构成的，当其子到了成年要起家的时候，由其父所属的族门决定其子的乡品——族门，但如果其子已经起家了的话，那么这两者就构成了各自不同的族门。总之，南朝社会各阶层之“家”基本上都是一夫一妻制的小家庭，而且这样的社会结构也决定了当时政治权力应有的状态。

族门制是“以全国人民为对象的制度”[2]，最终决定各族门门第的是皇帝，他可以决定单个族门的升降。例如，当某族门的门第从甲族降到次门的时候，不会出现该族门的同族团结起来对此进行抵抗的情

1. 前揭《魏晋南朝の最下級官僚層について》认为“后门”是最低级的士人阶层，《東晋南朝の貴族政治》认为“次门”是中级士人阶层，“后门”是低级士人阶层，而在《魏晋南朝の貴族制》中，“后门”则变成了高级庶民阶层。虽然越智氏并没有表明其理由，但在《東晋南朝の貴族政治》中提出，“最初，实际上后门也加入了士人的行列。不过，在州大中正制度施行的时候，士人就仅限于甲族和次门，后门被排除在外了”（第273页）。由于“后门”的特性有所改变，因此以变化前后的特性为主来进行研究就会造成区别。另外，“甲族”“后门”的称呼见于《梁书》卷一《武帝纪上》“中兴二年二月丙寅”条，“次门”见于《宋书》卷八三《宗越传》，“三五门”见于《宋书》卷八三《宗越传附武念传》。笔者将根据这些在本章第二节中对越智氏所采用的概念进行探讨。
2. 前揭《魏晋南朝の貴族制》，第236页。

况，当然，也不会出现甲族阶层作为一个整体对此表达反对意见的行为。这样，皇帝统治贵族的各个家族就比较容易，南朝的皇帝权力得以强化的根据也在于此。

“族门制”论的概要大致如上所述。对于族门制，越智氏是这样说明的：它是以全国人民为对象的极其整齐的身份制度，皇帝掌握着门第的决定权，这确保了皇帝权力对贵族阶层的优越性。如前所述，虽然这种解释看上去是非常系统的，但其论据却存在问题。在下一节中，我们将对有关“族门制”论的论据进行具体探讨。

第二节 “族门制”论的论据及其问题的探讨

越智氏首先从以下《梁书·武帝纪》萧衍的上表A中，论证了存在着20岁起家的甲族和30岁以后起家的后门这种门第。

A.《梁书》卷一《武帝纪上》“中兴二年二月丙寅”条：

> 高祖（萧衍）上表曰：“……且闻中间立格，甲族以二十登仕，后门以过立试吏。”

然后，越智氏从以下《梁书·朱异传》B的记载中，确定存在着25岁起家的、甲族和后门中间的门第。

B.《梁书》卷三八《朱异传》：

> 旧制，年二十五方得释褐。时异适二十一，特敕擢为扬州议曹从事史。

而且，他从后揭《宋书·宗越传》的记载C中，推断出这种25岁起家之门第的名称为次门。

C.《宋书》卷八三《宗越传》：

> 宗越，南阳叶人也。本河南人，晋乱，徙南阳宛县，又

土断属叶。本为南阳次门，安北将军赵伦之镇襄阳，襄阳多杂姓，伦之使长史范觊之条次氏族，辨其高卑，觊之点越为役门。出身补郡吏。父为蛮所杀，杀其父者尝出郡，越于市中刺杀之，太守夏侯穆嘉其意，擢为队主。蛮有为寇盗者，常使越讨伐，往辄有功。家贫无以市马，常刀楯步出，单身挺战，众莫能当。每一捷，郡将辄赏钱五千，因此得市马。后被召，出州为队主。世祖镇襄阳，以为扬武将军，领台队。元嘉二十四年，启太祖求复次门，移户属冠军县，许之。

"次门"这种名称有仅次于最高门第的门第的意味，所谓的最高门第就是A中的甲族，仅次于甲族的门第不外乎就是B中的25岁起家的门第。而且，从次门降级到役门，从役门再恢复到次门，都有州镇长官的参与，尤其是从恢复到次门的时候需要得到皇帝的许可这一点，可以得出皇帝拥有门第的最终决定权的论点。此外，C中所见的役门可以被认为是与以下《宗越传附武念传》D中所见的"三五门"同样的门第，即"以三丁出一丁、五丁出二丁的形式被征发的一般庶民（低级庶民）"[1]。

D.《宋书》卷八三《宗越传附武念传》：

武念，新野人也。本三五门，出身郡将。萧思话为雍州，遣土人庞道符统六门田，念为道符随身队主。后大府以念有健名，且家富有马，召出为将。

以上论证过程表明，从A中可以看到在中央存在着名为甲族的名门阶层，以及C中的役门和D中的三五门同为庶民阶层，这一点应该是没有异议的。不过，从A中的上表文本身只能看出存在着甲族和与其相比处于劣势的后门两个阶层，在甲族和后门之间存在次门这种阶层的论证尚有待商榷。虽然越智氏这样推测的最重要论据是B中所谓

1. 前揭《魏晋南朝の貴族制》，第235页。

的25岁起家的阶层不属于A中所见的甲族和后门中的任何一种，但这是按照字面意思把“过立”解释为过了而立之年即30岁之后才能成立的论点。然而，安田二郎《王僧虔「誡子書」攷》将王僧虔《诫子书》中所见的“立境”和当时的年龄表述进行了比较研究，根据其结论，“过立”通常被解释为把年龄大幅提前，“立境”也难以被看作30岁，可以指20多岁的人。据安田氏的这一考证结果，“过立”可以被看成是指20多岁（25—29岁）的人。[1]

如果A中的“过立”是指25—29岁的话，那么以往25岁起家的制度中所谓的B中朱异的门第，无非就成了A中所见的“后门”，而不是“甲族”和“后门”中间的门第。那么，关于C中的“次门”要怎样解释才比较妥当呢？

根据越智氏的解释，原本为南阳郡次门的宗越跨过后门，一下子就降到了两级以下的“役门”（三五门），这恐怕是有悖常理的。可见，并不是“次门”和“役门”中间存在着“后门”，而是“次门”的下一级就是“役门”，这种看法比较自然。所谓“过立”，若按照不是超过30岁而是25—29岁这种解释的话，那么认为C中的“次门”和A中的“后门”很接近的看法就比较妥当。不过，这里还有一个需要考虑的问题，就是相对于A中为中央政界中的一流门第“甲族”和甘居其下的“后门”的记载，C中的记载则认为“次门”关乎是负担力役的庶民身份，还是可以免除力役的士族身份这一士庶身份界线的问题。“次门”可以被看作相较于“役门”有所上升而勉强进入低级士族范畴的门第。所以，把C中的“次门”和A中的“后门”做同一维度的比较是很困难的，在假设C中所见襄阳地区的“次门”出身者进入中央政界的条件下，它就和“后门”一样属于其中的低级团体，或者属于比“后门”更低一级的阶层。

现将以上考察结果总结如下：A是关于辈出中央官僚的一流名族“甲族”和位居其下的“后门”的记载；C是对负担力役的庶民“役门”

---

1. 参见安田二郎：《六朝政治史の研究》第十二章《王僧虔「誡子書」攷》，京都大学学术出版会，2003年，第563—567页。

和低级士族“次门”的描述，他们属于不同的维度。当然，虽然应该存在着在C中的“次门”之上的地方高级士族，但这种地方高级士族并不直接对应A中所说的“甲族”，而是和C中的“次门”与A中的“后门”的情况一样。即使在地方上存在高级士族，当他们到中央任职的时候，也多应该成为“后门”。

另外，据C史料可知，皇帝权力的干预可以使负担兵役、力役的“役门”升格为拥有免役特权的低级士族，或者反之，以地方长官干预，且最终需要有皇帝的许可这种形式来升格。然而，关于士族中的高低级之间的升降，是否存在由地方长官或皇帝权力所决定的那种严密的门第制度这一点，就不得不予以否定了。总之，皇帝权力的干预最多存在于判断能否免除兵役、力役从而成为士族的界线时，而在士族（贵族）阶层内部并不存在由皇帝权力所决定的门第。有关这种贵族的“门第”，将在下一节做进一步研究。

第三节　南朝贵族的“门第”

从上一节对支撑“族门制”论的最根本性史料的探讨中，我们明确了“族门制”论并不成立。那么，在此基础上，应该如何看待南朝贵族的门第才好呢？

从上一节对A中记载的探讨中，大体上可以明确有这样的两个阶层，即“二十”起家的“甲族”和“过立”起家的“后门”。正如已经论证的那样，如果“过立”是指25—29岁的话，那么我们也很容易想象到，“二十”不可能就像字面意思那样是指20岁。果然，《梁书》卷三四《张缅传》谓：

> 起家秘书郎，出为淮南太守，时年十八。

同书同卷《张缵传》谓：

> 起家秘书郎，时年十七。

由此可见，“甲族”的起家年龄可以认为是15—19岁、20岁左右。

接下来的问题是，即便在出了中央官僚的家族里，可以看到“甲族”和“后门”这样层次清晰的阶层，那么能把它直接看成制度性的“门第”吗？对于门第这一概念的内容，中村圭爾的《九品官人法における起家について》早就提出了一个问题。他提出的问题是，相较于门第而言，“反而是父亲的官职对决定其子的起家官起着巨大作用”，这难道不是“任子之制的变型”吗？[1]如果中村的说法准确无误的话，那么即使在被称为门阀贵族社会的南朝，属于比甲族更低阶层的人物若能抓住革命或政权交替等机会从而做到三品官以上，那么其子也可能会按照甲族的起家官（秘书郎或著作佐郎）来起家。门第并没有成为严格规定的硬性制度，门阀贵族社会这种界定本身的妥当性也受到质疑。

对于中村氏所提出的问题，野田俊昭《宋斉時代の参軍起家と梁陳時代の蔭制》列举了《宋书》卷五七《蔡廓传》的事例予以反驳。野田氏提出了这样的见解，即虽然蔡廓的祖父蔡系最高做到抚军长史（六品），父亲蔡綝做到的最高官为司徒左西属（七品），两人都没有担任过三品官，但蔡廓却以甲族的起家官著作佐郎起家，这是依据门第来起家的。[2]确实，尽管父亲和祖父都没有做到三品官以上，而蔡廓则以著作佐郎起家，但此事能否直接成为依照门第来决定起家的论据呢？这一点还是比较微妙的。以下将就这一点进行探讨。

《陈书》卷二六《徐陵传》谓：

> 自古吏部尚书者，品藻人伦，简其才能，寻其门胄，逐其大小，量其官爵。

众所周知，吏部尚书的人事，需要考虑人物的才能、血脉、年龄和官

1. 前揭《六朝貴族制研究》第二篇第一章《九品官人法における起家》，第218页。
2. 野田俊昭：《宋斉時代の参軍起家と梁陳時代の蔭制》，《九州大学東洋史論集》25，1997年，第81页。另外，同氏的《南朝における家格の変動をめぐって》（《九州大学東洋史論集》16，1988年）认为，即便是在父亲无法做到三品官以上的情况下，也可举出数个其子以甲族起家的事例，这可以看作依照门第起家（第82—83页）。

爵等因素。[1]实际上，正如中村氏所指出的那样，即使父亲的官职有很大影响，但除此之外，不仅是血统，人物的德性与才能也要考虑，这一原则值得关注。让我们记住这一点，然后再来看一下《宋书》卷五七《蔡廓传》的记载：

> 廓博涉群书，言行以礼。起家著作佐郎。

这里可以这样假设，蔡廓是因其才学受到好评，从而以著作佐郎起家的。

关于吏部的人事，《宋书》卷五七《蔡廓传附兴宗传》谓：

> 俄迁尚书吏部郎。时尚书何偃疾患，上谓兴宗曰："卿详练清浊，今以选事相付，便可开门当之，无所让也。"

就像中村氏所指出的那样，虽然吏部被要求有准确的"清浊"判断，但这种情况下的"清浊"是前引《徐陵传》中所见的那种对人物的综合性评价。

而且，关于吏部的人事，《南齐书》卷四二《王晏传》也称：

> 上欲以高宗代晏领选，手敕问之。晏启曰："鸾清干有余，然不谙百氏，恐不可居此职。"上乃止。

这里虽然要求精通"百氏"，但这种情况下的"百氏"也不单指精通家谱，还应该包括对人物的综合性评价。承担吏部职务的人物需要从事这种人事工作，也就是说既要精通对人物的综合评价，还要了解当时的官僚社会。

就像"族门制"论那样，如果门第在制度上被井然有序地确定下来，并且以此为自动决定起家官和其后晋升途径的原理的话，那么吏部的人事工作也就应该比较容易。与其说是这样，倒不如说井然有序

1. 参见前揭《六朝貴族制研究》第三篇第二章《清官と濁官》，第346页。

的门第并不存在，即便是父亲官职所产生的影响有很大作用，除此之外对本人的综合性评价也受到相当程度的重视，吏部还需要对官僚社会有广泛的了解。可能正因如此，人事主管才会被要求精通“清浊”和“百氏”。[1]

如此看来，上一节A中记载的“甲族”和“后门”也并不是由皇帝权力所严密规定的所谓门第，而是意指踏上一流晋升路径的官僚家族和较晚步入此途的官僚家族，其境遇可以根据父亲的晋升状况或是本人的努力等而改变，具有很强的流动性。南朝社会通常被称为门阀贵族社会，确实，和中国史上的其他时代相比，可以说此时应该称作门阀之门第的存在更为显著。从这种意义上来说，以“甲族”和“后门”来区别称呼门第，甚至把无论是“甲族”还是“后门”的诞生官

---

1. 关于这一点，即便在基本上依据“族门制”的野田俊昭《南朝における吏部の人事行政と家格》(《名古屋大学東洋史研究報告》18，1994年）中，也提出了“南朝贵族制最大的特色，并不是各个官僚的仕途基本上是由天子的统治权力所决定的，而应从他们的仕途是由清议（、乡论）所决定的这里来寻求”（第24页）这种见解。这种情况下的清议（、乡论），因符合本书所说的对官僚社会的了解，所以我赞成野田氏见解所展现出的方向性。可是这样的话，“族门制”体系本身也就需要重新审视。的确，在前揭《南朝の清議·郷論》之中，野田氏对“族门制”体系就做了大幅修正，认为甲族和次门之间的差别是乡品二品内的差别，甲族、次门这种门第由州大中正根据清议、乡议所决定。同时，后门（乡品三—九品）和三五门的门第只有得到皇帝的许可才能决定。野田学说的特征在于他既批判了越智学说直接把门第和官职（官制性必要条件）联系起来理解从而重视皇帝权力的作用这一点，又提出甲族和次门的门第是基于清议、乡论（贵族社会的舆论）由州大中正所决定的这种见解。不过，对于作为论证州大中正决定门第的史料，野田氏的理解却有问题。首先，他对《全唐文》卷三七七所引柳芳“姓系论”(《新唐书》卷一九九《柳冲传》引用的所谓“氏族论”）的记载进行训读并引用：“魏氏立九品，置中正……其州大中正、主簿，郡中正、功曹，皆取著姓士族为之，以定门胄，品藻人物。晋宋因之。”他由此认为，“可知在南朝，州大中正的职掌是确定‘门胄’，即决定门第和‘品藻’，也就是围绕人事工作的人物评价”（第14—15页），但上述记载不仅关乎州、郡的中正，也叙述了有关承担州郡人事工作的州主簿与郡功曹的内容，这是首先需要注意的。如果考虑到这一点的话，那么上述记载就可以这样理解：它在描述州、郡的中正决定乡品，州主簿和郡功曹进行人事工作的时候，会调查并确定其对象人物的世系，同时评价该人物，做出决定。也就是说，这里描述的是州大中正在决定某人乡品的时候，会在综合评定其世系和人物等的基础上来进行。不过，这并不能成为表明州大中正会决定甲族、次门门第的证据。其次，《通典》卷一六所载北魏清河王怿的上表（作为也适用于南朝的例子而引用）谓：“所以州置中正之官，清定门胄，品藻高卑，四海画一，专尸衡石。”他由此将“清定门胄”也看成州大中正为决定乡品所做的预备调查之一，这并没有什么不妥。如此看来，州大中正确实不是决定门第，而是决定乡品。

僚的门第称为士族或是贵族，也未必不妥。然而，这并不是按照井然有序的身份阶层制度来做出规定和区分的门阀贵族社会。

结　语

探讨越智氏的学说——“族门制”论后，我们得出了这样的结论，即不得不否定有像“族门制”那样井然有序之门第的存在。如果这一结论没有错的话，那么不仅是越智氏的“族门制”，在门阀贵族制这一点上，关于南朝乃至魏晋南北朝的时代特质的通说也要加上一定的限定条件。关于这一点的看法并不是什么特别新颖的观点，越智氏自己在初期的研究中就曾示意过，而且即便是在整体概述中国史的近年的启蒙书、概说书之中，也强调了作为贯穿秦、汉帝国以降，直到20世纪初叶的漫长帝制时代所表现出的身份固定性脆弱的特质。[1]如果按照本章对于南朝贵族门第之理解的话，那么南朝社会也处于帝制时代之中，与其说不应该将其看作大放异彩的牢固性身份制社会，倒不如说应该将身份固定性脆弱的这种特质理解成帝制时代普遍共有的社会特质。

1. 例如，水林彪：《封建制の再編と日本的社会の確立》，山川出版社“日本通史”Ⅱ，1987年，第452页；岸本美緒：《世界各国史3　中国史》序章《『中国』とは何か》，山川出版社，1998年，第19页。

第九章

南朝官员的起家年龄

前言：南朝官员的起家研究史

对包括南朝在内的六朝时代官员（贵族）的起家，最先进行正式研究的是宫崎市定《九品官人法の研究—科挙前史—》[1]。宫崎氏认为：

> 继〔肉体性的诞生〕之后，对于贵族而言，起家具有重要的意义，它不啻于在贵族官场的诞生。贵族因为出身于贵族之家所以是贵族，但是，实际上获得官场的承认才算是起家。不可思议的是，起家意义的重要性一直被国内外学界所忽视。贵族要通过起家，才能在官场上被承认为贵族。而且，是什么等级的贵族，也是由起家官职决定的，其意义重大。

对六朝官员而言，起家之官具有重要意义，而且起家官与贵族门第之间也有着密切关联。

矢野主税、越智重明两氏继承宫崎氏的研究，推进了有关起家制度的研究。矢野主税《起家の制について—南朝を中心として—》[2]叙述说：

> 门第未必是固定性的，另外，就像琅邪王氏与陈郡谢氏那样，将一族一概而论的看法也不合适，所以我认为必须以更加流动性的视角来把握贵族社会本身，这一点将在今后的议论中阐明。

他暗示了贵族的门第未必是固定性的，必须以流动性的视角来把握。

---

1. 宫崎市定：《九品官人法の研究—科挙前史—》，原刊于1956年，收入《宫崎市定全集6　九品官人法》，岩波书店，1992年（中译本见《九品官人法研究——科举前史》，韩昇、刘建英译，中华书局，2008年）。引文见全集第455页（中译本第346—347页）。
2. 矢野主税：《起家の制について—南朝を中心として—》，《長崎大学教育学部社会科学論叢》24，1975年。引文见第10、24页。

但是矢野又说：

> 从西晋时代的至少依据个人才能、资质起家，逐渐转变成以门第为中心起家，其结果如前节末尾所述，宋朝以后，门第成为限制起家条件之中的基本条件，有时也会顾及个人原因等其他因素。

这也暗示着南朝官员的起家，最终是以门第为基本条件来决定的这种见解，可以认为与宫崎学说并没有太大区别。

与此相对，越智氏在其著作《魏晋南朝の貴族制》[1]中，确立了“族门制”学说的体系，在该学说之中，起家制度被定义为重要的因素。所谓“族门制”学说，是指在东晋南朝时期，存在着由甲族、次门、后门、三五门这四种阶层所构成的身份制，因此官员辈出的情况在原则上仅限于甲族、次门、后门三个阶层。可以这样设想：甲族是被授予乡品一、二品，20—24岁以秘书郎、著作佐郎起家的阶层；次门是被授予乡品三—五品，25—29岁以奉朝请、太学博士、王国常侍、王国侍郎起家的阶层；后门是被授予乡品六品—九品，30岁以后以流外寒官起家的阶层。

中村圭爾《六朝貴族制研究》所收的《九品官人法における起家》[2]针对越智氏的“族门制”学说提出了不同见解。在其结论中，中村氏陈述说：

> 关于起家官的决定，也就是说能够获得什么样的起家官这一点，可以明确这样的事实，即父祖的起家官与其子的起家官之间有着密切关联，门第可以决定起家官。不过，我们

1. 越智重明：《魏晋南朝の貴族制》第五章《制度的身分=族門制をめぐって》，研文出版，1982年。
2. 中村圭爾：《六朝貴族制研究》第二篇第一章《九品官人法における起家》，风间书房，1987年。这篇论文原题为《九品中正法における起家について》，刊于《人文研究》25-10，1973年。引文见第218页。

还可以明确一点，即门第并不是决定所有情况下起家官的唯一要素，反而是父亲的官职对决定其子的起家官起着巨大作用。因此，接下来对父亲的官位与其子的起家官进行对比研究，结果明确了一品官之子以五品官员外散骑侍郎起家，三品官之子以六品官秘书郎、著作佐郎，七品府佐起家，五品官以下之子以六品官奉朝请以下起家。由此也形成了这样的推断，即这种任子之制本来从原理上来说，就是一品官之子以乡品一品、五品官起家，二品官之子以乡品二品、六品官起家，三品官之子以乡品三品、七品官起家的任子之制的变型。这样看来，在天监改革之前的宋、齐时代，九品官制中的任子制与门第可以说是在相互补充完善，并加以限制，使门第固定化的同时，巩固了贵族的阶层秩序。

中村明确了与其说是“族门”，倒不如说父亲的官职对决定其子的起家官起着巨大作用这一点。

虽然中村学说所提出的论点非常重要，但并不能说学界围绕这个问题展开了活跃的讨论。只有野田俊昭《宋斉時代の参軍起家と梁陳時代の蔭制》[1]举出难以从中看出本人的起家官与其父或祖父的官职之间有关联的事例，并将其作为可以设想“族门”存在的论据，对中村学说加以反驳，引起了相当程度的关注。笔者基于这样的学界现状，发表了拙稿《南朝貴族の家格》（以下称前稿，即本书第八章），虽然对作为“族门制”学说论据的根本性史料的理解提出了不同意见，但当时对起家年龄并未进行充分探讨。因此，本章试图根据对南朝正史的详细调查结果，从南朝官员的起家年龄这方面重新对“族门制”学说进行探讨。

第一节　南朝宋、齐时代官员的起家年龄

在“族门制”学说中，由阶层而导致的起家年龄的区别是一个重

1. 野田俊昭：《宋斉時代の参軍起家と梁陳時代の蔭制》，《九州大学東洋史論集》25，1997年。

要论点，前文已有说明。以下将介绍作为其论据的史料。

首先，A.《梁书》卷一《武帝纪上》“中兴二年（502）二月丙寅”条“高祖上表”谓：

且闻中间立格，甲族以二十登仕，后门以过立试吏，求之愚怀，抑有未达。

其次，B.《梁书》卷三八《朱异传》中有如下记述：

旧制，年二十五方得释褐。时异适二十一，特敕擢为扬州议曹从事史。[1]

越智氏认为，从B中“年二十五方得释褐”来看，在A中所见的甲族与后门中间存在着B中所见的阶层，该阶层的名称是《宋书》卷八三《宗越传》中所谓的“次门”。并且，他将20—24岁起家的称为甲族，25—29岁起家的称为次门，30岁以上起家的称为后门，从而构想出井然有序的阶层序列——“族门制”。如前稿所述，“族门制”学说成立的要点在于把“过立”按字面意思解释成“而立”，也就是说解释成超过30岁。然而，根据安田二郎[2]所明确的当时的年龄表述，“过立”可以解释成20多岁的人，那样的话，B中所见的25岁也包括在“过立”中，在甲族与后门中间设想有次门阶层的论据就会消失。综上所述，可以认为存在这样两个阶层之间的等级差距，即在20岁左右——从15岁到24岁之间起家的甲族，以及30岁左右——从25岁到29岁起直至以后起家的后门。这是A中“高祖上表”的主旨，B则成为关于A中后门的史料。

1. 因为朱异是太清二年（548）67岁时去世的，所以21岁起家是在502年左右，正好在A的“高祖上表”前后。另外，虽然前揭宫崎市定《九品官人法の研究》推断朱异的起家在天监五年（506）以后（第291页；中译本第216页），但是关于该推断不成立的说法在越智重明《魏晋南朝の最下級官僚層について》(《史学雑誌》74-7，1965年）中就有被提出（第12页）。因这一点与本章第二节的论点相关，故特注于此。
2. 安田二郎：《六朝政治史の研究》第十二章《王僧虔「誡子書」攷》，京都大学学术出版会，2003年。

在前稿中，由于没有根据其他史料对这一点进行充分论证，因此以下将开展这项工作。此外，这里将时期限定在A“高祖上表”发出以前的宋、齐时代，来验证事例。因为在A的“高祖上表”中主张甲族与后门间的等级差距具有不合理性的高祖即梁武帝萧衍，在即位后采取了一定的改革措施，所以关于梁代的事例，我们最好还是另起一节再来探讨。

一、甲族的起家年龄

因为在官员之中，步入高级出仕途径的人们，即所谓的甲族出身者之起家官乃是秘书郎与著作佐郎等，所以我们从南朝正史的列传中选取以这些官职起家、且起家年龄可以确定的事例，来进行探讨。

〔秘书郎起家〕

①《宋书》卷五九《殷淳传》

陈郡长平人也。曾祖融，祖允，并晋太常。父穆……及受禅，转散骑常侍，国子祭酒，复为五兵尚书，吴郡太守。太祖即位，为金紫光禄大夫，领竟陵王师。……淳少好学，有美名。少帝景平初，为秘书郎。……元嘉十一年（434）卒，时年三十二。

殷淳以秘书郎起家时的年龄为21岁，大致是20岁左右。殷淳的曾祖父与祖父的最高官职太常是三品要职，父亲也历任散骑常侍、国子祭酒、尚书等三品官，二品的金紫光禄大夫为其最高官，这显然是名门世家。

②《南史》卷二二《王俭传》

生而（父）僧绰遇害，为叔父僧虔所养。数岁，袭爵豫宁县侯。……幼笃学，手不释卷。……丹阳尹袁粲闻其名，及见之曰:“宰相之门也。栝柏豫章虽小，已有栋梁气矣，终当任人家国事。”言之宋明帝，选尚阳羡公主，拜驸马都尉。……年十八，解褐秘书郎，太子舍人，超迁秘书丞。

王俭以秘书郎起家时的年龄被明确记载为18岁（《南齐书》卷二三本传中并没有“年十八”的记述）。因为王俭在永明七年（489）38岁时去世，所以他18岁时为宋明帝泰始五年（469）。虽然父亲王僧绰在宋文帝时年仅29岁便升任侍中而为人熟知，但在皇太子刘劭政变之际，他就被杀害了（31岁）。关于收养年幼王俭的叔父王僧虔在泰始五年时的情况，《南齐书》卷三三《王僧虔传》谓：

> 入为侍中，迁御史中丞，领骁骑将军。甲族向来多不居宪台，王氏以分枝居乌衣者，位官微减。僧虔为此官，乃曰：“此是乌衣诸郎坐处，我亦可试为耳。”复为侍中，领屯骑校尉。泰始中，出为辅国将军、吴兴太守，秩中二千石。……徙为会稽太守，秩中二千石，将军如故。

可见王僧虔已经担任着三品官的侍中。[1]就王俭的情况来说，虽然在起家时父亲已经去世，但不仅叔父为三品以上高官，而且自己也继承了父亲的爵位（豫宁县侯），成为驸马，处于可以被称为名门中的名门之境地。另外，时人对其学问与人格的评价也很好，这些可以说是让他得以实现18岁就以秘书郎起家的条件。

③《梁书》卷二一《王志传》

> 琅邪临沂人。祖昙首，宋左光禄大夫、豫宁文侯，父僧虔，齐司空、简穆公，并有重名。……弱冠，选尚宋孝武女安固公主，拜驸马都尉、秘书郎。……（天监）十二年（513），卒，时年五十四。

王志以秘书郎起家时的年龄即“弱冠”，按字面意思来解释的话是

---

1. 据前揭安田二郎《王僧虔「誡子書」攷》的考证，王僧虔从吴兴太守转任会稽太守是在泰始四年五月，泰始五年六月受到免官处分（第598—600页注71）。虽然正好在王俭起家前后受到免官处分，但从王俭的起家并没有受到叔父免官影响的迹象来看，王俭的起家可能是王僧虔遭免官以前的事情。

20岁。因为王志在宋王朝的最后之年（479）为20岁，所以他起家时的年龄也许比这更小。祖父的最高官左光禄大夫为三品官，父亲的最高官司空为一品。从王志起家时候的情况来看，父亲王僧虔在升明二年（478）就任尚书令（三品），南齐建元元年（479）担任着侍中（三品）、抚军将军、丹阳尹（《南齐书》卷三三《王僧虔传》）。作为高官之子、驸马，王志乃是典型的名门子弟起家。

〔著作佐郎起家〕

④《宋书》卷五三《谢方明传》

陈郡阳夏人，尚书仆射景仁从祖弟也。祖铁，永嘉太守。父冲，中书侍郎。……元兴元年（402），桓玄克京邑，丹阳尹卞范之势倾朝野，欲以女嫁方明，使尚书吏部郎王腾譬说备至，方明终不回。桓玄闻而赏之，即除著作佐郎。……元嘉三年（426），卒官，年四十七。

谢方明生于东晋末期兴起的陈郡谢氏一门，而且，就像在桓玄掌握政权的时候，桓玄派的重要人物卞范之想把女儿嫁给他所表明的那样，时人对方明个人的评价也很高。方明以著作佐郎起家时的年龄为23岁。方明祖父的永嘉太守、父亲的中书侍郎都是五品官这一点，让他在20岁后不久便以著作佐郎起家成为可能。

⑤《宋书》卷五七《蔡廓传》

济阳考城人也。曾祖谟，晋司徒。祖系，抚军长史。父綝，司徒左西属。廓博涉群书，言行以礼。起家著作佐郎。时桓玄辅晋……元嘉二年（425），廓卒，时年四十七。

蔡廓以著作佐郎起家时的年龄为22岁左右。虽然蔡廓本人很有学问，曾祖父也是一品官司徒，但因祖父、父亲都早逝而未发迹，所以他会以和④谢方明几乎同等的官职起家。

⑥《南齐书》卷五四《高逸·何求传》

> 庐江灊人也。祖尚之，宋司空，父铄，宜都太守。求元嘉末（453）为宋文帝挽郎，解褐著作郎。……（永明）七年（489），卒。年五十六。

何求以著作佐郎起家时的年龄为20岁。父亲的最高官是五品官郡太守一级，但因为在起家当时，祖父尚之仍旧担任着尚书令（三品）等要职，所以何求虽然没有做秘书郎，但可以认为是在比较早的年龄起家的。另外，何求在起家之前做过挽郎，这是在“天子和皇后等殡仪上出席之童子”，是从名门子弟中选出的。[1]从做过挽郎之事来看，何求的起家确实是名门子弟的起家。

⑦《梁书》卷三三《刘孝绰传》

> 彭城人，本名冉。祖勔，宋司空忠昭公。父绘，齐大司马霸府从事中郎。……天监初（502），起家著作佐郎。……大同五年（539），卒官，时年五十九。

该例因为是梁代的最初时期，还是进行改革以前的事例，所以放在宋、齐时代的事例中来考察。刘孝绰以著作佐郎起家时的年龄为22岁。虽然祖父的最高官是一品司空，但因为父亲早逝而未发迹，所以大概是在比较晚的年龄才起家的。

〔司徒祭酒起家〕

⑧《宋书》卷六二《王微传》

---

1. 前揭宫崎市定：《九品官人法の研究》，第305页（中译本第227页）。虽然该书也有言及，但《宋书》卷一五《礼志二》中，在东晋成帝咸康七年（341）杜皇后葬礼之际，谓：“有司又奏依旧选公卿以下六品子弟六十人为挽郎。”提议从六品官以上，即门地二品的子弟中选择挽郎，挽郎的大致特性在这则记载中被很好地表现了出来。

> 琅邪临沂人，太保弘弟子也。父孺，光禄大夫。微少好学，无不通览，善属文，能书画，兼解音律、医方、阴阳术数。年十六，州举秀才，衡阳王义季右军参军，并不就。起家司徒祭酒。……元嘉三十年（453），卒，时年三十九。

因为司徒祭酒是梁十八班制中的三班（《隋书·百官志上》），可以看作六品官。王微以司徒祭酒起家是在16岁以后不久，可以认为是15岁以后、20岁以前的事例。如果从卒年推算的话，其起家时期大概是元嘉七年（430）或次年左右。父亲与伯父都是高官，这显然是以甲族起家的事例。

二、后门的起家年龄

被视作比甲族低的后门的起家官奉朝请等，便是越智氏所谓的“次门”的起家官。因此，以下将对这些起家官的事例之中可以明确当时年龄的事例加以考察。

①《宋书》卷五四《羊玄保传》

> 太山南城人也。祖楷，尚书都官郎。父绥，中书侍郎。玄保起家楚台太常博士（403）。……（大明）八年（464），卒，时年九十四。

羊玄保以太常博士起家是在桓玄的楚王国时，即33岁的时候。祖父的最高官是六品尚书郎，父亲的则是五品中书侍郎，这显然属于后门。尽管如此，但33岁起家实在太晚，其详细情况并不清楚。

②《宋书》卷八六《殷孝祖传》

> 陈郡长平人也。曾祖羡，晋光禄勋。父祖并不达。孝祖少诞节，好酒色，有气干。太祖元嘉末（453）为奉朝请、员外散骑侍郎。……泰始二年（466）三月三日……是日，于阵为矢所中死，时年五十二。

殷孝祖以奉朝请起家是39岁，父亲与祖父都没有什么了不起的官职，除此之外，恐怕奔放的性格也导致他相当晚才起家。

③《梁书》卷一三《沈约传》

> 吴兴武康人也。祖林子，宋征虏将军。父璞，淮南太守。璞元嘉末（453）被诛，约幼潜窜，会赦免。……起家奉朝请，济阳蔡兴宗闻其才而善之，兴宗为郢州刺史（467），引为安西外兵参军，兼记室。……（天监）十二年（513），卒官，时年七十三。

沈约以奉朝请起家时的年龄不到27岁，大概是25—26岁。虽然祖父获得三品的将军号，但父亲璞在孝武帝时因叛逆嫌疑而被处死，大概也影响了沈约的起家。从他后来以才学博得盛名来看，如此大的起家年龄给人留下他受到了不当对待的印象。不过，从其父也是以后门的起家官王国左常侍起家（《宋书》卷一〇〇《自序》）这一点来考虑的话，倒不如说这是理所当然的起家官更为合适。

④《梁书》卷二六《范岫传》

> 济阳考城人也。高祖宣，晋征士。父羲，宋兖州别驾。岫早孤，事母以孝闻，与吴兴沈约俱为蔡兴宗所礼。泰始（465—471）中，起家奉朝请。……（天监）十三年（514），卒官，时年七十五。

范岫以奉朝请起家时的年龄，即便设定在最早的泰始二年（466）的时候也有27岁，设定在最晚的泰始六年（470）的话为31岁。就范岫来说，父亲的早逝也是他起家较晚的主要原因，再加上祖父与曾祖父也都没有作为官僚发迹的迹象，是作为后门而较晚起家的事例。

⑤《梁书》卷四八《儒林·严植之传》

> 建平秭归人也。祖钦，宋通直散骑常侍。……少遭父忧，

因菜食二十三载，后得风冷疾，乃止。齐永明（483—493）中，始起家为庐陵王国侍郎。……（天监）七年（508），卒于馆，时年五十二。

严植之以王国侍郎起家，最早在永明二年（484）的情况下为28岁，最晚在永明十年（492）的话则要36岁。严植之也是父亲早逝，可以看成作为后门而起家年龄较晚的例子。

三、30岁以上起家的事例

在后门的起家事例中，我们也能看到许多可能是30岁以上起家的事例。这里从典型的后门起家官以外的事例中，选取一些30岁以上起家的事例进行考察。

①《宋书》卷五五《傅隆传》

北地灵州人也。高祖咸，晋司隶校尉。曾祖晞，司徒属。父祖早亡。隆少孤，又无近属，单贫有学行，不好交游。义熙初（405），年四十，始为孟昶建威参军，员外散骑侍郎。……（元嘉）二十八年（451），卒，时年八十三。

傅隆以参军起家，虽被写作“年四十”，但从去世年份推算的话，准确地说应是37岁。可以推测出是他的祖父、父亲都早逝，也没有能推荐他的近亲，还不喜欢交游等情况叠加在一起，令其起家很晚。

②《宋书》卷七三《颜延之传》

琅邪临沂人也。曾祖含，右光禄大夫。祖约，零陵太守。父显，护军司马。延之少孤贫，居负郭，室巷甚陋。……饮酒不护细行，年三十，犹未婚。妹适东莞刘宪之，穆之子也。穆之既与延之通家，又闻其美，将仕之，先欲相见，延之不往也。后将军、吴国内史刘柳以为行参军。……义熙十二年（416）……孝建三年（456），卒，时年七十三。

颜延之以行参军起家虽是在33岁以前，但可以肯定是30岁以上。祖父以五品官郡太守为最高官，还有父亲早逝这种情况，都对其本人的性情有很大影响，是超过30岁才起家的事例。

③《宋书》卷七七《沈庆之传》

吴兴武康人也。兄敞之，为赵伦之征虏参军、监南阳郡，击蛮有功，遂即真。……年三十，未知名，往襄阳省兄，伦之见而赏之。伦之子伯符时为竟陵太守，伦之命伯符版为宁远中兵参军。……永初二年（421）……（前废）帝乃遣庆之从子攸之赍药赐庆之死（465），时年八十。

沈庆之以中兵参军起家，大概是在34岁以前，即30—34岁。虽然通过其兄的关系为赵伦之所知而得以任职，但他父亲与祖父的任职经历都不清楚，也许充其量只是地方豪族阶层。

④《南齐书》卷二八《刘善明传》

平原人。镇北将军怀珍族弟也。父怀民，宋世为齐、北海二郡太守。……少而静处读书，（青州）刺史杜骥闻名候之，辞不相见。年四十，刺史刘道隆辟为治中从事。……建元二年（480）卒，年四十九。

因为刘道隆担任青州刺史是在大明四年（460）到八年之间，所以如果从去世年份推算的话，刘善明以青州治中从事起家是在29岁到33岁之间。史书虽作“年四十”，但实际上是30—34岁起家的事例。父亲的最高官是五品官郡太守，除此之外，大概是他本人并没有积极出仕的意向，因而较晚起家。

⑤《梁书》卷二一《张充传》

吴郡人。父绪，齐特进、金紫光禄大夫，有名前代。充少时，不持操行，好逸游。绪尝请假还吴，始入西郭，值充

> 出猎，左手臂鹰，右手牵狗，遇绪船至，便放绁脱韝，拜于水次。绪曰："一身两役，无乃劳乎？"充跪对曰："充闻三十而立，今二十九矣，请至来岁而敬易之。"……起家抚军行参军，迁太子舍人、尚书殿中郎、武陵王友。……（天监）十三年（514），卒于吴，时年六十六。

在该事例中，张充以行参军起家的年龄按照字面意思可以视为30岁。从去世年份来推断，那个时期应是宋末顺帝的升明二年（478）。据《南齐书》卷三三《张绪传》，当时其父绪历任太常和散骑常侍等高官，所以张充起家晚的原因只能归结于其个人性格。

综上所述，通过本节考察的结果，大致可以确认在宋、齐时代，官僚阶层中也存在着20岁左右起家的甲族与30岁前后起家的后门两个阶层之间的等级差距。就以奉朝请等起家的后门来说，超过30岁起家或者具有这种可能性的事例有许多。乍看之下，这似乎支持着将"过立"按照字面意思解释成30岁以上起家的看法。但与此同时，即使像第三点的①傅隆与④刘善明那样写作"四十"，而实际上可以确认是30多岁的事例，也没有改变前稿所谓的"过立"是20多岁（25—29）的结论。其实，这样的看法可能比较妥当：我们需要考虑到第二点中所列后门的起家事例，是正史列传中记载的且起家年龄可以确定的事例集合，超过30岁的事例较多，是因为在这些事例中，能够确定年龄的记述较多。然而，即使它不适合统计处理[1]，我们还是应该适当地重视在正史列传中的检索结果得到的所有事例，都表明后门是在25—29岁以后起家这一点。本节最初所列A"高祖上表"中指出的、存在着20岁左右起家的甲族与30岁左右起家的后门这种等级差距可以得到确认。

---

1. 关于获得与初任官职有关的整体信息时史料上的问题，即使考察对象的时代有所不同，也可参考大野晃嗣：《明代の廷試合格者と初任官ポスト—『同年歯録』とその統計的利用—》，《東洋史研究》58-1，1999年。

第二节　梁武帝改革后的起家年龄

如前所述，梁武帝萧衍在即位前夕，就主张甲族和后门间的等级差距具有不合理性，在即位后不久的天监四年（505），便下令进行改革以纠正这种不合理的差距。《梁书》卷二《武帝纪中》“天监四年正月癸卯朔”条的诏书称：

> 今九流常选，年未三十，不通一经，不得解褐。若有才同甘、颜，勿限年次。

如果连一部儒家经典也不通晓的话，那就不能在未满30岁时起家，梁武帝因而采取措施废除了甲族与后门之间那种由出身所造成的等级差距，取而代之的是根据才学来设置等级差距的决定。那么，这个措施实行了吗？让我们根据实例来验证一下。

〔秘书郎起家〕

①《梁书》卷二一《王份传附孙锡传》

> 十二，为国子生。十四，举清茂，除秘书郎，与范阳张伯绪齐名，俱为太子舍人。……中大通六年（534）正月，卒，时年三十六。

这是在15岁左右以秘书郎（梁流内十八班中的二班首位[1]）起家的事例。因为时期是天监十一年（512）以后，为提出前述改革措施以后，所以是学问上的才能受到好评后才得以起家的。王锡是琅邪临沂人，父亲王琳以司徒左长史（十二班）为最高官，祖父王份历任尚书

1. 梁的流内十八班，是将以往九品官中六品以上的官位划分为十八班，括弧内表示以前九品制所定之品。而且，各班的首位官都是“当时选拔的清官”。参见前揭宫崎市定：《九品官人法の研究》，第264—268页（中译本第191—197页）。

左仆射（十五班）等职，他们在王锡起家的时候都还在世。这可以看作以往甲族起家的变型。

②《梁书》卷三四《张缅传》

车骑将军弘策子也。……天监元年（502），弘策任卫尉卿，为妖贼所害，缅痛父之酷，丧过于礼，高祖遣戒喻之。服阕，袭洮阳县侯，召补国子生。起家秘书郎，出为淮南太守，时年十八。……中大通三年（531），迁侍中，未拜，卒，时年四十二。

张缅以秘书郎起家是在18岁以前，那时为天监六年（507）以前。父亲张弘策（《梁书》卷一一）是范阳方城人，以后门的起家官王国常侍起家，是武帝的母亲文献皇后的从父弟。也就是说，随着梁王朝成立，张缅成为外戚子弟，虽然这可以被视为甲族起家，但他成为国子生的正式理由应是学业优秀。本传中前文没有引用的地方也称：

缅少勤学，自课读书，手不辍卷，尤明后汉及晋代众家[1]。客有执卷质缅者，随问便对，略无遗失。

张缅尤其在史学方面很优秀。

③《梁书》卷三四《张缵传》

缅第三弟也。出后从伯弘籍。弘籍，高祖舅也。梁初赠廷尉卿。缵年十一，尚高祖第四女富阳公主，拜驸马都尉，封利亭侯，召补国子生。起家秘书郎，时年十七。……缵好学，兄缅有书万余卷，昼夜披读，殆不辍手。秘书郎有四员，宋、齐以来，为甲族起家之选，待次入补，其居职，例数十百日便迁任。缵固求不徙，欲遍观阁内图籍。……如此数

1. 本传的别处谓："抄《后汉》《晋书》众家异同，为《后汉纪》四十卷，《晋抄》三十卷。"

载，方迁太子舍人。……太清二年（548）……防守缵者，虑追兵至，遂害之，弃尸而去，时年五十一。

张缅之弟缵以秘书郎起家是在17岁的时候，为天监十三年（514）。虽然他除了是外戚外，也是武帝女儿的丈夫，但正式说来，他应是凭借学问上的才能在15—19岁时以秘书郎起家的。

④《梁书》卷四一《王规传》

琅邪临沂人。祖俭，齐太尉南昌文宪公。父骞，金紫光禄大夫南昌安侯。……年十二，五经大义，并略能通。既长，好学有口辩。州举秀才，郡迎主簿。起家秘书郎，累迁太子舍人、安右南康王主簿、太子洗马。天监十二年（513）……大同二年（536），卒，时年四十五。

由于王规在天监十二年时22岁，因而以秘书郎起家是在20岁左右。王俭是其祖父，王规的门第作为名门中的名门而为人熟知。此外，关于当时父亲王骞的任职经历，《梁书》卷七《太宗王皇后传附父骞传》谓：

（天监）八年（509），入为太府卿，领后军将军，迁太常卿。十一年（512），迁中书令，加员外散骑常侍。

太府卿是梁十八班制的十三班，太常卿为十四班，中书令是十三班首位，都是达官显贵。而且，王规的姊妹灵宾于天监十一年嫁给武帝的皇子萧纲（后来的简文帝）（《梁书》卷七《太宗王皇后传》）。除了这样的家世背景外，他又以大致能通晓五经大意的才学而受到好评，于是在20岁左右就以秘书郎起家了。

⑤《梁书》卷四一《王承传》

仆射暕子。七岁通《周易》，选补国子生。年十五，射策高第，除秘书郎。

王暕在《梁书》卷二一中有传，琅邪临沂人，齐太尉王俭之子，即便是在甲族中也属于超一流名门。虽然王承作为国子生成绩优秀，15岁便以秘书郎起家，但因其去世年份不明确，所以起家时期也无法确定。

⑥《陈书》卷二四《袁宪传》

> 尚书左仆射枢之弟也。……大同八年（542），武帝撰《孔子正言章句》，诏下国学，宣制旨义。宪时年十四，被召为国子《正言》生。……寻举高第。以贵公子选尚南沙公主，即梁简文之女也。〔中〕大同元年（546），释褐秘书郎。……（开皇）十八年（598）卒，时年七十。

袁宪18岁以秘书郎起家。虽说学业成绩优秀，但迎娶简文帝之女这一点大概也有影响。袁宪是陈郡阳夏人，兄枢在《陈书》卷一七中有传，兄弟的父亲袁君正病死时只是梁的吴郡太守，但祖父袁昂（《梁书》卷三一）则活到大同六年（540），官居司空，正如字面意思那样是“贵公子”的门第。

〔太学博士、奉朝请起家〕

⑦《陈书》卷二四《周弘正传》

> 汝南安城人，晋光禄大夫顗之九世孙也。祖颙，齐中书侍郎，领著作。父宝始，梁司徒祭酒。弘正幼孤，及弟弘让、弘直，俱为伯父侍中护军舍所养。……十五，召补国子生，仍于国学讲《周易》，诸生传习其义。……起家梁太学博士。晋安王为丹阳尹〔天监十七年（518）〕，引为主簿。……（太建）六年（574），卒于官，时年七十九。

周弘正以从前的后门起家官太学博士（二班）起家是在23岁以前。虽然在20—24岁，却是比秘书郎起家者晚的起家，可以认为，尽管形式稍有改变，但以往甲族与后门之间的等级差距依然存在。而且，伯父周舍（《梁书》卷二五本传）是作为梁武帝的侧近而“预机密”的人物，其起家官为太学博士。周舍在天监九年（510）以后历任尚书吏部郎（十一班）、太子右卫率（十一班）、右卫将军（十二班）等职[1]，可以说在周弘正起家时，周舍已经担任高官，周弘正自身也有能讲授《周易》的才学，不免令人想起以往甲族与后门之间的等级差距。

⑧《陈书》卷二六《徐陵传附弟孝克传》

> 陵之第三弟也。少为《周易》生，有口辩，能谈玄理。既长，遍通《五经》，博览史籍，亦善属文，而文不逮义。梁太清初（547），起家为太学博士。……（开皇）十九年（599）以疾卒，时年七十三。

徐孝克以太学博士起家是21岁，大概是因为学问上的才能受到好评，便在还没到“三十”时就起家了，但仍旧比秘书郎起家的事例晚些。徐孝克为东海郯人，兄弟之父徐摛（《梁书》卷三〇本传）在徐孝克起家的时候，担任太子中庶子或是太子左卫率，均为十一班。而且，父亲徐摛的起家官也是太学博士。

⑨《陈书》卷三三《儒林·郑灼传》

> 东阳信安人也。祖惠，梁衡阳太守。父季徽，通直散骑侍郎、建安令。灼幼而聪敏，励志儒学，少受业于皇侃。梁中大通五年（533），释褐奉朝请。……太建十三年（581）卒，时年六十八。

郑灼以奉朝请（二班）起家是20岁，对于后门的典型起家官奉朝请来说，算是比较早的，可以认为是儒学上的才能受到好评的结果，因为东阳信安的郑氏称不上名门，其祖父、父亲的最高官都只是五品官。

---

1. 尚书吏部郎等的任职经历写在《梁书》卷二五本传中王亮去世的记载之后。从王亮去世在天监九年（510）（《梁书》卷一六《王亮传》）这一点来看，我认为正文所言无误。

〔扬州祭酒从事史起家〕

⑩《陈书》卷三三《儒林·戚衮传》

> 吴郡盐官人也。祖显，齐给事中。父霸，梁临贺王府中兵参军。衮少聪慧，游学京都，受《三礼》于国子助教刘文绍，一二年中，大义略备。年十九，梁武帝敕策《孔子正言》并《周礼》《礼记》义，衮对高第。仍除扬州祭酒从事史。……太建十三年（581）卒，时年六十三。

戚衮在大同三年（537）以扬州祭酒从事史（一班的首位[1]）起家是19岁，作为秘书郎以外的起家官，乃是相当早的事例，可以说是因为回答梁武帝的策问时成绩优秀这种特殊缘故所致。从戚衮的祖父、父亲都没有做到高官这一点也可以推测出他受到了提拔。

以上十例均是天监四年改革以后，未满30岁起家的情况。在所有事例中，都记述着该人物具有学问上的才能，这表明改革措施得到充分贯彻，即只有在具备才学的情况下，才允许未满30岁者起家。在宋、齐时代比较多见超过30岁起家的事例，改革以后则基本未见，仅在《陈书》卷九《欧阳頠传》中见到：

> 年三十，其兄逼令从官，起家信武府中兵参军。

然而，这种情况也可能是《梁书》与《陈书》列传的编纂方针造成的。它们几乎没有收录较大年龄的起家者，所以难以从这些事例直接推导出改革措施实行以后，起家年龄得到提前的结论。不过，在改革措施实行以后，以未满30岁的较早年龄起家的事例显示出足以成为国子生的学

---

1. 虽然扬州祭酒从事史是一班的首位，但“只有这一班，即使居于首位也称不上什么清官。以上四种官〔从首位到第四位〕主要作为起家官，他们处于接近秘书郎之后一连串官职的末端位置，因而获得肯定”。参见前揭宫崎市定：《九品官人法の研究》，第276页（中译本第203页）。

问上的才能，成为起家必不可少的条件，这一倾向似乎可以确认已经颇为显著。另外，虽然以上之例均为未满30岁起家的事例，但在秘书郎起家者与太学博士、奉朝请等起家者中，秘书郎起家者仍然呈现出较早起家的倾向。从这一点可以推断出在梁武帝即位前作为问题的甲族与后门之间的等级差距，虽然因改革措施而稍有改变，但依然继续存在。

结　　语

本章在对南朝正史列传的详细调查基础上，列举出可以确定起家年龄的事例，并加以分析。结果大致可以确认，在宋、齐时代，20岁前后起家的甲族与30岁前后起家的后门之间存在等级差别。而且也可以大致明确，在梁天监四年（505）改革以后，虽然具备才学成为未满30岁起家的条件，但甲族与后门之间的等级差距在改变形式的同时仍继续存在着。最后，因为不是本章的直接目的，所以只想在此附带说一下的是，与“族门制”问题关联起来考虑本章所选取的诸多事例后，可以说根据事先由皇帝权力确定的“族门”来自动决定起家年龄与官职这一点是难以想象的。果然，就像中村圭爾学说所言，可以认为起家时父亲或祖父的官职是决定起家年龄的最主要原因，而且根据情况，还要把父亲、祖父以外亲属的任职经历，以及其门第的婚姻关系与本人的才学等各种因素考虑进来，起家年龄和官职要根据个别实例来定。当然，作为类似经营所积累的结果，也出现了以特定官职起家者组成辈出官员的门第的事例，完全可以称之为“门阀贵族”。不过反过来，像第一节中第三点的③沈庆之那样，出身过去不被视为官僚辈出之门第，凭借军功而加入官僚阶层的事例，以及像第二节的②③张缅、张缵兄弟那样遭逢王朝革命，实现从后门上升为甲族的事例，在南朝时代也不是什么稀有的例子。或许我们有必要从阶层流动性的角度，来考察南朝的官僚社会。

第十章

关于门地二品

前　言

作为政治与社会统治阶层的贵族为六朝时代赋予了时代特征，而作为其形成契机的九品官人法也受到重视。根据对九品官人法的解释，它原本是重视个人才德的制度，但在其运用过程中逐渐倾向于重视出身，促使官僚辈出之家的特定化，形成了被称为门地二品的贵族阶层。使用门地二品一词首次对门阀贵族阶层的形成过程进行研究的是宫崎市定《九品官人法の研究—科舉前史—》，如今日本的主流观点就是基于宫崎学说的理解。[1]不过，虽然门地二品这一术语见于《宋书》卷六〇《范泰传》，但关于它的解释，在中国学者之间有着与宫崎学说不同的见解。因为这种见解上的分歧是与界定六朝社会的特性问题密切相关的重大论题，所以笔者想在本章中对《宋书》卷六〇《范泰传》中所见的门地二品重新加以考察，进而在考察门地二品的同时，也对构筑以往门阀贵族社会论时的根据——姓谱的盛行与门阀批判论（《宋书》卷九四《恩幸传·序》等）加以探讨，从而阐明所谓的南朝门阀贵族社会的实际情况。

第一节　门地二品

门地二品一词见于《宋书》卷六〇《范泰传》所载范泰的上表，这是史料中唯一的事例。刘宋王朝成立后不久的永初二年（421）举行

---

1. 宫崎市定：《九品官人法の研究—科舉前史—》，原刊于1956年，后收入《宫崎市定全集6　九品官人法》，岩波书店，1992年（中译本见《九品官人法研究——科举前史》，韩昇、刘建英译，中华书局，2008年）。所谓九品官人法，是在州郡设置中正官，根据乡里的评判将人物划分为九品（九个等级）来推荐。这个等级便称作乡品，中央政府会授予和该乡品相应等级的官职，这个官职的等级便是官品。乡品和授予初次任职者的起家官之间的对应关系，大致是以乡品往下降四级官品的官职来起家。换言之，如果是乡品二品的话，那么原则上大致是以六品官起家。此外，日本根据宫崎学说把中正授予希望任职者的等级称为乡品，但如本章后文所述，在中国也有很多学者采用“中正品”等不同的称呼。

设立国子学之议，该上表就是由金紫光禄大夫范泰领职国子祭酒时所提出的，其中提及门地二品的一节如下所示：

> 昔中朝助教，亦用二品。颍川陈载已辟太保掾，而国子取为助教，即太尉准之弟。所贵在于得才，无系于定品。教学不明，奖厉不著。今有职闲而学优者，可以本官领之。门地二品，宜以朝请领助教，既可以甄其名品，斯亦敦学之一隅。其二品才堪，自依旧从事。

宫崎氏对上述记载做出了如下解释：

> 昔日西晋的国子助教也用乡品二品之人。颍川陈载已被辟召为太保掾，却由国子监选拔为助教（八品）。他即太尉陈准之弟。可贵之处在于获得人才，不必拘泥于乡品。教学不明是奖励不著所致。如今朝臣中，若有职闲而学优者的话，可以本官领职助教。若是门地（即乡品）二品的初次任职者，应以奉朝请（六品）领职助教。那样便足以甄别其名誉，亦可作为敦学的一端。其门地（即乡品）较低而才能相当于二品者，应依据品位而任助教。

他据此认为，“尽管才勘二品，但是如果门第不够，也不能给予乡品二品。乡品完全根据门第来决定，门地二品的贵族制度森然成立”[1]。

关于宫崎氏对上表文的解释，首先应该指出的是有关国子助教的官品问题。宫崎氏根据《通典》卷三六《职官一八》的“魏官品表”，认为西晋的国子助教应是八品。[2]不过，在《唐六典》卷二一《国子监》“国子助教”的注中，谓“晋武帝初立国子学，置助教十五人，官品视

1. 前揭《九品官人法の研究》，第206—207页（中译本第148页，不过中译本并未将上段史料的日文解释译出）。
2. 汪征鲁《魏晋南北朝选官体制研究》（福建人民出版社，1995年）也据《通典》认为国子助教为八品（第359页）。

南台御史，服同博士”，因南台御史为六品，所以国子助教也是六品。关于国子助教的官品这一点，就像福原啓郎[1]与阎步克[2]所指出的那样，应是六品。

其次，更大的问题是上表文中所见“门地二品”“二品才堪”的解释，需要对其展开探讨。在宫崎氏的解释中，“门地二品”是被授予乡品二品之人，“二品才堪”是乡品低于二品但才能相当于二品之人。为了探讨宫崎氏解释的妥当性，首先有必要确认“门地二品”“二品才堪”这种用语，尤其是对后者解释的根据。虽然没有特别明示，但宫崎氏把这个四字句解释成“才能相当于二品者”的根据应是《宋书》卷一四《礼志一》中的如下记载：

> 晋武帝泰始八年，有司奏:“太学生七千余人，才任四品，听留。”诏:“已试经者留之，其余遣还郡国。大臣子弟堪受教者，令入学。”

他按照与“才任四品”同样的方式来解释“二品才堪”，将其解释成“才能相当于二品者”。也就是说，“二品才堪”即“才堪二品”[3]，是将“二品”提前以强调的表述，意为“虽是二品，但（门地并非二品）只是才能可以胜任二品者”。不过，这种“才能可以胜任二品者”的解释与不是乡品二品之间并没有直接联系，因为它也可以解释成由于“才能可以胜任二品”，从而被授予乡品二品。实际上，正是因为也有那样的解释，所以在此介绍它们才较为便利。

除宫崎氏以外，管见所及，日本并没有对范泰上表中的“门地二品”与“二品才堪”提出解释的研究，但在中国可以见到。首先，唐

---

1. 福原啓郎:《西晋における国子学の創立に関する考察》，收入《魏晋政治社会史研究》，京都大学学术出版会，2012年，第80页。
2. 阎步克:《品位与职位——秦汉魏晋南北朝官阶制度研究》，中华书局，2002年，第291—292页。
3. 前揭《九品官人法の研究》第210页（中译本第151页）引用了此则记载。顺便说一下，汪征鲁《魏晋南北朝选官体制研究》（前揭）也将“二品才堪”解释成“才堪二品”（第360页）。此外，汪氏的研究并未特意言及“门地二品”。

长孺认为，因为“门地二品”只是根据“家世”（门第）而名列二品之人，所以“二品才堪”不仅关乎门第，也是确实有才能的人。在唐氏的解释中，虽然“门地二品”与“二品才堪”都是二品，但相对于“门地二品”仅指门第，“二品才堪”则是门第和才能兼备，这一点与宫崎氏的见解有所不同。唐氏的解释较为独特，他解释说，虽然朝廷让“门地二品”以奉朝请领职国子助教，给予他们求学的机会，但“二品才堪”并不适用于这种方式，而是让其按照以往的方式以秘书郎和著作佐郎等一流的起家官来起家。[1]与宫崎说截然相反，唐说中将“二品才堪”置于“门地二品”之上。而且，在唐说中“门地二品”和“二品才堪”均被视作二品，因为这种情况下的二品从论旨来看是指“九品论人中的二品”，也就是宫崎说的乡品二品。换言之，即便是在将“门地二品”与“二品才堪”都视作乡品二品这一点上，唐说与宫崎说也有着很大差异。

其次，胡宝国批判唐氏学说，认为“二品才堪”是与“门地二品”相区别来列举的，所以“二品才堪”不包括门第，主要是指根据其才能可以成为二品之人。[2]不过，在“门地二品”与“二品才堪”都是二品（乡品二品）这一点上，胡氏的意见与唐长孺学说相同。

阎氏采纳了与胡宝国学说同样的见解。阎氏认为：

> 在中正二品一级，“门地二品”与“二品才堪”被区分开来了，前者是纯以门第的，后者则向才学网开一面。由此就可划开老牌士族和寒流新进，显示那些跻身二品士流的寒士或寒人，依然不得与起家门第二品的贵游子弟齿列并称。[3]

此“中正二品”即宫崎说的“乡品二品”。

---

1. 唐长孺：《九品中正制度试释》，收入《魏晋南北朝史论丛》，生活·读书·新知三联书店，1955年，第114页。关于“二品才堪”的起家官，虽然唐氏认为“不在此例”，只是不以奉朝请领国子助教，但从论旨而言，在二品中门第与才能兼备，且处于上位之人的起家官当然应是一流的，所以本章补充了措辞。
2. 胡宝国：《东晋南朝时代的九品中正制》，《中国史研究》1987年第4期，第27页。
3. 前揭《品位与职位》，第325页。

如上所述，我们可以明确，在这一点上以往的研究具有很大分歧，即相对于宫崎氏没有把“二品才堪”视作乡品二品，中国学者则将其视为乡品二品。除此之外，宫崎、胡、阎三氏将“门地二品”置于“二品才堪”之上，而唐氏的见解则与之相反，双方存在不同见解。对于这一点，可以说宫崎、胡、阎三氏认为“门地二品”处于上位的观点较为合适。总而言之，问题就集中到“二品才堪”是否为乡品二品上。

作为相当于“二品才堪”人物的实例，胡氏引用了《宋书》卷九四《恩幸·阮佃夫传附朱幼传》的记载。

> （朱）幼，泰始初（465）为外监，配张永诸军征讨，有济办之能，遂官涉二品，为奉朝请、南高平太守，封安浦县侯，食邑二百户。

“官涉二品”的“二品”大概是指六品以上的流内官。这个“二品”的名称当然与乡品二品大致以六品官起家相关，不过，能否认为朱幼在成为“二品”的同时，也获得了乡品二品呢？这一点比较微妙地并不清楚。[1]但是，如果限定在范泰上表的语境来看，那么很难想象就任官职的官品与乡品之间存有偏差的情况，所以基本上正如胡氏等中国学者所认为的那样，不妨把“二品才堪”看作乡品二品。毕竟，从与宫崎氏自己设想的“乡品的贬值”这种见解的吻合性方面来说，笔者认为把“门地二品”和“二品才堪”看成乡品二品中的上下两级来把握比较妥当。[2]

---

1. 正如《世说新语·尤悔篇》所谓：“温公初受刘司空使劝进，母崔氏固驻之，峤绝裾而去。迄于崇贵，乡品犹不过也。每爵皆发诏。”也有即便就任高级官职，也不会授予相应的乡品，而要依据天子的任命大权来做官的情况。关于上述事例，参见越智重明：《清議と郷論》，《東洋学報》48-1，1965年，第42页；野田俊昭：《南朝における吏部の人事行政と家格》，《名古屋大学東洋史研究報告》18，1994年，第16—17页。
2. 前揭《九品官人法の研究》认为，“自西晋末以来，这种命定的门地似乎也在贬值，门地二品亦即获得乡品二品、可以从六品官起家的门第，已经不再稀罕，但出现了上下之别。东晋初所谓‘百六掾’的子孙，似乎大致都升格为了门地二品”（第171页；中译本第121页），但不能把乡品二品与门地二品视为同义，应将门地二品看成在乡品二品中处于上位更合适。

基于上述考察，本章对范泰上表一节解释如下：

昔日西晋的国子助教也用乡品二品之人。颍川陈载已经被辟召为太保掾[1]，但国子监录用他为助教（六品）。他是太尉陈准之弟。这样做的可贵之处在于确保有才能之人得以任用，而与评定等级无关（因此甚至连陈载那样的超一流名门也就任这一官职）。（后来）教学不明，奖励也不充分（因而在乡品二品者之间，对国子助教的评价也就有所降低[2]）。所以，如果是有职闲而学问优秀之人的话，可以本官领职国子助教；如果是门地二品的初次任职者的话，可以奉朝请领职国子助教。[3]这样就可以明示国子助教的品格，也成为重视学问政策的一环。虽然不是门地二品，但在其才能足以胜任二品的情况下，可以根据原来的制度让其担任国子助教的职务。[4]

第二节　姓谱的盛行

在上一节中，我们对宫崎市定学说进行了探讨，宫崎氏对范泰上表中所见的门地二品有所研究。宫崎学说认为，乡品二品即门地二品阶层，在东晋中后期固定且封闭性增强，而且在门地二品阶层内部也

---

1. 虽然据《宋书》卷四〇《百官志下》“宋官品表”，公府掾属为七品官，但在《隋书》卷二六《百官志上》“梁十八班表”中，六班有“嗣王庶姓公府掾属”，六班相当于五品。考虑到即使在公府中，太保也是比太尉、司徒、司空更高级别的“上公”，其掾属在西晋的时候可能实质上相当于五品。
2. 据《宋书》卷一四《礼志一》，东晋太元九年（384），虽然国子学得以复兴，但“品课无章，士君子耻与其列”。
3. 关于这种官职组合的意义，参见岡部毅史：《晋南朝の免官について—「免所居官」の分析を中心に—》，《東方学》101，2001年，第84页。顺便说一下，在《隋书·百官志上》“梁十八班表”中，秘书郎为二班的首位，著作佐郎被置于第二位，与此相对，奉朝请虽同为二班，但居于第八位，国子助教为第九位。虽然这并不能直接表明刘宋初期的班位，但可作为参考。
4. 东晋末期就任国子助教的事例见于《宋书》卷五五《臧焘传》：“少好学，善《三礼》。贫约自立，操行为乡里所称。晋孝武帝太元中，卫将军谢安始立国学，徐兖二州刺史谢玄举焘为助教。”虽然没有明确记载臧焘被授予乡品二品，但可以认为臧焘就是“二品才堪”之例。

有门第等级的分化，该门第得以固定，世袭特性愈发强烈。与此同时，在笔者看来，门地二品并不是指乡品二品的全部，而是乡品二品阶层中的上层；即使没有门地，如果一个人的才学受到认可的话，也有可能新加入乡品二品阶层中，这样便确保了一定的流动性。不过，如上所述，因为宫崎氏之所以假设在东晋中后期，乡品二品阶层固化，其内部门第也出现分化，世袭特性加强的论据不仅和范泰上表中的门地二品，也与如何广泛把握东晋中后期的社会问题密切相关，所以我们需要对这一点进行考察。

宫崎氏认为，“在北方流寓贵族中，尤为杰出的是琅邪王氏。接着谢氏崛起，并称王谢。第一、二位的贵族确定之后，其他家族就有了大致的标准，可以自然而然地划定，如此，南方贵族社会便出现了强烈的安定乃至固定的趋势”[1]，将东晋中后期视作贵族等级确立与固化的时期。当然，关于宫崎氏将王氏、谢氏一族一概而论这一点，正如矢野主税所批判的那样，应该考虑到由房支不同而产生差异的情形[2]；但宫崎氏所主张的东晋中后期贵族社会固化的论据除了王、谢以外，也和他对东晋末期以来姓谱盛行的理解有着很大关联。因此，以下将在本节中讨论姓谱问题。

首先，让我们来看一下宫崎氏的观点。

> 根据《南史》卷五九《王僧孺传》的记载，当时曾经有人编纂过官僚履历以制作《姓谱》。晋太元中，散骑侍郎贾弼编纂了七百一十二卷的庞大系谱，收藏于秘阁，其副本保存在尚书左民曹。此外，尚书存有各个官员的履历书，虽然一度在晋咸和初年的苏峻叛乱中被焚毁，但咸和二年以后的资料，直到宋代为止收藏于尚书左民曹前厢，分东西二库。据说王僧孺就是以这些资料为基础撰写《州谱》《百家谱集抄》等书的。百官履历存放在尚书左民曹，恐怕

---

1. 前揭《九品官人法の研究》，第31页（中译本第13页）。
2. 矢野主税：《起家の制について—南朝を中心として—》，《長崎大学教育学部社会科学論叢》24，1975年，第10、15页。

与免除徭役有关，能否被登录于这些所谓的士籍之上，决定了一个人是否要服徭役。如上所述，履历保存在尚书那里，并根据确凿的证据来判定门阀的上下，那么中正的工作就丧失大半。[1]

宫崎氏认为，判定门阀上下以决定序列时的根据是东晋太元（376—396）中所编纂的姓谱与官僚的履历书，它们都保管于尚书左民曹。但是，关于宫崎氏所谓的履历书，《南史》卷五九《王僧孺传》称：

先是，尚书令沈约以为"晋咸和初（326），苏峻作乱，文籍无遗。后起咸和二年以至于宋，所书并皆详实，并在下省左户曹前厢，谓之晋籍，有东西二库。此籍既并精详，实可宝惜，位宦高卑，皆可依案。……臣谓宋、齐二代，士庶不分，杂役减阙，职由于此。窃以晋籍所余，宜加宝爱"。

如上所示，苏峻叛乱之际散佚的不是履历书，而是户籍。其实，沈约的上言亦载于《通典》卷三《食货·乡党》，与前文引用的《南史》记载稍有出入的是，他提出了对庶民通过不正当更改户籍记录来冒称士族，从而获得免役特权这种问题的解决方案[2]，因为不是与官僚人事相关的对策，所以不会涉及官僚的履历书。因此，从上述记述可以看出，一个人是士族还是庶民，是根据户籍中记录的父祖为官履历来判定的；不过，这与评定门阀的上下等级并无关联。

还有一则关于姓谱的史料，紧接前引沈约的上言谓：

---

1. 前揭《九品官人法の研究》，第171页（中译本第120—121页）。

2. 参见池田温：《中国古代籍帳研究—概観·録文—》，东京大学出版会，1979年，第30—32页（中译本见《中国古代籍帐研究》，龚泽铣译，中华书局，2007年，第46—47页）；中村圭爾：《南朝戸籍に関する二問題》，收入《六朝江南地域史研究》，汲古书院，2006年，等等。此外，宫崎氏将"晋籍"解释成官僚的履历书而非户籍，是根据赵翼《陔余丛考》卷一七"谱学"的解释而来，宫崎氏以外，也有杨冬荃《六朝时期家谱研究》(《谱牒学研究》4，1995年）等把"晋籍"解释成"家谱簿状"（第10页）。不过，就上下文而言，"晋籍"乃是东晋时代的户籍。

> 武帝以是留意谱籍，州郡多离其罪，因诏僧孺改定《百家谱》。始晋太元中，员外散骑侍郎平阳贾弼笃好簿状，乃广集众家，大搜群族，所撰十八州一百一十六郡，合七百一十二卷。凡诸大品，略无遗阙，藏在秘阁，副在左户。及弼子太宰参军匪之、匪之子长水校尉深世传其业。[1]太保王弘、领军将军刘湛并好其书。弘日对千客，不犯一人之讳。湛为选曹[2]，始撰百家以助铨序，而伤于寡略。齐卫将军王俭复加去取，得繁省之衷。僧孺之撰，通范阳张等九族以代雁门解等九姓。其东南诸族别为一部，不在百家之数焉。[3]

这则史料说明了东晋末年以来直到梁初的姓谱编纂历史。这个姓谱除了与户籍相结合用以判别士庶之外，也用于吏部选考，这一点从上述有关刘湛的记载中可以得知，但具体是如何使用的呢？首先，是在人事选考时为避官员父祖之讳而使用。[4]《梁书》卷二五《徐勉传》称：

> 勉居选官，彝伦有序，既闲尺牍，兼善辞令，虽文案填积，坐客充满，应对如流，手不停笔。又该综百氏，皆为避讳。

可见避父祖之讳是精通姓谱的重要目的之一。吏部的职务中有必须精通“百氏”的要求，这也见于《南齐书》卷四二《王晏传》中的如下

1. 关于贾氏的谱学，《南齐书》卷五二《文学·贾渊传》亦谓：“世传谱学。……先是谱学未有名家，渊祖弼之广集百氏谱记，专心治业。晋太元中，朝廷给弼之令史书吏，撰定缮写，藏秘阁及左民曹。渊父及渊三世传学，凡十八州士族谱，合百帙七百余卷，该究精悉，当世莫比。永明中，卫军王俭抄次《百家谱》，与渊参怀撰定。”
2.《宋书》卷六九《刘湛传》称：“景平元年，召入，拜尚书吏部郎，迁右卫将军。”
3.《梁书》卷三三《王僧孺传》谓：“僧孺集《十八州谱》七百一十卷，《百家谱集》十五卷，《东南谱集抄》十卷。”
4. 参见野田俊昭：《東晋時代における孝と行政》，《九州大学東洋史論集》32，2004年，第56—57页。

记载：

> 上欲以高宗代晏领选，手敕问之。晏启曰："鸾清干有余，然不谙百氏，恐不可居此职。"上乃止。

虽然没有明记精通百氏具体为何，但如果参照前揭《徐勉传》的话，那么也可知避任职者父祖之讳应是其目的之一。不过，避父祖之讳固然重要，但若只是为此，也不必精通"百氏"。[1]

《陈书》卷二六《徐陵传》谓：

> 自古吏部尚书者，品藻人伦，简其才能，寻其门胄，逐其大小，量其官爵。

这说明了吏部尚书对希望任职者划分评价时的准则[2]，为调查"门胄"，也必须精通"百氏"。实际上，梁元帝所撰《金楼子》卷二《戒子》中也称：

> 谱牒，所以别贵贱明是非，尤宜留意。或复中表亲疏，或复通塞升降，百世衣冠，不可不悉。

确实，在掌握个人的门地时，谱牒也被认为是很有用的。

然而，这里的问题是，在调查门地的时候要以何种方式进行呢？也就是说，是机械地根据姓谱中划分的门第等级自动决定官职呢？还是姓谱中并没有记载门第等级，仅记录了父祖的官职与婚姻关系，要根据个别人事案件，来提取所需信息进行比较呢？管见所及，论及这

1. 除此之外，《陈书》卷二一《孔奂传》谓："（太建）六年，迁吏部尚书。……时有事北讨，克复淮、泗，徐、豫酋长，降附相继，封赏选叙，纷纭重叠，奂应接引进，门无停宾。加以鉴识人物，详练百氏，凡所甄拔，衣冠缙绅，莫不悦伏。"又《陈书》卷三〇《陆琼传》称："迁吏部尚书，著作如故。琼详练谱谍，雅鉴人伦。"可以看到，精通"百氏"与"谱牒"作为吏部尚书的资质是很重要的，但具体要如何使用则并未明记。
2. 参见中村圭爾：《清官と濁官》，收入《六朝貴族制研究》，风间书房，1987年，第346页。

一点的研究尚未出现，而以有划分门第等级为前提的论证则较多。[1]若非要探寻其论据的话，可以从唐代《氏族志》中的氏族等级划分来类推，在唐代以前，山东与关中名族——“郡姓”的等级是北魏孝文帝时期所确定的（分定姓族、详定姓族）。《新唐书》卷一九九《儒学传中·柳冲传》所载的柳芳“氏族论”[2]中谓：

> “郡姓”者，以中国士人差第阀阅为之制，凡三世有三公者曰“膏粱”，有令、仆者曰“华腴”，尚书、领、护而上者为“甲姓”，九卿若方伯者为“乙姓”，散骑常侍、太中大夫者为“丙姓”，吏部正员郎为“丁姓”。凡得入者，谓之“四姓”。

据说在北魏详定姓族的过程中，有“膏粱”“华腴”“甲姓”“乙

1. 内藤湖南《支那中古の文化》（原刊于1947年，后收入《内藤湖南全集》十，1969年）认为，“梁武帝时，侯景自北齐来降于梁。他虽为野蛮人，却想成为贵族，当他说想与南朝的名门王、谢之门第结亲时，武帝则说王、谢门第过高，应与稍微低一点儿的门第结亲。贵族皆作谱牒，据此以定等级。唐太宗为天子时，派人调查谱牒，博陵崔氏为一流（崔氏虽多，但博陵崔氏为一流），太宗之家为三流。当时，整个门阀被划分为九等，共计二百九十三姓，一千六百五十一家”（第326页），这明确了根据谱牒决定等级的解释。然而，这里所引用的侯景婚姻故事，在《南史》卷八〇《贼臣·侯景传》中谓：“（侯景）请娶于王、谢，（梁武）帝曰：‘王、谢门高非偶，可于朱、张以下访之。’”这表明侨姓名门王、谢比吴姓名门朱、张有着更高的评价，但并未明示在南朝是据谱牒来决定等级。内藤的上述解释只是从唐太宗时期有过划分等级类推而来的。此外，《晋书》卷五一《挚虞传》称：“虞以汉末丧乱，谱传多亡失，虽其子孙不能言其先祖，撰《族姓昭穆》十卷，上疏进之，以为足以备物致用，广多闻之益。以定品违法，为司徒所劾，诏原之。”可见在西晋挚虞的《族姓昭穆》中，有进行“定品”，即划分等级，但从有关东晋南朝姓谱的记述来看，并没有找到进行过等级评定的确凿证据。另外，《宋书》卷八三《宗越传》称：“宗越，南阳叶人也。本河南人，晋乱，徙南阳宛县，又土断属叶。本为南阳次门，安北将军赵伦之镇襄阳，襄阳多杂姓，伦之使长史范覬之条次氏族，辨其高卑，覬之点越为役门。”虽然不是在所谓姓谱中划分等级，却是在襄阳划分氏族等级，可知至少有这样三个等级存在，即次门、役门以及可能是次门之上的名门。越智重明将此则记载作为一个证据，来假设存在由甲族、次门、后门、三五门（役门）这四个阶层所构成的“族门制”（《魏晋南朝の貴族制》，研文出版，1982年），但上述记载说到底只是称襄阳在划分氏族等级，难以将其视为在全国范围内所实施的制度。关于这一点，本书第八章《南朝贵族的门第》已有阐述。
2. 参见本书第十二章《柳芳“氏族论”与“六朝贵族制”学说》。

姓”“丙姓”“丁姓”六个等级。然而，我们并没有看到足以表明在南朝的姓谱制定时，有进行过这种等级划分的记述。南朝是否像北魏那样确立门第，将其载于姓谱，从而作为官吏人事铨选的准则呢？不得不说，这是需要另外探讨的问题。

在南朝任用官吏之际，具体是怎样判定的呢？可以说明这一点的史料很少。《隋书》卷二六《百官志上》的“陈官制”中称：

> 三公子起家员外散骑侍郎。令仆子起家秘书郎，若员满，亦为板法曹，虽高半阶，望终秘书郎下。次令仆子起家著作佐郎，亦为板行参军。

其中有任子的规定。虽然这是陈的官制，但陈是沿袭梁的制度，而且，在东晋、宋、齐时代，即便不是那么井然有序，也基本上贯彻了任子原理，这一点已由中村圭爾所证实。[1]由此看来，可以说相较于门第而言，选官时更为重视父亲的官职。《南齐书》卷三三《王僧虔传》中所见的如下记载，可以说是不仅以父亲或祖父，还以广泛的亲族的官职，以及与皇室的婚姻关系决定官员人事问题的事例，这在考虑人事与门第的关系上很重要。

> 元徽（473—477）中，迁吏部尚书。高平檀珪罢沅南令，僧虔以为征北板行参军。诉僧虔求禄不得，与僧虔书曰：“……仆一门虽谢文通，乃忝武达。群从姑叔，三媾帝室，祖兄二世，糜躯奉国，而致子侄饿死草壤。……去冬乞豫章丞，为马超所争，今春蒙敕南昌县，为史偃所夺。二子勋荫人才，有何见胜。若以贫富相夺，则分受不如。身虽孤微，百世国士，姻媾位宦，亦不后物。尚书同堂姊为江夏王妃，檀珪同堂姑为南谯王妃，尚书妇是江夏王女，檀珪祖姑嫔长沙景王，

1. 中村圭爾：《九品官人法における起家》，收入前揭《六朝貴族制研究》。

> 尚书伯为江州[1]，檀珪祖亦为江州[2]，尚书从兄出身为后军参军[3]，檀珪父释褐亦为中军参军[4]。仆于尚书，人地本悬，至于婚宦，不肯殊绝。……”

这里讲述了这样一个故事：在刘宋末期的元徽年间，虽然檀珪辞去沅南令后被任命为征北板行参军，但他请求获得俸禄收入较好的官职，檀珪对吏部尚书王僧虔说，自己家与王僧虔家的累代婚姻和仕宦状况没有多大差别，请求对方答应自己的要求。尽管这是面对名门中的名门出身的王僧虔，表现出不知天高地厚态度的故事，但像这样比较亲族的婚姻和仕宦状况本身，在决定任职候补者优劣之时，应是当时的普遍现象。

像上述那样追溯家谱、比较亲族的婚姻与仕宦状况来要求官职，是希望任职者所为。而且为了处理这种要求，或者不管有无类似要求，为了获得对广泛官僚阶层的了解，从而进行人事工作[5]，都要求吏部尚书与尚书吏部郎必须精通“百氏”。如果这种假设没错的话，那就很难想

1.《宋书》卷四二《王弘传》谓：“（义熙）十四年，迁监江州豫州之西阳新蔡二郡诸军事、抚军将军、江州刺史。”可见王僧虔的伯父王弘曾就任过江州刺史。

2.《宋书》卷四五《檀韶传》谓：“（义熙）十二年，迁督江州豫州之西阳新蔡二郡诸军事、江州刺史，（左）将军如故。”可见檀珪的祖父檀韶曾就任过江州刺史。

3.《宋书》卷七五《王僧达传》称：“年未二十，以为始兴王濬后军参军。”可见王僧虔的从兄（王弘之子）王僧达是以始兴王濬的后将军府参军起家的。

4. 关于檀珪的父亲，因《南史》卷一五《檀道济传附檀韶传》仅谓：“子臻字系宗，位员外郎，臻子珪。”所以无法确认其起家官。

5. 野田俊昭《南朝における吏部の人事行政と家格》（前揭）等一系列研究与对广大官僚阶层有所了解的人事制度相关，重视在南朝吏部的人事行政中清议的作用，这些研究颇具启发性。而且，《艺文类聚》卷四八引《王蕴别传》载有关于东晋时代吏部郎王蕴的逸闻，谓：“蕴字叔仁，为吏部郎，欲使时无屈滞。……一官欠者，求者十辈。蕴连状呈宰录曰：‘某人有地，某人有才。’不得者甘心无怨。”可以看到，虽然围绕一个官职展开了激烈的竞争，但没有得到官职者也能接受王蕴的人事安排，他作为吏部负责人享有较高的评价。此外，《宋书》卷五八《王球传》称：“迁吏部尚书。……居选职，接客甚希，不视求官书疏，而铨衡有序，朝野称之。”又《梁书》卷二一《王泰传》谓：“复征中书侍郎，敕掌吏部郎事。累迁给事黄门侍郎，员外散骑常侍，并掌吏部如故，俄即真。自过江，吏部郎不复典大选，令史以下，小人求竞者辐凑，前后少能称职。泰为之不通关求，吏先至者即补，不为贵贱请嘱易意，天下称平。”这表明吏部人事受到“朝野”乃至“天下”的关注，成为评价的对象。

象，东晋末期以来，在由贾氏等所制作的姓谱之类中，会明确记载着诸氏的等级划分。这是因为如果姓谱中明确记载着门第等级的话，就应该能够根据其等级来机械地运用；若是那样的话，就不用特意精通“百氏”，只需检索姓谱以确认等级就足够了。姓谱中写有以父祖为代表的亲族之讳、婚姻、仕宦等信息，每当某官职有缺额时，对于各个人事案件，需要知晓候补者本人的才能以及门第等背景，才能对其进行综合评价。正因如此，朝廷才必须强调要精通“百氏”。

如此看来，东晋末期以来，在历经数次编纂的所谓姓谱之中，可以说并没有进行过门第的等级划分；另外，门地二品是乡品二品中的上层，即使没有门地，而凭借才学也能加入乡品二品阶层。这两者是相辅相成的。由此看来，对于东晋中后期以降的门阀贵族社会固化这一点，我们不得不有所保留。

第三节　对门阀贵族的批判

从对范泰上表中的“门地二品”与东晋末期以降姓谱的考察来看，我们大致可以明确：在东晋中后期以降，门阀贵族的门第序列得以确立的通说缺乏论据。尽管如此，但作为以往门阀贵族社会固化这种通说盛行的要因，南朝时期就曾展开过对门阀贵族的批判，其中有为强调门阀贵族社会的固化而展开论证这一点，也与该说的风行有着很大关系。在本节中，我们将对这种批判门阀贵族的言论进行探讨。

首先，我们来看一下《宋书》的作者沈约所做的批判。《宋书》卷九四《恩幸传·序》谓：

> 汉末丧乱，魏武始基，军中仓卒，权立九品，盖以论人才优劣，非为世族高卑。因此相沿，遂为成法。自魏至晋，莫之能改，州都郡正，以才品人，而举世人才，升降盖寡。徒以冯藉世资，用相陵驾，都正俗士，斟酌时宜，品目少多，随事俯仰，刘毅所云“下品无高门，上品无贱族”者也。岁月迁讹，斯风渐笃，凡厥衣冠，莫非二品，自此以还，遂成

> 卑庶。周、汉之道，以智役愚，台隶参差，用成等级。魏晋以来，以贵役贱，士庶之科，较然有辨。

宫崎氏引用沈约的议论，作为贵族阶级——门地二品成立的旁证。[1]确实，“凡厥衣冠，莫非二品，自此以还，遂成卑庶”这种叙述表明，在宋、齐时代，乡品二品阶层独占六品以上的流内官，至少是沈约所意识到的问题。恐怕这不仅是沈约，也是当时有识者的共识。而且，沈约还指出二品独占高官的背景，即本来应该根据个人的才能来评定等级的中正，最终会给出受到辈出累世高官的有势力家门之意向左右的评价。这虽是基于“下品无高门，上品无贱族”这种刘毅对中正制度批判的观点，但应该注意到的是，即便在沈约看来，中正评定等级也始终受到有势力家门的意向左右，最终出现了“下品无高门，上品无贱族”[2]的倾向性，不过，绝对不能认为这是根据门第而自动授予乡品。关于这一点，宫崎氏也认为，“不过直到西晋前后为止，人们还在综合个人有无才德来做评价”[3]。所以，这里的问题就在于西晋以后，历经东晋至南朝为止，根据门第来自动授予乡品，从而形成了由被授予乡品者中的二品之人独占高位官职的局面这种主流观点。[4]

在描述由二品独占高官的文字之后，沈约又说到从“以智役愚”的周、汉之道，变为魏晋以来的“以贵役贱”现状，他由此说明了乡品二品阶层独占六品以上流内官的情况。从中可以确认一点，即相较于智愚而言，沈约那个时代更倾向于重视贵贱，沈约极力赞同根据智愚的不同来设置等级的贤才主义之道。不过，同时也应确认的是，《恩幸传》序文本身并没有说明是否会根据门第来自动决定乡品乃至就任官职。沈约《宋书》本纪、列传的完成，是南齐武帝永明年间（483—

---

1. 前揭《九品官人法の研究》，第206—207页（中译本第148页）。
2.《晋书》卷四五《刘毅传》作“上品无寒门，下品无势族”。
3. 前揭《九品官人法の研究》，第453页（中译本第345页）。越智重明《魏晋南朝の貴族制》（前揭）也列举出西晋贵族制的特质，即“还没有完全以门第为中心”（第172页）。
4. 这种主流观点基于宫崎市定的学说。例如，可参阅前揭《九品官人法の研究》中所谓的“东晋以后，个人几乎被忽视了，仅仅评价门第”（第453页；中译本第345页）。越智重明的“族门制”学说对于这一点也基本上持同样的理解。

493）之事，与沈约相同的贤才主义主张，在《宋略》作者裴子野的论中也能看到，该书于南齐末期完成。

《资治通鉴》卷一二八《宋纪》一〇“孝武帝大明二年”的“裴子野论曰”条谓：

> 古者，德义可尊，无择负贩，苟非其人，何取世族！名公子孙，还齐布衣之伍，士庶虽分，本无华素之隔。自晋以来，其流稍改，草泽之士，犹显清途，降及季年，专限阀阅。自是三公之子，傲九棘之家，黄散之孙，蔑令长之室，转相骄矜，互争铢两，唯论门户，不问贤能。以谢灵运、王僧达之才华轻躁，使其生自寒宗，犹将覆折，重以怙其庇荫，召祸宜哉。

此论中所见的“三公之子”“九棘之家”“黄散之孙”“令长之室”，与贯彻全文的对门阀批判的论旨相辅相成，确实会让人联想到存在被俨然划分等级的贵族门第。可是，如果仔细分析的话，“三公之子”这种表述，虽在其后所接语句中被替换成“孙”“家”之词，但这应与上一节所引《隋书》卷二六《百官志上》“陈官制”中的任子规定相结合来考虑。如先前所述，有一点我们不能忽视，即可以确认在当时官员起家的实际情况中，任子制在事实上是基本贯彻始终的。而且，任子制式任用的结果是让某种门第得以形成也是事实，从裴子野对门阀的批判、贤才主义主张的主旨来看，把“三公之子”以下的语句看成任子制式任用所形成的门第较为妥当。与当时官制运用的实际情况相结合来考察，从裴子野之论，即便可以得出任子制式任用使得门第形成这种结论，但反过来说，也无法认为是根据预先被划分等级的门第来授予乡品或官职的。

以上就是南齐时的沈约、裴子野两位士大夫对门阀的批判论。虽然可以确认他们都是从对门阀的批判、贤才主义的立场出发，来尖锐批判当时重视门第的风潮的，但还不能得出以门第为前提给予乡品二品，从而授予六品以上流内官的官职这种结论。南齐时期贤才主义主张的高涨，是梁王朝的创始人梁武帝萧衍所进行的改革的成果，萧衍在南齐最后时期所提出的上表文（《梁书》卷一《武帝纪上》）亦谓：

且闻中间立格，甲族以二十登仕，后门以过立[1]试吏，求之愚怀，抑有未达。

该上表文指出了“甲族”与“后门”间等级差距的不合理性。“甲族”是以六品官的秘书郎、著作佐郎等起家的阶层，而“后门”虽然同样以六品官起家，却是以比秘书郎、著作佐郎等评价稍低的奉朝请、太学博士等起家的阶层，他们都属于乡品二品阶层。总之，“甲族”是乡品二品中的上层，“后门”为乡品二品中的下层。[2]萧衍上表中被视为问题的“甲族”与“后门”间的等级差距，和沈约《恩幸传》序文中所强调的“二品”及其以下之间的等级差距，虽是不同的问题，但其背景相同，即存在相比才能而更重视出身的风气。萧衍的上表乍看似乎是证明了这种制度的存在，即以“甲族”“后门”等门第为前提的起家须与门第相称，但如果考虑到上一节所考察的官吏任用实际情况的话，那么这种起家制度是以父亲的官职为主要因素，综合考虑其他条件后，才能决定起家年龄与起家官的制度。像这样历经数代经营累积，出现了未满20岁起家者辈出的现象，从而形成了所谓的“甲族”门第，但并没有出现相反的情形。[3]

综上所述，本节对关于门阀批判论的记述进行了探讨，它是支持

---

1. “过立”为25—29岁，这是根据安田二郎《王僧虔「誡子書」攷》（收入《六朝政治史の研究》，京都大学学术出版会，2003年）对当时年龄表述的研究而来的。参见本书第八章《南朝贵族的门第》。

2. 越智重明的“族门制”学说以秘书郎、著作佐郎等起家的阶层为乡品二品的甲族，以奉朝请、太学博士等起家的阶层为乡品三—五品的次门。与此相对，批判这一学说并认为越智氏的所谓“次门”也属于乡品二品的观点，见于中村圭爾《九品官人法における起家》（前揭）第216—217页和安田二郎《南朝貴族制社会の変革と道徳·倫理》（收入前揭《六朝政治史の研究》）第691页注49。在这一点上，笔者也赞成中村、安田两氏的意见。

3. 参见本书第九章《南朝官员的起家年龄》。

东晋中后期以降门阀贵族社会固化这种通说的论据。我们确实可以看到有由乡品二品阶层独占六品以上流内官的倾向，乡品二品阶层中存在上下之别也是事实，不能否定有重视出身的倾向，以及可以被称为门第的东西的形成。不过，从这一点来看，只以门第为前提来进行乡品授予和官吏任用的看法，应该说是被当时的门阀批判论口吻诱导而形成的理解。即使形成了重视门第与家世的社会，实际情况也应是这样的：以父亲的官职为主，此外还要考虑到亲族的官职就任状况，与皇室的姻戚关系，本人的才能、学问等诸多条件，从而决定任职与乡品。[1]例如，《宋书》卷八九《袁粲传》称：

> 陈郡阳夏人，太尉淑兄子也。父濯，扬州秀才，蚤卒。祖母哀其幼孤，名之曰愍孙。伯叔并当世荣显，而愍孙饥寒不足，母琅邪王氏，太尉长史诞之女也，躬事绩纺，以供朝夕。愍孙少好学，有清才。……初为扬州从事，世祖安北、镇军、北中郎行参军，南中郎主簿。

袁粲的父亲早逝，叔父们虽为高官，他却过着贫苦生活，以二流贵族的起家官扬州从事史起家，其后则历任军府的行参军与主簿等职。尽管应该考虑到这则故事中含有夸张成分，它过于强调后来飞黄腾达的袁粲在幼年时的艰苦，但更值得注意的是，如果父亲的官职几乎是孩子任职之际的决定性要因不是实情的话，这则故事就确实无

1. 野田俊昭《宋斉時代における参軍起家と梁陳時代の蔭制》(《九州大学東洋史論集》25，1997年）列举出了如下和祖父与父亲的官职无关，而根据门第起家的《宋书》卷五七《蔡廓传》的事例（第81页）：“蔡廓字子度，济阳考城人也。曾祖谟，晋司徒。祖系，抚军长史。父綝，司徒左西属。廓博涉群书，言行以礼。起家著作佐郎。”确实，蔡廓的父亲和祖父都不是三品官，这也可以认为是因为他本人的才学受到好评，从而以著作佐郎起家，所以未必能说蔡廓是凭借门第来起家的。虽然同氏《南朝における家格の変動をめぐって》(《九州大学東洋史論集》16，1988年）中也列举出上述《蔡廓传》以外的数个事例（第82—83页），但未必能说它们都是以门第来起家的论据。如果基于本章第二节的研究，倒不如说可以认为当时是以父亲的官职为中心，并考虑其他因素，从而决定起家官或是以后的职位的。

法成立。[1]

结　　语

以往的南朝门阀贵族制社会给人以这样的印象，即存在被明确划分等级的门第，而且根据门第来自动授予官职。本章对这种印象形成的论据——门地二品、姓谱的盛行、沈约等人对门阀的批判等问题逐一进行了探讨，结果得出了上述关于南朝门阀贵族制的印象需要大幅修正的结论。政府根据官僚的履历等资料决定公认的门第序列，并记录在姓谱上，再根据姓谱所记录的门第等级，自动决定每个希望任职者的官职这种说法也并不成立。南朝官吏任用的实际情况，是以希望任职者父亲的官职为基础，再加上其他因素，根据各自的情况来决定官职，正因为如此，才会要求吏部官僚通晓谱学。以这样一种任子制为基础的任职所累积的结果，是形成了累世高官辈出的门第，出现了由重视门第的风潮所统治的社会，可以称之为门阀贵族制社会。虽然这一点不可否认，但那只是结果而已，根据门第自动获得官职的体制到最后都未能实现。因此，即便是可以被视作门阀贵族的门第，因父亲的早逝等缘由而没落也不是什么稀奇的事，相反，在父亲遭逢禅让革命或是其他政变而成功抓住发迹机会的情况下，其子孙就会迅速上升，从而形成新兴贵族门第。当然，以往的贵族门第对这些新兴门第的排斥反应相当强烈，瞬间沦落为庶民之例也有许多，但其中也有像到彦之的子孙（《南史》卷二五）

---

1. 此外，《宋书》卷五九《江智渊传》谓："江智渊，济阳考城人，湘州刺史夷弟子。父僧安，太子中庶子。智渊初为著作郎，江夏王义恭太尉行参军，太子太傅主簿，随王诞后军参军。世父夷有盛名，夷子湛又有清誉，父子并贵达，智渊父少无名问，湛礼敬甚简，智渊常以为恨，自非节岁，不入湛门。……元嘉末，除尚书库部郎。时高流官序，不为台郎，智渊门孤援寡，独有此选，意甚不说，固辞不肯拜。"《宋书》卷八五《王景文传附兄子蕴传》称："景文兄子蕴字彦深。父楷，太中大夫，人才凡劣，故蕴不为群从所礼，常怀耻慨。家贫为广德令。"《南齐书》卷四七《王融传》谓："父道琰，庐陵内史。母临川太守谢惠宣女，惇敏妇人也。教融书学。融少而神明警惠，博涉有文才。举秀才。晋安王南中郎板行参军，坐公事免。竟陵王司徒板法曹行参军，迁太子舍人。融以父官不通，弱年便欲绍兴家业，启世祖求自试。"这表明在父亲作为官僚却无法发迹的情况下，会对其子的仕途有所影响。

那样成为新兴门第，晋升为以往贵族门第中一员的例子。[1]我认为由宫崎氏的研究而正式化的南朝门阀贵族制社会研究，过于强调南朝社会的固定化局面，所以特意提出在各门第浮沉的激烈流动局面中，存在把握南朝社会的可能性。

1. 关于这个事例，参见越智重明：《南朝における皇帝の中央貴族支配に就いて》，《社会経済史学》21-5·6，1956年，第99—100页。

第十一章

关于东晋琅邪王氏墓志

前　言

南京市博物馆从1998年9月到12月，在南京市北郊的象山（俗称人台山）发掘了三座琅邪王氏墓，又在2000年4月发掘了一座琅邪王氏墓。在20世纪六七十年代就已发掘了七座琅邪王氏墓，这样便总共调查了11座墓。这些墓中有墓志出土的为以下七座，在此列出各自出土之墓、墓志、《文物》杂志上所发表报告的刊载号：

一号墓：王彬子王兴之及其夫人宋和之（《文物》1965年第6期）

三号墓：王彬长女王丹虎（《文物》1965年第10期）

五号墓：王兴之长子王闽之（《文物》1972年第11期）

六号墓：王彬继室夫人夏金虎（《文物》1972年第11期）

八号墓：夏金虎子王企之（《文物》2000年第7期）

九号墓：王彬孙（王彭之长子）王建之及其夫人刘媚子（《文物》2000年第7期）

十一号墓：王康之及其夫人何法登（《文物》2002年第7期）

关于这些墓志，除《文物》刊登的报告以外，南京市博物馆《南京出土六朝墓志》与赵超《汉魏南北朝墓志汇编》[1]中载有一号墓、三号墓、五号墓、六号墓的墓志，罗新、叶炜《新出魏晋南北朝墓志疏证》[2]中载有八号墓、九号墓、十一号墓的墓志。尤其是罗新、叶炜的著作附有详细的考证，大有助益。此外，张学锋所发表的《南京象山东晋

1. 南京市博物馆：《南京出土六朝墓志》，文物出版社，1980年；赵超：《汉魏南北朝墓志汇编》，天津古籍出版社，1992年。

2. 罗新、叶炜：《新出魏晋南北朝墓志疏证》，中华书局，2005年。

王氏家族墓志研究》[1]是有关东晋琅邪王氏墓志的专论，王大良《中国古代家族与国家形态》[2]也较为详细地言及了东晋琅邪王氏墓志。在日本，除中村圭爾发表了提及东晋琅邪王氏墓志的论文[3]以外，还有堂薗淑子《南嶽魏夫人の家族と琅邪の王氏》[4]等论文。堂薗氏选取王建之夫人刘媚子墓志，考察了琅邪王氏以及和琅邪王氏通婚的诸多家族与道家之间的关系，因为刘媚子的父亲刘璞被认为是茅山派道教创始人魏华存（南岳魏夫人）的长子。笔者也曾发表过对这些墓志的试译。[5]不过，因为拙稿刊登在印数较少的报告书上，所以本章在重新展示对东晋琅邪王氏墓志拙译的基础上，想选取这些问题来考察一下：应该如何在被称为贵族制社会的当时的社会状况之中定位这些墓志呢？或者反之，应该怎样通过这些墓志的记述研究当时的社会状况呢？

第一节　东晋琅邪王氏墓志

本节会列出现在发掘报告公布的所有东晋琅邪王氏墓志的释文与翻译。释文中的“/”表示行末。

A. 王兴之墓志（115字）：一号墓

君讳兴之字稚陋琅耶临/沂都乡南仁里征西大将/军行参军赣令春秋卅一/咸康六年十月十八日卒/以七年七月廿六日葬于/丹杨建康之白石于先考/散骑常侍尚书左仆射特/进卫

1. 张学锋：《南京象山东晋王氏家族墓志研究》，收入《汉唐考古与历史研究》，生活·读书·新知三联书店，2013年。
2. 王大良：《中国古代家族与国家形态——以汉唐时期琅邪王氏为主的研究》，甘肃人民出版社，1999年。
3. 中村圭爾：《六朝貴族制研究》第三篇补章《墓誌銘よりみた南朝の婚姻関係》，风间书房，1987年；同氏《六朝江南地域史研究》第八章《南京附近出土六朝墓に関する二三の問題》，原刊于1982年，汲古书院，2006年；同书补章《江南新出六朝墓と墓誌》。
4. 堂薗淑子：《南嶽魏夫人の家族と琅邪の王氏—王建之妻劉媚子墓誌を中心に—》，《桃の会論集》3，2005年。
5. 拙稿《東晋の墓誌》，《『歴史資源』として捉える歴史資料の多角的研究》，平成十四年度东北大学教育研究共同项目成果报告书，2003年。

将军都亭肃侯墓之／左故刻石为识藏之于墓／长子闽之　女字稚容／次子嗣之　出养第二伯／次子咸之／次子预之

【译文】君讳兴之，字稚陋，琅邪郡临沂县都乡南仁里之人，征西大将军行参军、赣令，享年三十一，咸康六年（340）十月十八日去世，于七年七月二十六日葬在丹杨郡建康县白石的亡父散骑常侍、尚书左仆射、特进、卫将军、都亭肃侯王彬之墓的左侧。因此刻石以为墓志[1]，藏于墓中。长子闽之。女字稚容。次子嗣之，为第二伯的养子。三子咸之。四子预之。

B. 宋和之墓志（88字）：同上

命妇西河界休都乡吉迁／里宋氏名和之字秦嬴春／秋卅五永和四年十月三／日卒以其月廿二日合葬／于君柩之右／父哲字世俊使持节散骑／常侍都督秦梁二州诸军／事冠军将军梁州刺史野／王公／弟延之字兴祖袭封野王／公

【译文】命妇，西河郡界休县都乡吉迁里之宋氏，名和之，字秦嬴，享年三十五，永和四年（348）十月三日去世，同月二十二日合葬于王兴之的灵柩右侧。父亲宋哲，字世俊，使持节、散骑常侍、都督秦梁二州诸军事、冠军将军、梁州刺史、野王公。弟宋延之，字兴祖，袭封野王公。

C. 王丹虎墓志（65字）：三号墓

晋故散骑常侍特进卫将军尚书左／仆射都亭肃侯琅耶临

---

1. 前揭拙稿《東晋の墓誌》将原文“识”译作“标识”。虽然笔者认为它具有“标识”这种意思的看法并未改变，但此处根据《南京出土六朝墓志》中“志文中‘刻石为识’的‘识’，意即墓志的‘志’”这种意见而改成“墓志”。另外，关于“刻石为识”等的记述，窪添慶文《墓誌の起源とその定型化》(《立正史学》105，2009年）认为“这应是明确表示墓志具有很强的‘标识’意味”（第7页）。

沂王彬之长／女字丹虎年五十八升平三年七月／廿八日卒其年九月卅　日葬于白／石在彬之墓右刻砖为识

【译文】晋故散骑常侍、特进、卫将军、尚书左仆射、都亭肃侯、琅邪临沂王彬的长女，字丹虎，享年五十八，升平三年（359）七月二十八日去世，同年九月三十日，葬于白石的王彬墓之右侧，刻砖以为墓志。

D. 王闽之墓志（84字）：五号墓

晋故男子琅耶临沂都乡南仁／里王闽之字治民故尚书左仆／射特进卫将军彬之孙赣令兴／之之元子年廿八升平二年三／月九日卒葬于旧墓在赣令墓／之后故刻砖于墓为识／妻吴兴施氏字女式／弟嗣之咸之预之

【译文】晋故男子、琅邪郡临沂县都乡南仁里王闽之，字治民，故尚书左仆射、特进、卫将军彬的孙子，赣令兴之的长子。享年二十八。升平二年（358）三月九日去世，葬于以往的墓地。该墓位于王兴之墓的后方。因此刻砖以为墓志。妻子吴兴施氏，字女式。弟嗣之、咸之、预之。

E. 夏金虎墓志（86字）：六号墓

晋故卫将军左仆射肃侯琅耶／临沂王彬继室夫人夏金虎年八十五／太元十七年正月廿二亡夫人男企之[1]卫军参军／妇

1. 关于王企之，南京市博物馆《南京象山5号、6号、7号墓清理简报》(《文物》1972年第11期）所载夏金虎墓志的释文中作“王仚之”（第27页），看拓本的话确实能看出是“仚”字。此外，南京市博物馆《南京象山8号、9号、10号墓发掘简报》(《文物》2000年第7期）中亦作“王仚之”墓志，拓本也仍旧能看出“仚”字。不过，据罗新、叶炜《新出魏晋南北朝墓志疏证》称，从八号墓出土的墓志可知此人的字为少及，由名与字意义的关系来看，作“企”为是（第18页)。《文选》卷五四的陆机《五等论》中有“盖企及进取，仕子之常志”，据李善注，这是根据《礼记·檀弓上》的“子思曰，先王之制礼也，过之者，俯而就之，不至焉者，跂而及之”，所以罗新、叶炜的说法较为合适。因此，本章作“王企之”。

彭城曹季姜父蔓少府卿大女翁爱／适湞阳丁引父宝永嘉太守小女隆爱适长乐／冯循父怀太常卿

【译文】晋故卫将军、左仆射、肃侯、琅邪临沂王彬的继室夫人夏金虎，享年八十五。太元十七年（392）正月二十二日去世。夫人的儿子企之，为卫军参军。企之的妻子，是彭城的曹季姜。曹季姜之父蔓，为少府卿。夫人的大女儿翁爱，嫁给湞阳的丁引。丁引之父宝，为永嘉太守。小女儿隆爱，嫁于长乐的冯循。冯循之父怀，为太常卿。

F. 王企之墓志（88字）：八号墓

晋故前丹杨令骑都尉琅耶临沂都乡南／仁里王企之字少及春秋卅九泰和二年／十二月廿一日卒三年初月廿八日葬于／丹杨建康之白石故刻石为志／所生母夏氏／妻曹氏／息女字媚荣适庐江何□[1]字祖庆／息男摸之字敬道

【译文】晋故前丹杨令、骑都尉、琅邪郡临沂县都乡南仁里的王企之，字少及，享年三十九。太和二年（367）十二月二十一日去世。三年正月二十八日，葬于丹杨建康之白石，刻石以为墓志。生母夏氏。妻曹氏。女儿字媚荣，嫁于庐江何□，字祖庆。儿子摸之，字敬道。

G. 王建之墓志（275字）：九号墓

晋故振威将军鄱阳太守／都亭侯琅耶临沂县都乡／南仁里王建之字荣妣故／散骑常侍特进卫将军尚／书左仆射都亭肃侯彬之／孙故给事黄门侍郎都亭／侯彭之之长子本州□

1. 南京市博物馆《南京象山8号、9号、10号墓发掘简报》（前揭）中谓无法释读，但罗新、叶炜《新出魏晋南北朝墓志疏证》中作“粋”，张学锋《南京象山东晋王氏家族墓志研究》（前揭）中则作“释”。不过，因为“何粋”与“何释”都无法从其他文献中得到确认，所以暂且从《简报》，录作□。

西／曹不行袭封都亭侯州檄／主簿建威参军太学博士／州别驾不行长山令廷尉／监尚书右丞车骑长史尚／书左丞中书侍郎振威将／军鄱阳太守春秋五十五／泰和六年闰月丙寅朔十／二日丁丑薨于郡官舍夫／人南阳涅阳刘氏先建之／半年薨咸安二年三月甲／午朔十四日丁未迁神其

（背面）

年四月癸亥朔廿六日戊／子合葬旧墓在丹杨建康／之白石丹杨令君墓之东／故刻石为识／二男未识不育大女玉龟／次女道末并二岁亡小女／张愿适济阴卞嗣之字奉／伯小男纪之字元万／建之母弟翘之见庐陵太／守小弟朔之前太宰从事／中郎

【译文】晋故振威将军、鄱阳太守、都亭侯，琅邪郡临沂县都乡南仁里王建之，字荣妣，故散骑常侍、特进、卫将军、尚书左仆射、都亭肃侯王彬之孙，故给事黄门侍郎、都亭侯彭之的长子，本州任命其为西曹而未去，继承了都亭侯的封爵。本州又任命其为主簿，历任建威参军、太学博士，被任命为州别驾但没有去，历任长山令、廷尉监、尚书右丞、车骑长史、尚书左丞、中书侍郎、振威将军、鄱阳太守。享年五十五，太和六年（371）闰十月十二日，于鄱阳郡官舍去世。夫人南阳涅阳的刘氏，早王建之半年而先去世。咸安二年（372）三月十四日，开始归葬，同年四月二十六日，合葬于旧墓。此旧墓位于丹杨建康县的白石，在丹杨令君王企之之墓的东侧。因此刻石以为墓志。两个儿子夭折，大女儿玉龟、次女道末都在两岁就去世了。最小的女儿张愿，嫁于济阴的卞嗣之，字奉伯。最小的儿子纪之，字元万。建之的同母弟翘之，现为庐陵太守。小弟朔之，为前太宰从事中郎。

H. 刘媚子墓志（171字）：同上

晋振威将军鄱阳太守都亭侯琅／耶临沂县都乡南仁里王建之字／荣妣故夫人南阳涅阳刘氏字媚／子春秋五十三泰和

六年六月戊／戌朔十四日辛亥薨于郡官舍夫／人修武令乂之孙光禄勋东昌男／璞之长女年廿来归生三男三女／二男未识不育大女玉龟次女道／末并二岁亡小女张愿适济阴卞／嗣之字奉伯小男纪之字元万其／年十月丙申朔三日戊戌丧还都／十一月乙未朔八日壬寅倍葬于／旧墓在丹杨建康之白石故刻石／为识

【译文】晋的振威将军、鄱阳太守、都亭侯，琅邪郡临沂县都乡南仁里王建之，字荣妣，其故夫人南阳涅阳刘氏，字媚子，享年五十三，于太和六年六月十四日，在鄱阳郡的官舍去世。夫人为修武令刘乂之孙，光禄勋、东昌男刘璞的长女，二十岁出嫁，育有三男三女，两个儿子夭折，大女儿玉龟与次女道末，都在两岁时去世，小女儿张愿则嫁给济阴卞嗣之，字奉伯。小儿子纪之，字元万。太和六年十月三日，遗体被运回都城，十一月八日，陪葬于旧墓。其旧墓位于丹杨郡建康县之白石。因而刻石以为墓志。[1]

I. 王康之墓志（44字）：十一号墓

永和十二年十月十七日晋／故男子琅耶临沂王康之字／承叔年廿二卒其年十一月／十日葬于白石故刻砖为识

【译文】永和十二年（356）十月十七日，晋故男子，琅邪临沂王康之，字承叔，享年二十二去世。同年十一月十日，葬于白石。因而

1. 刘媚子墓志除这里译出的石质墓志外，还有砖质墓志，但内容上除了砖质墓志较为简略外便无不同，因而没有专门译出。据南京市博物馆《南京象山8号、9号、10号墓发掘简报》（前揭），此砖质墓志是从墓坑填土中发掘的。《简报》推测，刘媚子比王建之早半年去世，所以这应是为方便后来的合葬所置（第19页）。关于这一点，张学锋《南京象山东晋王氏家族墓志研究》（前揭）提出了一种见解，即在埋葬刘媚子的十一月八日时，王建之在任职地于闰十月十二日去世的消息尚未传到建康，在刘媚子葬礼举行的时候，将砖质墓志置于墓室，其后王建之的讣告传来，遗体也被运回，在合葬的时候，重新改做的石质墓志被置于墓室，砖质墓志就被废弃在墓坑填土之中（第363页）。张氏的说法较为妥当。

刻砖以为墓志。

J. 何法登墓志（79字）：同上

晋故处士琅耶临沂王康之妻庐江／潜何氏侍中司空父穆公女字法登／年五十一泰元十四年正月廿五日卒／其年三月六日附葬处士君墓于／白石刻砖为识／养兄临之息绩之／女字夙旻适庐江何元度

【译文】晋故处士，琅邪临沂王康之之妻，庐江潜的何氏，为侍中、司空父穆公（何充）之女，字法登。享年五十一。太元十四年（389）正月二十五日去世。同年三月六日，附葬于白石的王康之之墓。刻砖以为墓志。以兄临之的儿子绩之为养子。女儿字夙旻，嫁于庐江何元度。

以上就是现在有报告的所有东晋琅邪王氏墓志。当通过这些墓志来探索当时贵族的实际情况时，哪些地方会构成问题呢？因此，我想另起一节，来试着考察这一点。

第二节　东晋琅邪王氏墓志中所见贵族社会

在考察十方东晋琅邪王氏墓志时，最引人注目的是有像王闽之【D墓志，以下仅记符号】与王康之【I】那样没有官爵而仅记作“男子”的事例。正因为六朝贵族的存在与王朝官员间有着密不可分的关系[1]这一点是学界共识，所以不得不说这种现象本身就是一个重大问题，即在东晋名门——琅邪王氏的家系之中存在着这样的无官爵之人。首先，我们从王闽之的事例来仔细看一下。

1. 中村圭爾：《六朝貴族制と官僚制》，收入《六朝政治社会史研究》，汲古书院，2013年，第63页。

一、王闽之

因王闽之在升平二年（358）二十八岁去世，故其生年为咸和六年（331）。父亲兴之【A】，在咸康六年（340）三十一岁去世，这时王闽之十岁。关于祖父王彬，《晋书》卷七六本传谓：

> 彬字世儒。……敦平，有司奏彬及兄子安成太守籍之，并是敦亲，皆除名。诏曰："司徒导以大义灭亲，其后昆虽或有违，犹将百世宥之，况彬等公之近亲。"乃原之。征拜光禄勋，转度支尚书。苏峻平后，改筑新宫，彬为大匠。以营创勋劳，赐爵关内侯，迁尚书右仆射。卒官，年五十九。赠特进、卫将军，加散骑常侍，谥曰肃。长子彭之嗣，位至黄门郎。次彪之，最知名。

因王彬是东晋初期发动叛乱的王敦亲族，在正要被除名之时，朝廷下诏准许赦免同为王敦亲族、但对朝廷始终坚持忠义的王导，王彬也得以赦免，他后来历任光禄勋、度支尚书、尚书右仆射[1]，五十九岁时去世。虽然《晋书》中未载年份，但据《北堂书钞》卷一三九所引《晋起居注》可知王彬在咸康元年时担任尚书左仆射，又据《资治通鉴》卷九五，王彬在咸康二年（336）二月去世。[2]从这一点来看，可以确认在王闽之到甲族[3]的起家年龄——20岁左右的时候，他父亲与祖父都去世了，无法享有恩荫。虽然由此可以确认王闽之在任职之际处于不利的境地，但即便如此，没有任何官职地终其一生这种情况，从对当时社会的常识性理解来看，依然是不可思议的。

关于这一点，南京市博物馆《南京象山5号、6号、7号墓清理简

1.《晋书》中作尚书右仆射，因左与右很容易弄错，所以真实的情况并不清楚，但【A】【C】【D】【E】【G】中均作左，也许尚书左仆射是正确的。

2.《资治通鉴》卷九五《晋纪》一七"咸康二年"条谓："二月，尚书仆射王彬卒。"

3. 笔者认为，在宋、齐时代，20岁左右起家的甲族与30岁左右（大约25—29岁）起家的后门之间存在等级差距。参见本书第九章《南朝官员的起家年龄》。

报》(《文物》1972年第11期）中有如下分析：

> 王闽之不见史籍。墓志称他是“晋故男子”，可知不曾做过任何官职。死时年仅28岁，墓志也没有记载他有子女，看来可能是一个过着奢侈糜烂生活的纨绔子弟。
>
> 墓志中记载王闽之的妻子是“吴兴施氏”。按封建习俗，婚姻在统治阶级中是讲究门第的，王氏是当时东晋统治集团中最大的豪族之一，那么与其联婚的江南吴兴施氏，也必是南方土著的豪门大族。我们知道，东晋政权偏安江左时，北方豪族大量南徙，他们与南方土著豪族之间，在政治、经济等方面，都存在一定的矛盾。王导为缓和这种矛盾，稳固其封建统治，曾采取一些措施，南北大族间的联婚就是其中之一。《晋书·陆玩传》说：“时王导初至江左，思结人情，请婚于（陆）玩。”此举虽遭陆玩拒绝，但反映了南北豪族间联婚是存在的。王闽之妻为“吴兴施氏”，为此也提供了一个具体例证。（第32页）

《简报》注意到无官爵也无子女之事，似乎将其原因归结为他“看来可能是一个过着奢侈糜烂生活的纨绔子弟”。从墓志仅有的信息中得出这样的推测当然比较困难，而且，后半部分对王闽之与南人豪族——吴兴施氏间婚姻的理解也较为奇特。虽然《简报》也引用王导向陆玩请求通婚被拒的记述等诸多史料为论据，认为南北人不通婚这种理解为一般说法，但《简报》又以王闽之与吴兴施氏间通婚的这则墓志的事例为论据，从而断定这是南北大族间存在通婚情况的例证。

最近，秦冬梅《论东晋北方士族与南方社会的融合》[1]提出了一种见解，即重视陆玩拒绝王导通婚的事例，认为南人高门对和即便是王氏那样的名门通婚也有很强的抗拒心理，但同为南人的施氏这种“低

1. 秦冬梅：《论东晋北方士族与南方社会的融合》，《北京师范大学学报（社会科学版）》2003年第5期，第135—136页。

等士族”的抗拒心理就没有那么强烈，愿意与王氏通婚。虽然秦氏未将施氏看作与王氏同等的大族，这一点与《简报》的见解不同，但却与《简报》同样以王闽之是“一流高门”为前提。对此，王大良《中国古代家族与国家形态》[1]的看法是，王兴之、王闽之父子恐怕是因为庶出而落魄，才会与吴姓且称不上是望族的施氏通婚。在注意王闽之的境遇这一点上，王氏与《简报》和秦冬梅说不同，而与接下来要提及的中村圭爾说较为接近。王大良将王闽之这样的南北人通婚视为特例。不过，据《颜氏家训·后娶篇》称，在江南即便是庶出也没有特别的差异，而且查明这种嫡庶身份差异的唐长孺的研究认为，《颜氏家训》所记述的江南特征，是永嘉之乱后，由北来名族带到江南的、魏晋之际以洛阳为中心而兴起的新风尚。[2]这样，如果考虑到江南的嫡庶差异可以说并没有那么严格的话，王兴之、王闽之父子庶出说似乎也就难以成立。

在日本，中村氏通过王闽之自己没有官职，其父王兴之不过是一介地方长官等，确认了王彬的房支与王导的房支等相比处于劣势，同时还指出，即便如此，与作为南人且称不上是什么有名望家族的施氏通婚这一事实，也“迫使人们修正关于从前南北人不通婚这种状态的观点”。而且，中村氏重新考虑了王闽之的不得志状况，“以此为例，认为或许应该慎重对待将最上层整体一般化的看法”，并说“现在想要保留关于南北人不通婚问题的最终性结论”，从而暂且保留结论。[3]

即使“关于南北人不通婚问题的最终性结论”不得不有所保留，事实也正像中村氏所再三指出的那样，大概王闽之没有官爵，确实和他与吴兴施氏通婚之间有着因果关系。施氏为南人，而且根据正史等的记录，也完全未见出过有权势的官员。尤其是在《简报》中，并没有注意到王闽之没有官职，王闽之的父亲也未在政界发迹，且在年轻

1. 前揭王大良：《中国古代家族与国家形态》，第472—473页。
2. 唐长孺：《读颜氏家训后娶篇论南北嫡庶身分的差异》，收入《唐长孺文集六　山居存稿续编》，中华书局，2011年。
3. 中村圭爾：《六朝貴族制研究》第三篇补章《墓誌銘よりみた南朝の婚姻関係》，第414—415页。

时就已去世等表明其不得志的状况，以及吴兴施氏被认为在南人豪族中处于劣势等情况，因此确实不能说可以据此则事例证明南北大族间的通婚。王闽之与施氏之间有着北来侨姓与江南土著吴姓的差异，将他们的通婚看作同样无缘在政界发迹的两家之间的通婚比较妥当。

二、王康之

虽然在王康之墓志【I】中只是写着在永和十二年（356）二十二岁时无职无官地去世，但在其妻何法登墓志【J】中，则可以看到以兄临之之子为养子的记载，因为临之是王彪之之子，所以可以确认王康之的父亲也是王彪之。[1]【J】中更应该注意的是，相对于【I】把王康之记作“故男子”，它则记作“故处士”。所谓“处士”就是没有做官的在野士人，在无职无官这一点上，它与“男子”没有区别，但在“处士”的语境下，则给人一种没有做官和本人的积极意向有关的深刻印象。若将“处士”一词放在心上，来调查一下琅邪王氏系谱的相关人物的话，那么一个引人注目的事实是，在给人以高官辈出的名门贵族这种强烈印象的琅邪王氏中，也会意外地出现“处士”、隐逸之士。以下我们就对这一点进行说明。

首先，在王彬之孙王素的传（《南史》卷二四）中，有如下记载[2]：

> 素字休业，彬五世孙而逡之族子也。高祖翘之，晋光禄

1. 虽然《晋书》卷七六《王彪之传》谓“二子，越之，抚军参军，临之，东阳太守”，但应该至少还有一子——康之存在。关于这一点，参见前揭罗新、叶炜：《新出魏晋南北朝墓志疏证》，第13页；前揭张学锋：《南京象山东晋王氏家族墓志研究》，第365—366页。关于王康之墓志中对父祖之事等完全没有记载这一点，张氏进而着眼于《晋书·王彪之传》中所见记载做出如下推测，据《王彪之传》称：“永和末，多疾疫。旧制，朝臣家有时疾，染易三人以上者，身虽无病，百日不得入宫。至是，百官多列家疾，不入。彪之又言：‘疾疫之年，家无不染。若以之不复入宫，则直侍顿阙，王者宫省空矣。’朝廷从之。”因为王康之去世的永和十二年是永和末期，所以王康之的死一定是因这次疾疫。墓志中没有言及王彪之，必定与前引上书之事有关，该上书称即使家族有感染者，也要优先考虑公务。这是非常有趣的见解。
2. 虽然王素的传亦见于《宋书》卷九三《隐逸传》，但仅有“高祖翘之，晋光禄大夫”，未见关于父祖的详细记述。

大夫。曾祖望之、祖泰之，并不仕。父元弘，位平固令。素少有志行，家贫母老，隐居不仕。

据王建之墓志【G】可知，这里所见的王翘之为王建之的同母弟，王彭之之子。

关于王彭之，《晋书》卷七六《王彬传》谓：

长子彭之嗣，位至黄门郎。次彪之，最知名。

可知他是王彪之的兄长，王康之与王翘之是堂兄弟。而且，与王彭之、彪之兄弟相关的有趣逸闻亦见于《世说新语·轻诋篇》：

王右军在南，丞相与书，每叹子侄不令，云："虎㹠、虎犊，还其所如。"[1]

据刘孝标注，虎㹠是王彭之的小字，虎犊为王彪之的小字。[2]这则逸闻表明，王彬的堂兄弟——东晋初期琅邪王氏的代表人物王导，对包括堂兄弟之子在内的家族子弟都很挂念，这一点值得关注。另外，王羲之是王彬兄旷之子，与王彭之、彪之兄弟是堂兄弟关系。在六朝贵族制研究中，尤其是在矢野主税与越智重明的研究中，有强调各个房支独立性的倾向[3]，但在上述逸闻中，可以看到有超越房支的同族意识。当然，不能以此直接作为房支独立性学说的反证，例如同为琅邪王氏，但房支不同，其境遇也确实不同，各个房支具有独立性这种观点的重要性并未改变。不过，即便在房支不同的情况下，我们也要承认，可以看到那种怀有同族意识，而在同族婚姻与做官之际给予照顾的情况。

---

1. 刘孝标注中还谓"彪之，字叔虎，彭之第三弟"，相较于《晋书》可以获得更为详细的信息。
2. 参见目加田誠：《世説新語》下，明治书院"新释汉文大系"，1978年，第1050页。
3. 矢野主税：《張氏研究稿》，《長崎大学学芸学部社会科学論叢》5，1955年；同《魏晋南朝の中正制と門閥社会》，收入《門閥社会史》，長崎大学史学会，1965年；越智重明：《南朝における皇帝の中央貴族支配に就いて》，《社会経済史学》21-5·6，1956年，等等。

在这种意义上，张学锋《南京象山东晋王氏家族墓志研究》（前揭）对王兴之【A】的见解就很重要。这篇论文认为，据【A】称，王兴之曾为“征西大将军行参军、赣令”，此征西大将军是庾亮，在庾亮的征西府中，据上述《世说新语》的逸闻，王羲之还担任着比王兴之更高级的参军与长史（第358页）。此事也突出了做官之际会有超越房支的同族居间斡旋等可能。

因为王彭之之子王翘之在王建之埋葬的时候为庐陵太守，所以可以得知他过着官僚生活。不过，据前引《南史·王素传》，其子望之、孙泰之均未出仕，曾孙元弘似有出仕，但只是县令，玄孙王素则隐居未仕。关于王素自身的情况，《宋书》卷九三《隐逸·王素传》详谓：

> 素少有志行，家贫母老。初为庐陵国侍郎，母忧去职。服阕，庐陵王绍[1]为江州，亲旧劝素修完旧居，素不答，乃轻身往东阳，隐居不仕，颇营田园之资，得以自立。爱好文义，不以人俗累怀。

据此可知，王素并非没有出仕经历，在刘宋文帝时代，他虽以王国侍郎（庐陵国）起家，但因为母服丧而去职，以此为契机，后来便断绝了与庐陵王等政界间的联系，在东阳郡隐居不仕。其隐居生活是凭借经营庄园而维持的，这一点也可从此则记述中得知。

在王彬的子孙中，虽然有着上述那样辈出隐逸者的家系，但同为王彬的子孙，王康之所属的王彪之的家系本身则如《宋书》卷六〇《王准之传》所谓的那样：

> 高祖彬，尚书仆射。曾祖彪之，尚书令。祖临之，父讷之，并御史中丞。彪之博闻多识，练悉朝仪，自是家世相传，并谙江左旧事，缄之青箱，世人谓之“王氏青箱学”。

1. 据《宋书》卷六一本传，庐陵王绍在文帝元嘉九年（432）被封为庐陵王，元嘉二十年12岁时担任江州刺史。

王彪之一系因继承了被称为“王氏青箱学”的、有关历代典章及掌故的学问而出名，所以在王彪之的子孙中，像王康之那样以“处士”而终的实属例外。

不过，如果看王康之的夫人庐江何氏的话，我们首先会注意到其夫人的叔父何准就是“处士”。《晋书》卷九三《外戚·何准传》谓：

> 穆章皇后父也。高尚寡欲，弱冠知名，州府交辟，并不就。兄充为骠骑将军，劝其令仕，准曰：“第五之名何减骠骑？”准兄弟中第五，故有此言。充居宰辅之重，权倾一时，而准散带衡门，不及人事，唯诵佛经，修营塔庙而已。征拜散骑郎，不起。年四十七卒。升平元年，追赠金紫光禄大夫，封晋兴县侯。子惔以父素行高洁，表让不受。

何准女儿为皇后，他虽为外戚，但终生为处士。[1]

就王康之而言，父亲彪之历任吏部尚书等高官而活跃于政界，其夫人是当时已经去世的宰相何充的女儿，堂姊妹为穆帝的皇后。这与王闽之的情况大不相同，他父亲年纪轻轻就已去世，婚姻对象也是江南土著豪族的女儿。因此，虽说同样无官无职，但不得不说他们各自的情况有着很大的不同。可以推测，只要王康之本人愿意，就能在20岁以前以秘书郎或著作佐郎那样的名门起家官起家。然而，王闽之的

---

1. 附带说一下，在王彬兄王廙的门第中，王廙的曾孙弘之被立传于《宋书》卷九三《隐逸传》，这一点较引人注目。其本传谓：“少孤贫，为外祖征士何准所抚育。从叔献之及太原王恭，并贵重之。晋安帝隆安中，为琅邪王中军参军，迁司徒主簿。家贫，而性好山水，求为乌程令，寻以病归。桓玄辅晋，桓谦以为卫军参军。……母随兄镇之之安成郡，弘之解职同行，荆州刺史桓伟请为南蛮长史。义熙初，何无忌又请为右军司马。高祖命为徐州治中从事史，除员外散骑常侍，并不就。家在会稽上虞。”王弘之为王廙曾孙的记载，可通过王弘之兄镇之的传（《宋书》卷九二《良吏传》）来确认。就王弘之而言，虽然也有做官的经验，但从东晋末期刘裕崭露头角时开始，他就过着隐逸生活。这里需要注意的是他被“外祖征士何准”所养育的记载。虽然这里的何准可以被认为是在《晋书》卷九三《外戚传》中被立传的何准，但据其本传称，何准在升平元年（357）以前就去世了。与此同时，据本传称，王弘之在元嘉四年（427）63岁时去世，所以他生于365年，不可能被何准养育。何准也是王康之夫人的叔父，这一点是我很想关注的地方，但关于上述疑问，现在不得不予以保留。

话，大概充其量只能在25—29岁时以二流贵族的起家官起家。不过，王康之本人的墓志中虽称作“男子”，而妻子的墓志中则写作“处士”，似乎表明不做官是他本人的意向，但也不能断定没有其他原因。而王闽之的情况，毕竟其妻子的墓志并未出土，没有作为“处士”的论据，但如果考虑到前述有超越房支的同族意识存在的话，则不能断言王闽之即便想做官也不行。归根到底，两人是自己主动选择了不为官之道，还是没有好的做官门路而不得已放弃了为官之道，这些都不清楚，不得不予以搁置。不过，我们可以确认，即便是东晋一流名门的琅邪王氏，也存在以无官无职的“男子”而终其一生的人们。他们大概是通过庄园经营等方式，来获取生活的必需品的。王闽之的妻子出自江南土著豪族施氏，或许就与这种大土地经营有关。

如上所述，将王闽之【D】与王康之夫妇【I】【J】进行比较的话，虽然可以得知一些情况，但王闽之的妻子施氏的墓志并没有发现，这应该如何看待呢？关于这一疑问，有必要通过琅邪王氏墓志整体来进行研究。

三、南京象山出土琅邪王氏墓志的整体性倾向

在南京象山出土的琅邪王氏墓志中，王兴之夫妇【A】【B】、王建之夫妇【G】【H】、王康之夫妇【I】【J】这六方三例，是夫妇墓志从夫妇合葬墓中出土的事例。与此相对，王丹虎墓志【C】被认为是单身女性的墓志[1]，夏金虎墓志【E】是王彬继妻的墓志。从【A】【C】的记述来看，王彬墓似乎就位于一号墓与三号墓之间的前方，此墓已被破坏。[2]虽然该墓因此无法确认，但是王彬与前妻可能合葬于此，也刻有墓志。由于夏金虎去世的时间是比王彬晚了五十多年的太元十七年（392），恐怕也因这样才建造了独立的坟墓。虽然从王闽之【D】与王企之墓志

1. 南京市文物保管委员会：《南京象山东晋王丹虎墓和二、四号墓发掘简报》，《文物》1965年第10期，第38页；前揭《南京出土六朝墓志》。

2. 据【A】可知王兴之的墓位于王彬墓的左侧，据【C】可知王丹虎墓位于王彬墓的右侧。不过，在两墓之间与两墓之间的前方均未发现王彬墓。据李蔚然《论南京地区六朝墓的葬地选择和排葬方法》（《考古》1983年第4期）称，该地在中华人民共和国成立前及其初期是烧砖取土的地方，王彬墓很可能已遭到破坏（第345页）。

【F】中，可以得知他们的妻子是施氏、曹氏[1]，但他们妻子的墓志并没有被发现，而且从陪葬品，以及记录墓志与陪葬品出土情况的平面图上，也看不到夫妻合葬的迹象。关于这一点，一种解释是与夏金虎的情况相同，是因为在丈夫死后，经过很长时间妻子才去世，所以可以认为妻子被葬于独立的坟墓之中。不管怎样，确实有即便是夫妇也不合葬的事例[2]，我们难以将王闽之夫妻没有合葬的理由，设想成例如南北人间的通婚等特殊情况。

以上以在无官无职而终老这一点上备受瞩目的王闽之【D】与王康之【I】为中心，对十方东晋琅邪王氏墓志进行了多次烦琐的考证。考证的结果表明，即使同为王彬的子孙，但在婚姻与仕宦等境遇方面，他们各自也有着很大差别。在考察六朝贵族的门第时，从前那种将琅邪王氏、陈郡谢氏等大族一概而论的研究方式并不是有效的，例如即使在琅邪王氏中，王导的房支与王彬的房支之间也有着很大区别，因而极力主张应以房支为单位进行研究。

不过，以上的考察结果表明，即使同为王彬的房支，其中也有着很大的差别。例如同样是王彬之子，以著作佐郎起家并做到尚书令的王彪之和以行参军、县令终老的王兴之之间就有很大区别。就王兴之而言，虽然也必须要考虑到早逝的情况，但即便如此，两者的差距仍旧很大。这种情况终究还是本人资质的影响很大所致。虽然前引《世说新语·轻诋篇》的逸闻中称王彪之受到王导的严厉批评，但还是可据前引《宋书》卷六〇《王准之传》得知，王彪之谙熟典章事故，且具备作为优秀官僚的资质，这一点从《晋书》卷七六的本传中也能看出。

再比较一下王兴之之子王闽之与王彪之之子王康之的话，虽然两人

1. 关于【F】的曹氏，从【E】中可知是彭城的曹季姜，为少府卿曹蔓的女儿。关于曹蔓，《世说新语·品藻篇》注引《曹氏谱》谓："茂之字永世，彭城人也。祖韶，镇东将军司马。父曼，少府卿。茂之仕至尚书郎。"又如《世说新语·德行篇》注引《王氏谱》所称的那样："导娶彭城曹韶女，名淑。"可知王导的妻子也是彭城曹氏，彭城曹氏与琅邪王氏之间关系深厚。关于这一点亦可参见前揭王大良：《中国古代家族与国家形态》，第478页。

2. 关于即便是夫妇也有合葬与不合葬的情况，是笔者在第十一届汉魏石刻研讨会（2005年12月26日，北海道大学）做题为"東晋琅邪王氏墓誌の研究"的报告时，从北海道大学吉開将人氏与国士馆大学津田資久氏的提问中获得的启发。

均是王彬之孙，都无官无职而终了一生，但在婚姻方面，不得不承认王闽之（和当时政界中并不起眼的南人吴兴施氏结婚）与王康之（和出过皇后和宰相的北来名门庐江何氏结婚）之间有着很大差距。这种差距很大程度上是由于王闽之的父亲早逝，而王康之的父亲则作为官僚活跃于政界。另外，关于他们无官无职而终了一生这一点，就王康之而言，从得天独厚的境遇和“处士”这种表述来看，他显然是由于自己的意愿而不做官的。与此相对，王闽之则确实不具备对做官有利的环境，但是没做官的理由则并不清楚。不过，从其夫人为吴兴施氏来看，这可能与庄园等农业经营有关。这两人的事例让我们再次认识到，六朝贵族未必就是官员，他们可能具有多样的生存形态，这一点很重要。

这样，我们可以确认：即使同为王彬的子孙，根据本人资质与父亲官职等情况的不同，在本人的仕宦与婚姻方面也会产生很大的差距。这一点正是本章考察的简单成果。[1]

结　　语

在六朝贵族制研究之中，选取特定的家系来具体考察婚姻与仕宦等情况，是重要的研究方法之一，其结果所强调的不是以庞大的氏族为单位，而应是以被细分后的房支为单位进行考察。[2]本章的考察结果

---

1. 如果考察包括没有墓志出土的墓葬的话，会产生更多谜团。例如，在被推定为王廙墓的七号墓，发现了大量陪葬品，却没有墓志。据南京市博物馆《南京象山5号、6号、7号墓清理简报》（前揭），七号墓是东晋初期的墓葬，从墓室的构造与陪葬品的特征来看确实如此（第33页），在大量陪葬品中，也有玻璃杯与金刚石指环等被认为来自西亚、南亚方面的物品（第34—35页）。而且，根据陪葬品分布与漆片等情况判断，原本木制的棺材有三具并列，最中间的是男性遗体，左右放置着女性遗体（第27页），由此可见这座墓葬也是夫妇合葬墓。通过墓葬规模的巨大与陪葬品的豪华这一点，《简报》推断其墓主为王廙（第34页）。毕竟，从尽管没有盗掘的痕迹却没有墓志来看，可能一开始就没有墓志。虽然不清楚其中没有墓志的理由，但可能与下述原委有关：七号墓的墓主如果是王廙的话，王廙曾参与王敦叛乱，被王敦任命为平南将军、荆州刺史，不久便病逝，叛乱平定后，被特意宽恕，遗体运回京师埋葬。关于其始末，参见《晋书》卷七六《王廙传》。
2. 守屋美都雄：《六朝門閥の一研究—太原王氏系譜考—》，日本出版协同株式会社，1951年（中译本见《六朝门阀——太原王氏家系考》，梁辰雪译，中西书局，2020年）；前揭矢野主税：《張氏研究稿》，等等。

确认了即使在同一房支内也存在着巨大的等级差距，对以房支为单位来决定门第，从而根据其门第来决定婚姻与仕宦的主流观点进行了大幅修正。当然，仅据本章所考察的东晋琅邪王氏墓志，是无法断定六朝贵族的整体特性的，今后还需要多方面的考察。不过，至少从本章考察的简单成果来看，我们可以认为这样的假设是成立的，即与其说是东晋贵族的婚姻与仕宦等处境决定了琅邪王氏或王彬房支的门第，倒不如说其门第是本人的资质、意向与父亲的官位，再加上琅邪王氏和与其有婚姻关系的各家族有权势者的援助等多种条件所决定的。如果附带看一下这种有势者之援助的话，那么就像本章所说的那样，这也能被设想成超越房支对同族子弟提供援助的事例。虽然这与上文提及的个人的资质或父亲的官位很重要的观点的倾向不同，但它也是只重视房支的观点之所以无法把握各个贵族具体情况的因素之一。

第十二章

柳芳“氏族论”与“六朝贵族制”学说

前　言

关于具有内藤湖南以来传统的日本六朝贵族制研究，在第二章《日本的六朝贵族制研究》中已经论及了其中的一部分。日本六朝贵族制研究的特征，带有对门第与官职之间的对应关系进行严密考证的倾向，这是因为研究者在研究时，脑海中总会浮现出日本贵族的影子，这一点在第二章中已经有所论述。不过，即便日本的研究不像设想的那样明确且严密，也确实有揭示在六朝隋唐时代可能存在依据门第来任用官吏的记述。由于第二章并没有论述这一点，所以想在本章中进行考察。

示意根据门第来任用官吏的记述，正如西晋的刘毅在对中正制度的批判之中所称的“上品无寒门，下品无势族”（《晋书·刘毅传》），以及南朝的沈约《宋书·恩幸传》序文所谓的“凡厥衣冠，莫非二品，自此以还，遂成卑庶”那样，从六朝时代开始就已存在。虽然确实就像在这些议论中所看到的那样，被授予高级乡品，特别是乡品二品的高官子弟，以六品官秘书郎等职起家，有迈向精英之路的趋势。不过，这与其说是凭借门第，倒不如说可以看成是与父亲的官职相对应的，而且也无法根据这些记述，直接论证出门第与官职之间的对应关系。[1]

自内藤湖南以来，谱学便备受关注。关于谱学和六朝隋唐的贵族社会之间的关系，内藤湖南《概括的唐宋時代観》[2]指出，六朝隋唐时代的贵族重视系谱，因而谱学便兴盛起来。而且，内藤湖南在京都帝国大学的讲义（1927年）《支那中古の文化》中还指出，“贵族皆作谱牒，

---

1. 唐长孺《士族的形成和升降》（《魏晋南北朝史论拾遗》，原刊于1983年，收入《唐长孺文集二》，中华书局，2011年）着眼于刘毅所谓的“势族”，认为即使是士族高门，一旦失势，中正就会使这一家的子弟降品。品之高低决定于一时权势，而不是祖先名位（《唐长孺文集二》，第56—57页）。关于《宋书·恩幸传》序文，在本书第十章《关于门地二品》中曾有论及。
2.《概括的唐宋時代観》，原刊于1922年，收入《内藤湖南全集》八，筑摩书房，1969年，第111页。

以此来定等级”，“这种谱牒藏于官署，在任命官吏之际，会调阅其以决定任命。因此，谱学倍受重视”，等等。[1]虽然内藤湖南的学说是根据清朝考据学家赵翼的说法[2]而导出的，但是在如今的学界，六朝隋唐，尤其是六朝时代，根据谱牒使贵族的门第得以序列化，并据其序列来任用官吏的这种理解，已经成了一般性的说法。[3]

唐代柳芳的“氏族论”是在谱学的盛行之中，发现门第与官职之间对应关系的最初议论。因此，本章将选取柳芳的“氏族论”作为考察对象，特别是将对其中所见的有关南朝谱学内容的可靠性加以探讨。

1.《支那中古の文化》，收入前揭《内藤湖南全集》十，第326—327页。

2. 赵翼《陔余丛考》卷一七“谱学”谓：“至魏九品中正法行，于是权归右姓，州大中正、主簿、郡中正、功曹皆取著姓士族为之。有司选举，必稽谱牒，故官有世胄，谱有世官，于是贾氏、王氏谱学出焉。”该史料指出自魏的九品中正法实行以来，官吏登用法被有利地运用于名族，在任用官吏之际，必须要参照谱牒，作为贾氏、王氏家学的谱学也由此形成。与此宗旨几乎相同的观点也见于宋代郑樵的《通志》卷二五《氏族略·氏族序》：“自隋唐而上，官有簿状，家有谱系，官之选举必由于簿状，家之婚姻必由于谱系。历代并有图谱局，置郎、令史以掌之，仍用博古通今之儒知撰谱事。凡百官族姓之有家状者则上之，官为考定详实，藏于秘阁，副在左户。若私书有滥，则纠之以官籍，官籍不及，则稽之以私书。此近古之制，以绳天下，使贵有常尊，贱有等威者也。所以人尚谱系之学，家藏谱系之书。自五季以来，取士不问家世，婚姻不问阀阅，故其书散佚而其学不传。”显然，上述赵翼与郑樵的观点是根据唐代柳芳“氏族论”（《新唐书》卷一九九《柳冲传》）中的如下记载而来的：“魏氏立九品，置中正，尊世胄，卑寒士，权归右姓已。其州大中正、主簿，郡中正、功曹，皆取著姓士族为之，以定门胄，品藻人物。晋、宋因之，始尚姓已。然其别贵贱，分士庶，不可易也。于时有司选举，必稽谱籍，而考其真伪。故官有世胄，谱有世官，贾氏、王氏谱学出焉。由是有谱局，令史职皆具。”

3. 参见多賀秋五郎：《古譜の研究》，《東洋史学論集（東京教育大学）》4，1955年；同氏《中国宗譜の研究》上卷第一章《宗譜成立の伏線としての古譜の研究》，日本学术振兴会，1981年；森田憲司：《宋元時代における修譜》，《東洋史研究》37–4，1978年；井上徹：《中国の宗族と国家の礼制·序章》，研文出版，2000年，等等。不过，关于贵族系谱的集成与官吏登用的方式，在南朝、北朝和唐代各有不同这一点，池田温《唐朝氏族志の一考察》（《北海道大学文学部紀要》13–2，1965年）是这样认为的：在南朝梁武帝时，虽然改编了十八州谱，但那只是有力氏族家谱的集成，并不是根据王朝设定的统一性标准来划分门第等级，而是根据集成的数据规定了各个家门子孙的出身。与之相对，北朝的北魏孝文帝施行的分定姓族，是国家以官品的高低为标准来划分门第等级，该门第规定了各个家门子孙的出身。而且，在采用科举制并确立了荫子孙体系的唐代，能根据父祖的官品自动决定子孙的出身阶层，门第已经不复存在。所以虽说唐代编纂了氏族志，但在该氏族志中，并没有表示未来为官之际门第标准的功能，仅停留在表示氏族过去的荣誉（第53—55页）。虽然池田氏的看法与一般性理解之间有着微妙的差异，包含着对以往“六朝贵族制”学说进行根本性修正的论点，但令人意外的是，这一点并不大受人关注。

第一节　柳芳“氏族论”中所见南朝之谱学

所谓柳芳“氏族论”，是在《新唐书》卷一九九《柳冲传》中所记载的议论。它是在叙述了自奉唐太宗之命编纂《氏族志》以来，到玄宗开元初改订《姓系录》的原委后，作为“后柳芳著论甚详，今删其要，著之左方。芳之言曰”而采录的柳芳之论的摘录，并非以“氏族论”为题。不过，这里根据何启民《柳芳氏族论中的一些问题》[1]的考证，采用“氏族论”的名称。这篇“氏族论”将三国曹魏以来的门阀贵族社会的形成与谱学联系起来，阐述了如下内容：

> 魏氏立九品，置中正，尊世胄，卑寒士，权归右姓已。其州大中正、主簿，郡中正、功曹，皆取著姓士族为之，以定门胄，品藻人物。晋、宋因之，始尚姓已。然其别贵贱，分士庶，不可易也。于时有司选举，必稽谱籍，而考其真伪。故官有世胄，谱有世官，贾氏、王氏谱学出焉。由是有谱局，令史职皆具。

这里阐明在魏的九品中正制度倾向于重视门阀的背景之下，出现了贾氏、王氏的谱学。而且，关于贾氏、王氏之谱学，“氏族论”认为：

> 晋太元中，散骑常侍河东贾弼撰《姓氏簿状》，十八州百十六郡，合七百一十二篇，甄析士庶无所遗。宋王弘、刘湛好其书。弘每日对千客，可不犯一人讳。湛为选曹，撰《百家谱》以助铨序，文伤寡省，王俭又广之，王僧孺演益为十八篇，东南诸族自为一篇，不入百家数。弼传子匪之，匪之传子希镜，希镜撰《姓氏要状》十五篇，尤所谙究。希镜

1. 何启民：《柳芳氏族论中的一些问题》，原刊于1981年，收入《唐代研究论集》，新文丰出版公司，1992年。

> 传子执，执更作《姓氏英贤》一百篇，又著《百家谱》，广两王所记。执传其孙冠，冠撰《梁国亲皇太子序亲簿》四篇。王氏之学，本于贾氏。

从东晋太元年间（376—396）编纂了《姓氏簿状》的河东贾弼开始，贾氏之学便作为家学而传承于其子孙。与之相对，所谓王氏之学，是指增补了喜好贾弼《姓氏簿状》的宋代刘湛所作《百家谱》的南齐王俭，以及又将其增补的梁代王僧孺的谱学。不过，王俭为琅邪王氏，王僧孺则是东海王氏，所以这与作为家学的贾氏之学的特性不同。此外，就像贾执增补王俭、王僧孺的《百家谱》那样，也可得知贾氏之学与王氏之学之间存在相互影响。

正如在上述“氏族论”中所说的那样，虽然是从东晋末期的贾弼讲起，但在西晋时代，挚虞就已经编纂了《族姓昭穆》。《晋书》卷五一《挚虞传》称：

> 虞以汉末丧乱，谱传多亡失，虽其子孙不能言其先祖，撰《族姓昭穆》十卷，上疏进之，以为足以备物致用，广多闻之益。以定品违法，为司徒所劾，诏原之。

从“定品违法”来看，虽然有过划分“姓族”等级的做法，但具体情况并不清楚。这部《族姓昭穆》在《隋书》卷三三《经籍志二》谱系篇序中记作《族姓昭穆记》，在西晋末期的混乱中就散佚了。[1]

后来，东晋太元年间，贾弼编纂《姓氏簿状》，《南齐书》卷五二《文学·贾渊传》谓：

> 先是谱学未有名家，渊祖弼之广集百氏谱记，专心治业。

1. 附带说一下，若从《隋书》卷三三《经籍志二》谱系篇中，挑出“氏族论”中所列举人物的著作，则如下所示：刘湛《百家谱》二卷（亡）、王俭《百家集谱》十卷、王僧孺《百家谱》三十卷、王僧孺《百家谱集钞》十五卷、贾执《百家谱》二十卷、贾执《姓氏英贤谱》一百卷。

> 晋太元中，朝廷给弼之令史书吏，撰定缮写，藏秘阁及左民曹。渊父及渊三世传学，凡十八州士族谱，合百帙七百余卷，该究精悉，当世莫比。永明中，卫军王俭抄次《百家谱》，与渊参怀撰定。

可见贾弼（《南齐书》作贾弼之）的所谓《姓氏簿状》就是十八州的士族谱，极其详细。另外，该史料还记载着在南齐永明年间（483—493），王俭与贾渊协力编纂《百家谱》之事。关于上述从东晋到南齐的修谱活动，在《南史》卷五九《王僧孺传》中也有记载。不过，有关宋、齐时代的记述，因与柳芳的“氏族论”大致重复，所以这里将其省略，只引用了有关东晋时贾弼修谱的记载。

> 始晋太元中，员外散骑侍郎平阳贾弼笃好簿状，乃广集众家，大搜群族，所撰十八州一百一十六郡，合七百一十二卷。凡诸大品，略无遗阙，藏在秘阁，副在左户。及弼子太宰参军匪之、匪之子长水校尉深，世传其业。

据此则记载可知，贾弼的所谓《姓氏簿状》正本藏于宫中书库，副本则为尚书省左民曹所藏。于左民曹收藏副本的缘由，在前引记载之前有关梁代初期任命王僧孺修订《百家谱》的如下记述中较为明确：

> 转北中郎谘议参军，入直西省，知撰谱事。先是，尚书令沈约以为“晋咸和初，苏峻作乱，文籍无遗。后起咸和二年以至于宋，所书并皆详实，并在下省左户曹前厢，谓之晋籍，有东西二库。此籍既并精详，实可宝惜，位宦高卑，皆可依案。宋元嘉二十七年，始以七条征发，既立此科，人奸互起，伪状巧籍，岁月滋广。以至于齐，患其不实，于是东堂校籍，置郎、令史以掌之。竞行奸货，以新换故，昨日卑细，今日便成士流。……臣谓宋、齐二代，士庶不分，杂役

> 减阙，职由于此。窃以晋籍所余，宜加宝爱。”武帝以是留意谱籍，州郡多离其罪，因诏僧孺改定《百家谱》。

根据上述记载，梁代的尚书令沈约指出，不正当地改写户籍记载来免除徭役的弊害，是以宋元嘉二十七年（450）的七条征发为契机而激化的。沈约进而又提出了防止对策，即应该与尚书下省左民曹所保管的东晋户籍（晋籍）的记载相比较，从而推动对不当行为的揭发。[1]虽然沈约的上言主要只是提到“籍”即晋籍，没有触及谱[2]，但从梁武帝接受此则上言后开始留意“谱籍”，任命王僧孺改定《百家谱》来看，这种情况下的“谱”与“籍”（晋籍）相同，想必都是作为确认户籍记载内容的资料。如果考虑到贾弼的所谓《姓氏簿状》副本收藏于左民曹的话，那么根据“谱”来确认户籍的记载内容就并非始于梁武帝时，而是在东晋末期就已经在进行了。因为沈约上言的主旨是要重视这些用于从东晋到宋的户籍检查的资料，所以不会提及“谱”。据《南史·王僧孺传》的记载，东晋南朝时期《百家谱》的编纂、改定的主要目的是确认户籍的记载内容——作为辨别士庶的资料，而柳芳的“氏族论”是在九品官人法制定以来的、门阀贵族制的形成过程中定位《百家谱》，将其作为任职标准的门第资料。这样，《南史》与“氏族论”对于《百家谱》作用的记述就有很大不同。另外，“氏族论”中，在有关北魏分定姓族的记载之后，有这样的记述：

> 故江左定氏族，凡郡上姓第一，则为右姓。

从中可以看出，在《姓氏簿状》或《百家谱》等编纂之际，朝廷也进

---

1. 这则沈约的上言亦载于《通典》卷三《食货三·乡党》，除了《通典》所载较详之外，也有字句的不同，但论旨相同，故未引用。此外，关于不当行为的具体内容，详见于中村圭爾：《南朝戸籍に関する二問題》，原刊于1992年，收入《六朝江南地域史研究》，汲古书院，2006年。
2. 关于沈约上言中所见的“晋籍”，赵翼《陔余丛考》卷一七“谱学”中记作“此即贾弼所撰者”，将其解释成贾弼所编纂的谱牒。但从上下文来判断的话，“晋籍”实为户籍。关于这一点，第十章《关于门地二品》第215页注2也曾提到，请一并参阅。

行了氏族的等级划分，但正如池田温《唐朝氏族志の一考察》所指出的那样，在《南齐书·贾渊传》与《南史·王僧孺传》中并没有看到示意氏族等级划分的记载。[1]“氏族论”与南朝史书所呈现的这种差异，在研究所谓的贵族制上，可以说是一个很重要的论题。为了进一步深入研究该论题，需要探讨南朝谱的内容与用途，不过，受到史料存留状况的限制，也有必要将北朝的史料囊括进来一起研究。关于这一点，我们另起一节再来讨论。

第二节　南北朝时代之谱的内容

在南朝的谱中，最受关注的是长达七百余卷的所谓十八州谱，据池田温《唐朝氏族志の一考察》的研究，其内容为“各州各郡有势力氏族家谱的集成”[2]。也正如这里所见，谱有特定氏族的家谱（单谱）和涉及几个氏族的总谱这两种类型。[3]因为南北朝时代这些谱上的记载都没有保存下来，所以难以正确复原其记载内容。不过，我们可以在立足于以往研究成果的同时，来进行考察。

有关南北朝时代谱之内容的研究，最初有陈直的《南北朝谱牒形式的发现和索隐》[4]。虽然陈氏列举了可以窥见当时家谱形式的石刻史料，即《薛孝通贻后券》（北魏太昌元年刻）、《宋散骑常侍临沣侯刘袭墓志》（宋泰始六年刻）、《北魏彭城王元勰妃李媛华墓志》（北魏正光

1. 参见本章第251页注3。
2. 海野洋平《梁武帝の皇子教育》（《集刊東洋学》75，1996年）列举出改编十八州谱而成的“王僧孺《百家谱》的佚文”两条，该佚文“在《元和姓纂》中有数条被引用而得以留存”（第32页）。虽然其中只记录了婚姻关系，但仅从该引文来看，并无法推定《百家谱》的记述内容。所以接下来，本节将重新对有关南北朝时代谱的记载内容进行考察。
3. 多賀秋五郎：《中国宗譜の研究》上卷（前揭），第79页。徐扬杰的《魏晋至唐代的中古谱牒略论》（收入《家族制度与前期封建社会》，湖北人民出版社，1999年）基本上是根据多賀学说，来区分单姓族谱（家谱）和望族谱的（第81页）。
4. 陈直：《南北朝谱牒形式的发现和索隐》，《西北大学学报（哲学社会科学版）》1980年第3期。

五年刻）这三种[1]，但并未做详细分析。

后来,杨冬荃的《六朝时期家谱研究》[2]对这三种石刻史料进行了比较详细的分析。根据杨氏的研究，他认为我们现在所能见到的六朝时期的家谱原件中，完整的只有北魏薛孝通的《历叙世代贻后券》，残缺的仅有新疆出土的《某氏家谱》，此外基本上是据家谱所作，沈约《宋书》的自序也大致反映着原本家谱的内容。所谓北魏薛孝通的《历叙世代贻后券》，即陈直论文所载的《薛孝通贻后券》，杨氏认为其前半部分是叙述立此石刻理由等的谱序，后半部分可以视作家谱，记录着自五世祖以来的历代祖先的名字、为官履历，但它并非家谱本身，而是有关家谱中直系人物的节录部分。

由于《某氏家谱》出土于1966年，故杨氏据马雍学说[3]认为它是麴氏高昌国时期之物，但王素[4]的《吐鲁番出土〈某氏族谱〉新探》则认为它是十六国时代敦煌张氏的族谱。即使王氏的细致考证准确无误，该谱也仍旧是研究南北朝时代谱之内容的重要资料。正如杨氏所强调的那样,《某氏家谱》是隋代以前图式家谱的珍贵实例，而且其中还显示出一族男女的世系与婚姻关系，但关于每个人的记载只有名字和官职。

此外，杨氏还指出，虽然《宋书·自序》并非沈氏之谱本身，它由沈约删节省略而成，但其中记录着每个人的名字、为官履历、封爵、

---

1. 这三种之中，刘袭墓志在明代陶宗仪的《古刻丛钞》中载有全文，李媛华墓志被收入赵超的《汉魏南北朝墓志汇编》（天津古籍出版社，1992年）等。不过，据陈直氏的研究，他认为《薛孝通贻后券》是1920年在山西省太原市出土的，原石为夏子欣所得，后不知售归何人而下落不明，知道此事之人很少。此外，陈直氏认为这三种墓志是“南北朝家谱载于刻石者”，但正如前揭徐扬杰《魏晋至唐代的中古谱牒略论》所指出的那样，这只是家谱内容的抄录而非家谱本身（第94页）。
2. 杨冬荃：《六朝时期家谱研究》,《谱牒学研究》第4辑，1995年。
3. 马雍：《略谈有关高昌史的几件新出土文书》,《考古》1972年第4期。
4. 王素：《吐鲁番出土〈某氏族谱〉新探》,《敦煌研究》1993年第1期。此外，虽然杨氏并未言及，但除了1966年出土的《某氏族谱》〔阿斯塔那50号墓出土〕之外，还有1973年在阿斯塔那113号墓出土的谱（同样残缺）。关于1973年出土的谱，王素《トゥルファン出土「某氏残族譜」初探》（關尾史郎译,《吐鲁番出土文物研究会会報》72、73、75、76，1992年）明确了该谱应该被称为《西平麴氏族谱》。他认为西平麴氏与王族金城麴氏是不同的家族，谱中所载人物大致是五胡十六国时代后半期的。该谱也与1966年出土的《某氏族谱》一样，是所谓的图式家谱。

居住地、享年等，据此可以推测出沈氏之谱的大致内容。

除了上述两篇论文以外，徐扬杰的《魏晋至唐代的中古谱牒略论》[1]选取了从魏晋到唐代整个中古时期的谱牒，根据《世说新语》刘注所引谱牒的佚文等，从家族历史、血缘世系、婚配姻亲、官爵履历等四方面，来总结家谱的基本内容。

如上所述，我们大致可以确认，在南北朝时代的家谱之中，并没有记载氏族与名门的等级——门第。只有在官修总谱之中，才可能会记载门第。但即便是在总谱中，也正如上述那样，在南朝的十八州谱中并没有记录氏族等级的迹象。似乎记录着门第的事例虽有前述西晋时挚虞的《族姓昭穆》，但很明显，它因“定品”为违法之事而遭到了弹劾，其划分等级并非依据国家所制定的统一性标准。就像池田温所指出的那样，记载着根据国家制定的统一性标准来划分的氏族等级的事例，除了北魏的分定姓族外，还有为人熟知的唐代贞观氏族志等事例。

笔者想另起一节，来概括一下北魏的分定姓族，希望可以从中获取研究南朝的所谓贵族社会特质的线索。

第三节　北魏的分定姓族

在考察北魏的分定姓族时，我们首先要来看一下柳芳“氏族论”中的相关记载。

> 山东则为郡姓，王、崔、卢、李、郑为大。关中亦号郡姓，韦、裴、柳、薛、杨、杜首之。代北则为虏姓，元、长孙、宇文、于、陆、源、窦首之。虏姓者，魏孝文帝迁洛，有八氏十姓，三十六族九十二姓。八氏十姓，出于帝宗属，或诸国从魏者。三十六族九十二姓，世为部落大人。并号河南洛阳人。郡姓者，以中国士人差第阀阅为之制，凡三世有

1. 参见本章第256页注3。

> 三公者曰膏粱，有令、仆者曰华腴，尚书、领、护而上者为甲姓，九卿若方伯者为乙姓，散骑常侍、太中大夫者为丙姓，吏部正员郎为丁姓。凡得入者，谓之四姓。又诏代人诸胄，初无族姓，其穆、陆、奚、于，下吏部勿充猥官，得视四姓。北齐因仍，举秀才、州主簿、郡功曹，非四姓不在选。

其中记载了北魏孝文帝迁都洛阳以后，在鲜卑拓跋氏等北族与汉族士人双方都实施了等级划分，也可得知汉族士人的等级划分是根据三代的任职情况来决定的。在“氏族论”中，还对在分定姓族之际所作的“方司格”，有如下叙述：

> 魏太和时，诏诸郡中正，各列本土姓族次第为举选格，名曰方司格，人到于今称之。

据此可知，所谓“方司格”是每个郡都对姓族进行等级划分，从而作为任用官吏之际的标准来使用。确实，这是与对贵族制的一般性理解（即根据被划分等级的门第来任命官职）正好相符的记载。[1]在一般被视为典型门阀贵族社会的南朝尚未发现这种记载，倒是在北魏分定姓族的记述中，发现了直接表明根据门第等级来任用官吏的记录。那么，应该如何理解这种现象呢？因为这一点作为研究“六朝贵族制”学说的线索是一个重要事实，所以需要进一步考察。在可以说是同时代史料的《魏书》卷一一三《官氏志》所记载的分定姓族诏之中，可以看到如下记述：

1. 作为分定姓族的记载，除了“氏族论”与《魏书·官氏志》以外，《隋书》卷三三《经籍志二》谱系篇序的如下记载，也为人熟知：“后魏迁洛，有八氏十姓，咸出帝族。又有三十六族，则诸国之从魏者，九十二姓，世为部落大人者，并为河南洛阳人。其中国士人，则第其门阀，有四海大姓、郡姓、州姓、县姓。”这里可以看到有“四海大姓、郡姓、州姓、县姓”这四种等级的划分。另外，关于分定姓族，参见宫崎市定：《九品官人法の研究—科挙前史—》，原刊于1956年，收入《宫崎市定全集6　九品官人法》，岩波书店，1992年（中译本见《九品官人法研究——科举前史》，韩昇、刘建英译，中华书局，2008年）等。

> 太和十九年，诏曰："代人诸胄，先无姓族，虽功贤之胤，混然未分，故官达者位极公卿，其功衰之亲，仍居猥任。比欲制定姓族，事多未就，且宜甄擢，随时渐铨。其穆、陆、贺、刘、楼、于、嵇、尉八姓，皆太祖已降，勋著当世，位尽王公，灼然可知者，且下司州、吏部，勿充猥官，一同四姓。自此以外，应班士流者，寻续别敕。原出朔土，旧为部落大人，而自皇始已来，有三世官在给事已上，及州刺史、镇大将，及品登王公者为姓。若本非大人，而皇始已来，职官三世尚书已上，及品登王公而中间不降官绪，亦为姓。诸部落大人之后，而皇始已来，官不及前列，而有三世为中散、监已上，外为太守、子都，品登子男者为族。若本非大人，而皇始已来，三世有令已上，外为副将、子都、太守，品登侯已上者，亦为族。凡此姓族之支亲，与其身有缌麻服已内，微有一二世官者，虽不全充美例，亦入姓族。五世已外，则各自计之，不蒙宗人之荫也。虽缌麻而三世官不至姓班，有族官则入族官，无族官则不入姓族之例也。凡此定姓族者，皆具列由来，直拟姓族以呈闻，朕当决姓族之首末。其此诸状，皆须问宗族，列疑明同，然后勾其旧籍，审其官宦，有实则奏，不得轻信其言，虚长侥伪。……令司空公穆亮、领军将军元俨、中护军广阳王嘉、尚书陆琇等详定北人姓，务令平均。随所了者，三月一列簿帐，送门下以闻。"于是升降区别矣。

我们可以得知，北族的八姓与汉人的四姓是对等的，而其他方面则以是否为原先的部落大人，是否在三代之内出过担任规定以上官职之人，是否有被授予规定以上封爵等标准，来划分等级。关于北魏孝文帝在位期间，胡族贵族的门第被这样清晰地规定之事，就像宫崎市定《九品官人法の研究》所认为的"孝文帝从南朝引进的贵族主义"[1]，以及

1. 前揭宫崎市定：《九品官人法の研究》，第373页（中译本第280页）。

陈寅恪《隋唐制度渊源略论稿》所认为的“北朝自魏孝文以来，极力模仿南朝崇尚门第之制”[1]那样，认为它受到南朝贵族制影响的学说是主流。这种说法与柳芳“氏族论”等的见解也比较符合，且占据着主流地位，柳芳等认为以三国曹魏的九品官人法制定为契机，尊重门阀的倾向增强，这种倾向一直延续到隋唐为止。不过，也有与这种看法正好相反的宋代沈括的见解。[2]

沈括《梦溪笔谈》卷二四《杂志一》[3]谓：

> 士人以氏族相高，虽从古有之，然未尝着盛，自魏氏铨总人物，以氏族相高，亦未专任门地。唯四夷则全以氏族为贵贱，如天竺，以刹利、婆罗门二姓为贵种，自余皆为庶姓，如毗舍、首陁是也，其下又有贫四姓，如工巧、纯陁是也。其他诸国亦如是，国主、大臣各有种姓，苟非贵种，国人莫肯归之，庶姓虽有劳能，亦自甘居大姓之下，至今如此。自后魏据中原，此俗遂盛行于中国，故有八氏、十姓、三十六族、九十二姓。凡三世公者曰膏粱，有令、仆者曰华腴，尚书、领、护而上者为甲姓，九卿、方伯者为乙姓，散骑常侍、

1. 陈寅恪：《隋唐制度渊源略论稿》，中华书局，1963年，第96页。在最近的研究中，牟发松《从社会与国家的关系看唐代的南朝化倾向》（收入牟发松主编：《社会与国家关系视野下的汉唐历史变迁》，华东师范大学出版社，2006年，后改题为《从南北朝到隋唐——从社会与国家的关系看唐代的南朝化倾向》，收入牟发松：《汉唐历史变迁中的社会与国家》，上海人民出版社，2011年）也认为是受到来自南朝的影响。
2. 在岡崎文夫的《魏晋南北朝通史》（弘文堂，1932年）中，有这样独特的见解：“梁武帝萧衍可以被视作一个优秀的统治者。他在和帝手下执政的数月之间所发布的诏令中，极力实行分定氏族，建立社会统制。这从一方面来考虑的话，是南朝的传统政策，也可以说是以帝王为中心的政策，使得即将崩溃的姓族地位得以稳定。从另一面来看的话，依赖帝王的保证来划分姓族的政策，反而是北魏的英主孝文帝所建立的。所以朝廷虽然承认姓族的地位，但同时又以国家制定的礼制来约束他们，建立儒学之统来培养他们的德性，以此维系国家之体统。”（第286页）梁武帝即位前，在南齐和帝的手下，确实提出过使士庶区别严格化等改革政策，但这说不上是分定姓族。虽然这并不完全正确，但与其说这和宫崎氏等人的说法相反，倒不如说梁武帝受到北魏孝文帝政策的影响这种视角，也和本章后述的沈括的见解有一部分共通之处，这一点颇具启发性。
3. 参见胡道静：《梦溪笔谈校证》下，上海古籍出版社，1987年；梅原郁译注：《夢渓筆談》3，平凡社“东洋文库”，1981年。

太中大夫者为丙姓，吏部正员郎为丁姓，得入者谓之四姓。

这里认为三国曹魏以来尊重氏族的风气，与北魏的分定姓族性质不同，后者并非中国的风气。据沈括所言，专尊门地本就不是中国的风气。他在紧接以上的记述中认为，以北魏的分定姓族为契机，尊重门地变得风靡一时，一直延续到唐末。关于沈括的见解，即便他没有使用“专（尊）”的说法，但尊重门地的风气在北魏以前的魏晋时代确实就已经存在，这是沈括自己也承认的。那么，分定姓族不是中国式的风气这一点，就未必能站得住脚。不过，像分定姓族这样由国家划分姓族等级的制度，确实是魏晋南朝时期所未见到的制度。沈括明确指出这一点，提出了与柳芳“氏族论”等不同的见解，是值得关注的。[1]

如上所述，关于北魏的分定姓族，有重视来自南朝贵族社会影响的学说，也有认为这是北朝独特制度的学说。正如第二、三节所阐述的那样，因为完全看不到在南朝进行过姓族等级划分的记述，所以很难将其视作受南朝贵族社会的影响。虽然学界还是倾向于将其视作北魏独特的制度，但是，即便它是北魏独特的制度，也并非和魏晋以来的尊重姓族之风毫无关系。从这种意义上而言，下面的唐长孺学说就值得关注。唐氏认为：

史籍上绝未见到像北魏那样具体规定先世曾为何等官才入士族，也没有具体规定官爵高卑与门阀序列的密切关系。

1. 仁井田陞的《敦煌発見の天下郡望氏族譜》（原刊于1958年，收入《補訂中国法制史研究　奴隸農奴法·家族村落法》，东京大学出版会，1991年）中，引用了《梦溪笔谈》的这条记载，认为“在中国社会的历史上，六朝时期是种姓式身份集团形成最为显著的时期。唐代为其转型期。11世纪的沈括在其随笔集《梦溪笔谈》中认为，在中国最为显著的身份阶层，还是六朝的门第制度，并引用印度古代的种姓制度为例证。引证时最适合的时期，除这个时期以外再无其他”（第622页）。这里所谓的“六朝”是广义的，是包含北朝的用法，与沈括的论旨有些许差异。相对的，霍姆格伦（Jennifer Holmgren）引用《梦溪笔谈》的这则记载，正确指出这是与假设从东汉末期到唐初为中国门阀贵族社会的看法不相符合的见解。参见吉岡真：《J.ホルムグレンの、新たな北魏征服王朝国家論》，《福大史学》68、69合并号，2000年，第68—69页。

> 东晋南朝辨别士庶和门阀高低的标识是婚、宦。宦在于清浊官的区别，特别重视的是出身官，而不仅依据官爵高低；门阀升降固然与当前官爵有关，也没有具体规定当上什么品级的官就升，当不上就降。因此，北魏这一规定就目前所见有关记载看来并无先例，但按其精神，也不妨说是传统惯例的具体化与制度化。[1]

而且，分定姓族的意图，是要建立也包括鲜卑等族在内的新型门阀序列与体制，来巩固拓跋政权。[2]

唐氏的这种见解可以说是与以往研究完全不同的理解。以往的研究基本上原封不动地接受柳芳“氏族论”的主张，即在六朝时代，以谱学为媒介，门第与官职之间存在着密切的对应关系；设想南朝为典型的贵族制社会，从而认为北魏的分定姓族受到来自南朝的影响；并且认为即使在南朝的史料中没有看到国家认定门第的痕迹，但北魏的分定姓族既然是照此实施的，那么南朝也一定会施行与认定门第相对应的官吏登用。不过，虽然认为分定姓族中的门第为非汉族风气的沈括说、认为北魏孝文帝改革影响了南朝方面的岡崎文夫说[3]，还有示意在南朝没有按照王朝统一标准制定门第的池田温说等，也都部分性地提出了与唐长孺说方向性相同的学说，但笔者认为在上述论文中所看到的唐长孺的观点，才是最能触及本质的。因此，基于这种考虑，笔者也赞成唐氏的基本推测。

---

1. 唐长孺：《论北魏孝文帝定姓族》，收入前揭《魏晋南北朝史论拾遗》，《唐长孺文集二》，第82—83页。刘琳《北朝士族的兴衰》（《魏晋南北朝史研究》，四川省社会科学院出版社，1986年）也支持唐长孺说（第309页）。此外，井上晃《後魏姓族分定攷》（《史観》9，1936年）认为，“汉族门第的等级差别”是“肯定当时汉族社会的现状，并赋予形式性规章制度”；“鲜卑族门第的等级差别”则是“对照汉族社会的实际情况，从而制定形式性规章制度，将其套用到鲜卑族”（第122—123页）。这种观点认为，北魏的分定姓族不是受到南朝的影响，而是汉族社会现状的制度化。虽然我认为该观点与唐长孺说相同，但其并没有重视分定姓族的划时代性方面。
2. 前揭唐长孺：《论北魏孝文帝定姓族》，第90—91页。
3. 参见第261页注2。

结　语

将六朝隋唐视为贵族制时代是内藤湖南以来的学说，本章对可以称之为其根本的柳芳“氏族论”诸说进行了探讨。即使“氏族论”中被视为“六朝贵族制”学说的根据是柳芳的主张，即以谱学为媒介的门第与官职之间的密切关系见于六朝时代，但根据南朝史料而尝试对其进行探讨的结果，是仍旧无法找到印证这种主张的依据。如果正视这一事实的话，那么与其说在南朝难以找到以往所认为的那种门第与官职间紧密结合的贵族制社会，倒不如说在坦率承认门第与官职之间没有紧密关系的基础上，来努力把握南朝社会的特质更为妥当。在笔者看来，即使没有让门第与官职密切对应的制度，任用官吏之际的资料也是以父祖，尤其是父亲的官职为主，除此之外，正如池田氏所指出的那样，也确实有参考过家谱和总谱上记载的世代为官与婚姻等种种信息，这里并没有打算要否定南朝社会是一种贵族社会。综上所述，本章在确认了柳芳关于六朝社会的主张和南朝社会的实际情况相背离之后，提出与由王朝划定姓族等级的北朝社会相比较，来把握南朝社会特质的视角。剩下的重大课题是，为何柳芳会主张六朝时代的门第与官职之间有着密切的对应关系呢？这与他的主张有关，即应该更加尊重姓族。这篇“氏族论”应是撰写于唐肃宗（756—762）时代，结合当时的政治、社会形势，来更为深入地探讨柳芳主张的意义，将留作今后的课题。

结　论

本书从政治与社会这两方面，对南朝贵族制的具体情况进行了考察。首先，笔者想在追溯南朝前期——宋齐时代政治史的同时，从政治性方面来总结对南朝贵族制的考察结果。

南朝政治史是以刘裕革命而拉开帷幕的。所谓东晋政治体制，是在推戴皇室的基础上，维持北来侨姓名门共有军权的权力均衡状态。这种体制自刘宋（420—479）以后大为改观，军权成了皇族诸王间所共有的权力。一方面，虽然皇帝权力乍看之下似乎得到了强化，但实际上，由于皇族间的内讧，皇位-政权也呈现出不稳定且脆弱的态势。另一方面，东晋以来的名门有许多在刘宋以后仍旧高官辈出，而且除了这些名门外，在刘裕得势以前就与刘裕家族有婚姻关系的寒门阶层，也加入了高官辈出的贵族行列。如果从这一点来看的话，虽然刘宋也可以被称为贵族政权，但毕竟除了东晋以来的名门和与刘宋皇族通婚的寒门阶层以外，广泛的寒门、寒人阶层也逐渐兴起，并加入贵族阶层的行列，社会阶层的流动性也由此瞬间提高。在这种政治、社会变动的时期，以往贵族阶层的危机意识高涨，这在《宋书·王弘传》中关于同伍犯法的议论中表现得淋漓尽致。这一议论是持片面强调士人优越地位的僵化立场者，和既重视士人的优越地位，也重视其责任、义务的立场者之间所展开的争论，而后者的立场最终得以被采纳。

虽然寒门、寒人阶层兴起的背景是伴随着江南开发的进展而导致的阶层分化等，但他们兴起的直接契机，则是皇帝与皇族诸王为了强化各自的权力基础，而纠集有才之人所展开的相互竞争。一直以来，皇帝与名门的合议政治都在理想地运行着，可是就连在足以代表南朝贵族制顶峰的元嘉时代（424—453），寒门、寒人阶层兴起的势头也很强劲。在元嘉时代以前，虽然存在为恢复中原而实行北伐的国家目标，但在元嘉末期的北伐大败后，北伐政策便被抛弃。而且，在皇太子杀害文帝的事件以后，皇族间围绕皇位展开了激烈的斗争。在这之后即位的孝武帝（453—464年在位）为了向皇族诸王和高官展示优越地位，而进行了制度改革等措施，并一味地致力于对内强化皇帝权力。

在继孝武帝之后的前废帝（464—465年在位）前半期，辅政大臣们试图从孝武帝型的政治中摆脱出来，但因立志亲政的前废帝所发动的政变而受挫。前废帝孤立地追求恐怖政治，致使其叔父明帝（465—472年在位）发动宫廷政变。这种政局动荡是皇位的不稳定——皇帝不过是皇族中的最高权威——和官僚阶层间反复不断的党争所引起的。虽然沈约的《宋书》以“皇帝、恩幸寒人VS门阀贵族”的模式来说明政局不稳的原因，强调恩幸寒人的恶行与门阀贵族的无能，但这种模式难以说是准确地把握了实情。我认为与其这么说，倒不如说以下这种看法更为接近实情，即皇帝权力与包括名门贵族，寒门、寒人出身者在内的官僚阶层都是一体的，而皇帝权力的不稳定与官僚的党争之间的相互作用又导致了政局不稳。

即便是接手刘宋僵局而登场的南齐（479—502），其局势也几乎没有改变。继承刘宋末年国家财政的崩溃局面后，南齐武帝（482—493年在位）在恩幸寒人的主导下推进了强化户籍检查和对物资流通的课税。对于这一点，萧子良（武帝之子）、萧嶷（武帝之弟）等开明派皇族和官僚从士大夫的立场给予了强烈的批判。这便是萧子显《南齐书》中所描绘的模式。确实，萧子良等人的政论中包含着尖锐的批评，虽然不能认为那全部都是虚构的，但从《南齐书·豫章王嶷传》所收录的武帝与萧嶷（子显之父）之间往来书信的内容来看，则由皇族、名门、恩幸寒人所构成的武帝周边的特定集团进行决策的情况便得以凸显出来。这里并没有看到皇帝、恩幸寒人与皇族、名门之间的对立，从整体上来看，倒不如说他们是一体的关系，那么《南齐书》所强调的“皇帝、恩幸寒人VS开明派皇族、官僚”的模式恐怕就要大打折扣了。

总之，在南朝前期政治史中，既不存在强有力的皇帝权力，也不存在独占高位的门阀贵族，而且不存在“门阀贵族VS寒门、寒人”的明确阶级对抗。虽然皇帝权力与旧门阀贵族，寒门、寒人等各阶层出身者所构成的官僚阶层从整体上看是一体的，但在围绕皇位继承而发生内讧之际，则又会产生分裂并反复发生党争。这种情况下的党派并不是由“门阀贵族VS寒门、寒人”的阶级性对抗轴所形成的，而是以婚姻关系和故主-故吏关系[1]为契机所形成的。

对于以上的政治史考察中所呈现出的不稳定、流动性状况，在社会身份的考察中也能确认到与之相应的流动性状况。在南朝社会，既不存在由皇帝权力（越智重明学说）或是州大中正（野田俊昭学说）决定族门的情况，也难以看到岡崎文夫和宮崎市定所论及的、东晋中后期以来门阀贵族阶层的固定化、细分化状况。东晋末期以来，由于寒门、寒人阶层的兴起，他们新加入贵族阶层的行列，使得南朝贵族社会变得复杂化、流动化，形成了不稳定的局面。我们可以看到，这样的社会状况加剧了政治的不稳定。

从南朝官僚起家年龄的分析中，可以看到20岁左右起家的甲族阶层和25岁以后起家的后门阶层之间的差距。这种差距并非以往所认为的那样由门第所决定，而主要是由中村圭爾所指出的任子制原理——根据父亲的官职所决定的。所以，甲族和后门这种门第是由父亲的官职或在世的在职祖父的官职所决定的，而与那始自远祖的连绵不断的家族传统之间并没有直接关系。因此，即使本人曾经属于高官辈出的房支，也会因父亲的早逝而不得志，这种事例中有很多原因就在于此。当然，父亲的官职并不能左右其子任职的全部，一定要附带考虑本人的才能、叔父和姻亲的任职状况，根据情况还要参照延续自远祖的家族传统。进一步来说，父亲的官职和本人的才能，更多的是通过祖上积累的政绩和连绵不绝的家学等获得的。虽然笔者认为从这种意义上把南朝社会称作贵族制社会是较为妥当的，但这绝不意味着南朝社会是具有稳定性、固定性的。[2]

---

1. 川勝義雄：《門生故吏関係》，收入《六朝貴族制社会の研究》，岩波书店，1982年（中译本见《门生故吏关系》，收入《六朝贵族制社会研究》，徐谷芃、李济沧译，上海古籍出版社，2007年）；石井仁：《南朝における随府府佐—梁の簡文帝集団を中心として—》，《集刊東洋学》53，1985年；同氏《梁の元帝政権と荊州政権—「随府府佐」再論—》，《集刊東洋学》56，1986年。
2. 本书可能会给人一种过于强调南朝贵族制社会的流动性、不稳定性的印象。不过，这是因为意识到以往南朝贵族制研究中的叙述方式，在专业书以外的图书中，难以说是准确的关于南朝贵族制的认识，所以本书想特意唤起大家对这种流动性、不稳定性的注意。例如，“在唐代以前的六朝时代，较为偏重门阀，如果出身于特定门第的话，那么无论什么样的人，其地位和财富都会得到保证，如果出身于这以外的家庭的话，那么无论有什么样的才能，怎么努力，都毫无办法”（高島俊男：《李白と杜甫》，讲谈社学术文库，1997年，第35页）等，便可以说是难以准确说明南朝贵族制的例子。

从东晋前期的琅邪王氏墓志可知，即便是高官子孙，如果本人父亲早逝的话，那么在婚姻和任职方面也会有不得志的情况。虽然通说将其解释为门阀贵族制固化以前的状况，但在笔者看来，这倒不如说是南朝贵族制社会的共通事例。尽管如此，但仍有学者坚决主张这样的学说，即南朝社会重视门第，世系的学问（谱学）发达，任职的时候需要参照世系。笔者认为这种说法源自唐代柳芳的“氏族论”，并被南宋郑樵的《通志》和清代赵翼的《陔余丛考》所继承，进而延续到内藤湖南以来的日本学界，成为现在日本学界所广泛流行的理解。如上所述，一方面，虽然我们无法完全否定通过祖上积累的政绩和家学传统的重要性，但另一方面，也不能忽视由于政局不稳而抓住出世机会，从而新加入贵族阶层的人们的存在。那些新兴贵族也有效地利用了上述任子制特权，让子孙以有利的条件起家，为维持累世高官的世系而努力。当然，虽然新兴贵族会受到长期维持着高官世系之家族的区别对待，但这种区别对待也正是因为与后者处于同一官僚世界中才会存在的。以往的高官家族首先要做到维持健康，并由此开始，本人自不必说，还要关心子孙后代的学问掌握等情况，家门的维持必须要付出相当的努力，如果这种努力稍有懈怠，便会在竞争中落伍。这便是南朝贵族制社会的实际情况。

即使在如上所述的南朝贵族制的政治、社会状况下，对于国家–社会秩序安定的摸索也一直进行着。安田二郎所指出的基于儒家德治主义、尚贤主义对任职机会均等的要求，便是这种摸索之一；即使梁武帝的改革不够充分，也是对这种要求的回应。[1]安田氏认为，对任职机会均等的要求关系到隋唐的科举制。虽然安田氏的洞察是正确的，但如果从本书的考察结果来说的话，这种要求并不能看作突破南朝门阀贵族体制的固定性、封闭性的运动。正因为南朝贵族体制存在不稳定性、流动性，所以做官的机会并非只存在于门阀贵族之内，如果非门阀贵族的寒门、寒人能抓住皇族内讧的机会趁势而起——虽然这个机

1. 安田二郎：《晋安王劉子勛の反乱と豪族·土豪層》《梁武帝の革命と南朝門閥貴族体制》，均收入《六朝政治史の研究》，京都大学学术出版会，2003年。

会很难获得——就也能获得做官的机会。相较于把握因政局不稳而来的绝好机会这种非正规的、有较大风险的任职发迹途径，科举则可以被看作为拥有学问才能之人提供平等任职机会的保证。笔者认为，即便是在南朝贵族制社会里，通往隋唐帝国的道路也确实正在准备之中。[1]

1. 拙稿《南朝史からみた隋唐帝国の形成》,《唐代史研究》15，2012年。

后 记

本书是根据我2013年向东北大学文学研究科提交的博士学位论文《南朝贵族制研究》（2014年5月授予学位）所撰写的。虽然本书的构成与博士论文大体相同，但为回应主审熊本崇先生（东洋史）、副审佐竹保子先生（中国文学）与三浦秀一先生（中国思想）的意见，也做了修改。

我在1976年考入东北大学文学部。二年级的时候，选修了教养部山田勝芳先生的东洋史讲解课程，并受到《资治通鉴》阅读理解的启蒙训练，这成为我迈向中国史研究之路的第一步。从那时起，我就对秦汉帝国崩溃后的大混乱时期——魏晋南北朝时代产生了笼统的兴趣，到三年级的时候，正好选修了从高知大学到东北大学文学部任教的安田二郎先生的特殊讲解“六朝贵族制研究”与《宋书》列传的讲解课程，从而对魏晋南北朝中安田先生的专业领域——南朝时代的兴趣愈发浓厚。另外，从安田先生的授课中，我还学到了那个时代的研究方法。我之所以能继续从事魏晋南北朝史的研究，完全是受惠于安田先生，在此由衷地表示感谢。在当时的文学部东洋史讲座教授中，除安田先生以外，还有佐藤圭四郎先生（西亚史、东西交流史）与寺田隆信先生（明史）。我对佐藤先生的东西交流史讲解与寺田先生的《陔余丛考》讲解等课程印象深刻，记忆犹新。在东洋史讲座以外，日本文化研究中心还有井上秀雄先生（朝鲜古代史），我也参加了井上先生的专题研究讨论课，得以接触朝鲜古代史史料《三国史记》。在东洋史以外，我还参加了中国哲学讲座，聆听中嶋隆藏先生开设的六朝思想史讲解，其厚重的内容至今仍铭刻于心。佐園卓夫助教（东汉、魏晋史）建议说，若想研究南朝的话，那么首先需要自己阅读《南史》，因此我绞尽脑汁地苦读《南史》，现在想来那也不失为一段愉快的回忆。在东洋史的学习过程中，我的确是有幸身处于这么好的环境之中。

我以刘裕革命为题完成了本科毕业论文《劉裕政権の成立と貴族》，从而考入研究生院。在硕士阶段，又完成了构成本书第五章雏形的硕士论文《「元嘉の治」と貴族制》，从而升入博士课程，研究生时代也能从安田先生等诸位先生们那里，继续接受本科生阶段以来的充实指导。此外，从本科四年级开始到硕士期间，我还参加了松木民雄助教（先秦史）举办的《资治通鉴》轮读会，在以提高史料阅读理解能力为目标的同时，与研究生的诸位前辈、后辈以及本科生们愉快地交流，这里将不再逐一列举人名。当时的我虽然是一个沉默寡言、难以接触的人，但大家还能与我交往，真的非常感谢。

我在博士期间受到大家五年的关照，于1987年被弘前大学录用为专任讲师。虽然初次就职也是首次离开故乡宫城县，但受到东洋文化学科細谷良夫先生（东洋史），以及中屋敷宏先生（现代中国论）、植木久行先生（中国文学）、細川一敏先生（中国思想）、北川誠一先生（西亚史）等人的热烈欢迎，我也得以迈出作为大学教员的第一步。在弘前大学时，我在研究与教育等各方面都受到細谷先生的继任者井上徹先生与教养部的山田史生先生（中国思想）等各位先生的诸多关照。在弘前大学工作六年后，我于1993年4月被北海道大学文学部录用为副教授。

在北海道大学期间，我受到东洋史的高畠稔先生（印度近代史）、小山皓一郎先生（奥斯曼史）、津田芳郎先生（中国近世史）、中井英基先生（中国近代史）、菊池俊彦先生（东北亚史）等人的关照。我于2001年9月调离北海道大学，在北海道大学的那段时光中，高畠先生、小山先生迎来退休，中井先生转职到筑波大学，城山智子先生（中国近代史）、森本一夫先生（西亚史）前来任职，也非常有幸能与大家共同致力于研究与教育工作。此外，在有关研究室运作、北海道大学东洋史谈话会、北海道大学史学会与北海道历史研究者协议会的活动等各方面，我也确实得到助教四宮宏貴先生（印度近代史）的很多帮助。

自2001年10月起，我作为教员而受到母校东北大学文学研究科的关照，并受到东洋史安田二郎先生、熊本崇先生（宋代史）等诸位先生们的热烈欢迎。在那之后直至今日，母校东洋史历经了安田先生的退休，大野晃嗣先生（明清史）的到任。

毫无疑问，在作为大学教员的生活中，通过讲课和专题讨论会与本科生、研究生诸位的接触，对于我的研究推进也有很大影响。而且，我初次进行学会发表的东北中国学会，以及东北史学会、东洋史研究会、史学会、中国中世史研究会、中国中世研究者论坛、魏晋南北朝史研究会、唐代史研究会、六朝学术学会等各种学会与研究会，也是我接受学术激励的场所。

迄今为止我得以持续研究，家人的支持自不必说，也受惠于诸位先生、前辈、后辈、研究生与本科生们。以整理本书为契机，若能对研究的深入和推进有所助益，那也不失为一大幸事。

在本书出版之际，我还从独立行政法人日本学术振兴会获得了平成二十六年度（2014）科学研究费补助金（研究成果公开促进费）。另外，在出版之际，我也得到了汲古书院各位的很大帮助。虽然放在最后很失礼，但还是由衷地表示感谢。

2014年12月

川合　安

各章原始出处

第一章 《六朝隋唐の「貴族政治」》,《北大史学》39号，1999年。

第二章 《日本の六朝貴族制研究》,《史朋》40号，2007年。

第三章 《劉裕の革命と南朝貴族制》,《東北大学東洋史論集》9辑，2003年。

第四章 《南朝・宋初の同伍犯法の論議》,《集刊東洋学》67号，1992年。

第五章 《元嘉時代後半の文帝親政について—南朝皇帝権力と寒門・寒人—》,《集刊東洋学》49号，1983年。

第六章 《『宋書』と劉宋政治史》,《東洋史研究》61卷2号，2002年。

第七章 《唐寓之の乱と士大夫》,《東洋史研究》54卷3号，1995年。

第八章 《南朝貴族の家格》,《六朝学術学会報》5集，2004年。

第九章 《南朝官人の起家年齢》，東北大学教育研究共同プロジェクト成果報告書《歴史資源アーカイヴの構築と社会的メディア化》，2005年。

第十章 《門地二品について》,《集刊東洋学》94号，2005年。

第十一章 《東晋琅邪王氏墓誌について》,《東北大学東洋史論集》11辑，2007年。

第十二章 《柳芳「氏族論」と「六朝貴族制」学説》，平成十七年度—平成十九年度科学研究費補助金研究成果報告書《「六朝貴族制」の学説史的研究》，2008年。

译 后 记

《南朝貴族制研究》是川合安先生的首部著作，于2015年由汲古书院出版。最初得知这部著作的出版，是通过大学好友赵力杰。他曾在川合先生处求学，时常会和译者聊些日本学界的情况。后来，又通过赵力杰，译者与川合先生取得联系，2016年硕士毕业后，便到川合先生门下攻读博士学位。关于川合先生这部著作的翻译，最早是在2015年时，由大学导师范兆飞先生提议的。不过，由于译者当时的日文水平有限，加之生性较为懒惰，故而翻译之事迟迟没有进展。2020年以来，因为疫情的缘故，日本这边无法正常去研究室，只能在家里学习、上课，所以译者在家中学习的同时，也着手翻译了川合先生的这部著作。

虽说译者曾经有过翻译川合先生文章的经历，但在这次的翻译过程中，还是遇到很多难解之处。译文初稿完成后，曾请同学赵力杰、吕彦序、潘宗悟、鏑木丞、青木竜一、张锐诸君看过，他们帮助译者解决了不少日语方面，以及中文表述上的问题。在此基础上，译者将译文初稿修订完成后，便呈交川合先生通读。对于某些仍有疑问的地方，川合先生也都给予了耐心细致的解释，减少了译文中的不少谬误。在翻译的过程中，译者曾对原著中的史料及注释进行过核对，若干需要修订之处，也在得到川合先生的允许后而有所修订。

为方便读者查阅通行已久的中译本著作，原书中所引用的许多日文著作若有中译本的话，译者都标明了中译本的译文、出版信息等。不过，在引用的时候，根据情况会对译文有所调整，与原译文略有出入。这一点在本书序论的注释中也有说明。本书第一章《六朝隋唐的"贵族政治"》、第二章《日本的六朝贵族制研究》曾由徐冲先生、杨洪俊先生翻译。承蒙徐先生同意，第一章译文基本沿用了徐先生的译稿。在翻译第二章时，译者多有参考杨先生的译文，这里谨致谢意。这两篇译文的具体刊载情况已在各章标题注释处有所说明。

由于译者水平有限，若译文有翻译错谬及处理不当之处的话，一律由译者本人承担，祈请读者诸君批评指正。

最后，感谢复旦大学的徐冲先生将本书列入其所主持的“日本学者古代中国研究丛刊”，并帮助联系出版事宜。感谢复旦大学出版社及编辑为本书出版所付出的艰辛劳动。

柴 栋

2021年10月6日

编者后记

日本学者在古代中国研究领域的深厚传统与显赫成绩大概已经是学界常识。不过与之相比，译介到中文学界的相关论著仍然是远远不够的。为此，我们编选了这套“日本学者古代中国研究丛刊”，希望能够对促进中日学界的相互了解、深化相关研究起到积极作用。

丛刊目前的规模为专著十一种。在确定书目的过程中，主要考虑以下两个重点：其一，侧重于汉唐间的历史时段。这应该是在古代中国研究的各专门领域中日本学者的优势和特点最为明显的阶段，对于中国学界来说极具参考价值。其二，主要以第二次世界大战后成长起来的学者为译介对象。经历了战后左翼思潮的风行，这一代学者大致于20世纪70年代登上学术舞台，并引领了其后二十年的发展潮流。当然，丛刊也希望能够保持开放性，未来还将继续纳入更多优秀的作品。

对于日本学者书中提及的日文论著，丛刊采取了尽量保持文本原貌的处理原则。包括日文人名、书名、期刊名、论文名中的日文汉字，均未转为中文简体，以便利中国学者检索相关文献。由此给读者带来的不便，敬希谅解。

在中国当下的学界环境中，专门学术论著的翻译出版并非易事。丛刊最后能够落实出版，要归功于海内外诸多师友的大力支持和热忱帮助。诸位原著作者对我们的工作均给予了积极回应，并在著作权与版权方面提供了很多协助。日本汲古书院、青木书店和朋友书店，台湾稻禾出版社和台大出版中心，也慷慨赠予了中文简体版版权。对于各位译者来说，数十万字的翻译工作耗时费力，又几乎无法计入所谓“科研成果”，非有对学术本身所抱持的热情不足以成其事。北京大学历史系的阎步克先生和罗新先生对丛刊的策划工作勉励有加。复旦大学历史系时任领导金光耀先生和章清先生为丛刊出版提供了至为关键的经费支持。复旦大学出版社的陈军先生和史立丽编辑欣然接受丛刊出版，史编辑在编务方面的认真负责尤其让人感佩。日本中央大学名誉教授池田雄一先生、御茶水女子大学名誉教授窪添慶文先生、京都府立大学名誉教授渡辺信一郎先生、福冈大学紙屋正和先生、中央大学阿部幸信先生、大东文化大学小尾孝夫先生、阪南大学永田拓治先生、鹿儿岛大学福永善隆先生，台湾大学甘怀真先生、成功大学刘静贞先生，复旦大学韩昇先生、李晓杰先生、姜鹏先生，武汉大学魏斌先生，首都师范大学孙正军先生等诸位师友，在丛刊的策划、版权、翻译、出版等方面给予了诸多帮助。在此一并深致谢意。

徐 冲

2016年元旦于东京阳境原

图书在版编目(CIP)数据

南朝贵族制研究/(日)川合安著;柴栋译.—上海:复旦大学出版社,2022.9
(日本学者古代中国研究丛刊)
ISBN 978-7-309-16296-7

Ⅰ.①南… Ⅱ.①川… ②柴… Ⅲ.①贵族-研究-中国-南朝时代 Ⅳ.①D691.71

中国版本图书馆 CIP 数据核字(2022)第 120646 号

KYUKOSOSHO119 NANCHOKIZOKUSEI KENKYU by Yasushi Kawai

Original Japanese edition published by KYUKO-SHOIN, Co., Ltd.

This Simplified Chinese edition published by arrangement with KYUKO-SHOIN, Co., Ltd., Tokyo, through HonnonKizuna, Inc., Tokyo, and Shinwon Agency Co. Beijing Representative Office, Beijing

上海市版权局著作权合同登记号
图字 09-2022-0623

南朝贵族制研究
[日] 川合安 著
柴 栋 译
责任编辑/赵楚月

复旦大学出版社有限公司出版发行
上海市国权路 579 号 邮编:200433
网址:fupnet@fudanpress.com http://www.fudanpress.com
门市零售:86-21-65102580 团体订购:86-21-65104505
出版部电话:86-21-65642845
常熟市华顺印刷有限公司

开本 787×960 1/16 印张 18.5 字数 266 千
2022 年 9 月第 1 版
2022 年 9 月第 1 版第 1 次印刷

ISBN 978-7-309-16296-7/D·1121
定价:72.00 元